KB139498

나는
배당투자로
매일 스타벅스 커피를
공짜로 마신다

KI신서 11243

나는 배당투자로
매일 스타벅스 커피를
공짜로 마신다

1판 1쇄 발행 2023년 12월 06일
1판 19쇄 발행 2024년 12월 09일

지은이 송민섭(수페TV)
펴낸이 김영곤
펴낸곳 (주)북이십일 21세기북스

인생명강팀장 윤서진 **인생명강팀** 박강민 유현기 황보주향 심세미 이수진
디자인 표지 김지혜 **본문** 푸른나무
출판마케팅팀 한충희 남정한 나은경 최명열 한경화
영업팀 변유경 김영남 강경남 황성진 김도연 권채영 전연우 최유성
제작팀 이영민 권경민

출판등록 2000년 5월 6일 제406-2003-061호
주소 (10881) 경기도 파주시 회동길 201(문발동)
대표전화 031-955-2100 **팩스** 031-955-2151 **이메일** book21@book21.co.kr

© 송민섭, 2023
ISBN 979-11-7117-198-9 (03320)

(주)북이십일 경계를 허무는 콘텐츠 리더

21세기북스 채널에서 도서 정보와 다양한 영상자료, 이벤트를 만나세요!

페이스북 facebook.com/jiinpill21   **포스트** post.naver.com/21c_editors
인스타그램 instagram.com/jiinpill21   **홈페이지** www.book21.com
유튜브 youtube.com/book21pub

서울대 **가**지 않아도 들을 수 있는 **명강**의! 〈서가명강〉
'서가명강'에서는 〈서가명강〉과 〈인생명강〉을 함께 만날 수 있습니다.
유튜브, 네이버, 팟캐스트에서 '서가명강'을 검색해보세요!

책값은 뒤표지에 있습니다.
이 책 내용의 일부 또는 전부를 재사용하려면 반드시 (주)북이십일의 동의를 얻어야 합니다.
잘못 만들어진 책은 구입하신 서점에서 교환해드립니다.

평생 월 500만 원씩 버는 30일 기적의 배당 파이프라인 공략집

나는 배당투자로 매일 스타벅스 커피를 공짜로 마신다

송민섭(수페TV) 지음

21세기북스

배당받는 풍요로운 삶

아무것도 하지 않는데 매달 월급만큼의 돈이 계좌에 들어온다면 무엇을 하고 싶은가? 참고로 이 돈은 죽을 때까지 평생 지급된다. 당장 사표를 쓰고 가고 싶었던 여행을 떠나겠는가? 아니면 회사를 취미처럼 재미있게 다니겠는가?

선택이 무엇이 됐든 실제로 이런 상황이 벌어지면 가슴이 뻥 뚫리고 스트레스로 뭉쳤던 어깨 근육이 풀리는 경험을 하게 된다. 별것 아닌 것 같아도 선택의 기준이 내게 있을 때 우리는 자유를 느끼고 행복을 찾게 된다. 월급만큼의 돈, 더도 말고 덜도 말고 딱! 그만큼의 돈만 있어도 우리는 행복해진다.

이 책은 그 행복을 찾는 과정을 설명하고 실제로 이룰 수 있게 도와줄 것이다. 평범했던 내가 그랬으니까, 당신도 할 수 있다.

금융소득으로 매달 일정한 돈이 들어오는 구조를 만드는 방법으로 주식 배당, 부동산 월세, 채권, 월 단위 예금 등이 있다. 그중 1만 원부터 투자가 가능하고 인풋 대비 아웃풋이 명확한 것으로 배당만큼 적당한 것이 있을까?

나의 경험을 바탕으로 조금 더 명확하고 신뢰할 수 있는 길을 안내하기 위해 배당투자에 대한 이야기를 이 책에 담았다. 배당투자가 쉽다고 생각할 수 있지만 누군가는 매년 배당금이 증가하는 반면에 누군가는 배당금이 줄고 심지어 자산마저 마이너스가 되는 속상한 경험을 하게 된다. 잘못된 투자를 바로 고치면 좋지만 오래되면 다시 돌아올 체력이 남지 않을 수 있으니 조심해야 한다. 배당을 많이 준다는 달콤한 말에 속지 말고, 어떤 것을 보고 투자해야 하는지 정확히 알아야 한다.

배당투자는 최종적으로 내게 얼마의 배당금이 입금될지 산술적으로 계산하는 투자다. 계산은 3단계를 거쳐 진행된다.

1단계에서는 얼마의 돈을 몇 년간 투자할지를 설정한다. 금액은 거치식과 적립식에 따라 다르고 기간으로는 단기, 중기, 장기에 따라 또 다르다. 이 책은 다양한 테이블을 제시하고 내게 맞는 설정값을 찾을 수 있게 도와준다.

2단계는 가장 중요한 종목을 선택하는 단계로, 현재 배당을 얼마나 지급하고 있는지와 앞으로 배당금을 얼마나 늘려줄지, 2가지 변수가 존재한다. 당장 배당금으로 생활을 해야 하는 투자자라면 미래 배당성장률보다 현재 배당률에 집중해야 하고, 장기적인 관점으로 복리효과를 누리고 싶은 투자자라면 미래 배당성장률을 중요하게 봐야 한다. 어떤 종목을 선택하느냐에 따라 너무 다른 결과가 나오기 때문에 신중한 결정이 필요하다.

그 중요한 결정을 현명하게 내릴 수 있도록 이 책에서는 다양한 기업과 ETF를 소개하고, 분석하는 방법과 시뮬레이션을 돌려 결과를 숫자로 보여준다. 내게 맞는 맞춤정장 같은 종목을 선택해보자.

마지막 3단계에서는 1, 2단계에서 결정한 항목의 결과값으로 최종 배당금을 받게 된다. 모든 배당금을 가져가면 좋겠지만 세금이라는 명목으로 피 같은 돈의 일부를 내줘야 한다. 조금 복잡할 수 있지만 배당금으로 발생될 수 있는 모든 세금(배당소득세, 종합금융과세, 건강보험료)에 대해 다뤄보고, 최대한 절세할 수 있는 방법을 알려줄 테니 너무 걱정하지 말자. 추가로 장기투자의 원동력이 되는 복리효과와 내 돈의 가치를 하락시키는 인플레이션이 어떻게 작용되는지도 확인한다.

배당투자 3단계는 30일 과정으로 진행되며 하나씩 자신에게 적용해 풀이해보면 어떤 배당투자를 해야 하는지 알게 될 것이다. 월급 같은 배당금을 받으며 입가에 미소가 가득해질 그날을 위해, 지금부터 3단계 과정을 실행해보자.

나는 지난 4년간 유튜브 채널 〈수페TV〉를 운영하며 배당투자에 대한 방대한 정보를 소개해왔으며, 많은 구독자가 실제 투자 성공담을 공유해주었다. 이런 감사하고 축복 같은 일이 더 많은 사람에게 전달되길 바라는 마음으로 이책을 출간하게 되었다. 시간이 지나면서 휘발되었거나 최신 정보가 필요했던

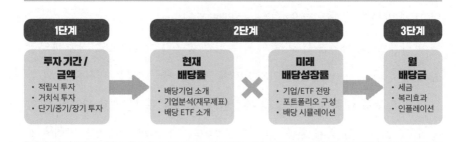

배당금 계산 3단계

1단계	2단계		3단계
투자 기간 / 금액	**현재 배당률**	**미래 배당성장률**	**월 배당금**
• 적립식 투자	• 배당기업 소개	• 기업/ETF 전망	• 세금
• 거치식 투자	• 기업분석(재무제표)	• 포트폴리오 구성	• 복리효과
• 단기/중기/장기 투자	• 배당 ETF 소개	• 배당 시뮬레이션	• 인플레이션

내용을 모두 업데이트했다.

이 책을 통해 많은 사람이 경제적 자유를 이루고 행복을 찾기를 간절히 바란다. 누구나 배당투자를 통해 선택의 기준과 모든 시간을 자기 자신에게로 가져올 수 있다. 더 이상 미루지 말고 수페와 함께 시작해보자!

2023년 12월

송민섭

차 례

프롤로그   배당받는 풍요로운 삶   004

DAY 01   꼭두각시를 조종하는 투명한 선   010
DAY 02   공짜로 더 나은 삶을 사는 방법   021
DAY 03   경제적 가난에서 자유로 가는 가장 쉬운 길   028
DAY 04   내가 배당투자를 선택할 수밖에 없는 이유   039
DAY 05   배당금으로 결정되는 나의 미래   044
DAY 06   갈림길에 선 배당 재투자   056
DAY 07   50년을 살아남은 배당 '킹'   064
DAY 08   가장 안전한 월배당 전략은 무엇인가?   079
DAY 09   대나무보다 잘 자라는 배당 성장주   092
DAY 10   미국 부동산 투자로 월세 받는 방법   106
DAY 11   다르게 흘러가는 배당 시간   117
DAY 12   드디어 등장한 한국 분기배당 기업   125
DAY 13   적은 돈으로 쉽게 시작하는 ETF 투자   135
DAY 14   미국 대표 S&P500 ETF   141
DAY 15   내 연봉보다 빠르게 성장하는 배당 ETF   148

DAY 16	매달 날아오는 고지서를 배당금으로 퉁치다	158
DAY 17	ETF 종합 선물 세트	164
DAY 18	한국에서 투자할 수 있는 미국 배당 ETF	175
DAY 19	한국을 대표하는 고배당 ETF 세 가지	182
중간 정리	배당 종목 총정리	188
DAY 20	1분 만에 결정하고 1년 동안 불안한가?	190
DAY 21	시간을 벌어주는 나만의 즐겨찾기 다섯 가지	199
DAY 22	월 100만 원씩 배당주에 투자하면 벌어지는 일	208
DAY 23	브랜드 가치 높은 배당기업에 투자하라	214
DAY 24	1억 원으로 미리 보는 고배당 vs 배당성장	221
DAY 25	도대체 얼마나 모아야 경제적 자유일까?	229
DAY 26	누구나 할 수 있지만 아무나 할 수 없는 한 가지	235
DAY 27	결국 마주하게 될 세금의 모든 것	242
DAY 28	왜 우리는 연금저축에 열광하는가?	249
DAY 29	인생을 바꾸는 투 트랙 전략	257
DAY 30	추월차선으로 진입하고 싶은가?	264
부록	배당 왕족주 리스트, 배당 귀족주 리스트, 배당 성장주 리스트	270

꼭두각시를 조종하는 투명한 선

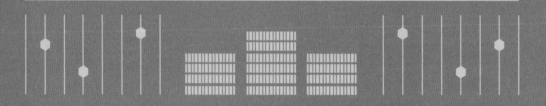

● 배당투자에 대해 공부하기 앞서 나의 현재 자산 상태를 점검해보자.

현금	만 원	보험, 연금	만 원
예적금	만 원	가상화폐	만 원
주식	만 원	기타 1	만 원
주택, 상가	만 원	기타 2	만 원
토지	만 원	기타 3	만 원
자동차	만 원	전체 자산	만 원

지금 생활에 만족하는가?

"지금 생활에 만족하고 있는가?"라는 질문에 대부분의 사람이 "아니오"라고 답한다. 그 이유를 들어보면 〈쇼미더머니〉에 나온 랩퍼보다 더 찰진 가사로 고충이 담긴 현실을 써내려 간다.

물가는 계속 오르는데 내 월급만 오르지 않는다. 투잡으로 배달까지 하고 있는데 형편이 나아지지 않는다. '영끌'해 집을 샀는데 대출이자 갚느라 생활비가 부족하다. 아이의 미래를 위해 열심히 공부를 시키고 있는데 비싼 교육비를 감당하기 힘들다. 카드값이 많이 나와 내역을 봤더니 지난 달에 구매한 명품옷이 이제 시작이라며 나를 보고 웃는다.

다양한 이유로 우리는 지금 생활에 만족하지 못하며 살고 있다. 지금까지 나열한 이야기를 가사로 엮어 랩으로 쓴다면 제목은 뭐가 좋을까? 다시 한번 읽어보면 모두 '돈'에 관련된 이야기임을 알 수 있다. 우리가 겪는 생활의 불편 혹은 하기 싫지만 해야 할 무언가는 대부분 돈으로 해결된다. 조금 더 나은 삶, 더 행복하고 만족하는 삶을 살기 위해서는 결국 돈이 있어야 한다. 돈이 전부는 아니라고 하지만, 돈으로 해결할 수 있는 걱정과 불안이 많다.

돈을 많이 버는 것도 좋지만, 무엇보다 중요한 것은 꾸준히 돈이 들어오는 구조를 만드는 것이다. 취업준비생이 삼성이나 현대에 취업하고 싶은 것도 안정적인 직장에서 월급을 많이 받기 위해서다. 나도 취업을 준비할 때 연봉이 얼마인지, 복지는 좋은지, 위치는 어딘지 등 다양하게 고려했다. 최고의 연구원이 되고 싶은 마음도 있었지만 대부분의 고려 사항과 선택의 기준은 돈이었다.

돈을 밝히면 속물이라고 이야기하는 사람들도 있지만 진지하게 생각해보라. 오늘 점심식사로 뭐 먹을지 고민할 때 메뉴와 함께 가격을 떠올릴 것이다. 그런 고민 없이 메뉴를 선택한다면 몸에 좋은 유기농 음식, 소고기, 건강 주스 등 맛과 몸을 생각한 식사를 하게 된다. 그러나 안타깝게도 우리는 몸에 좋은 음식보다는 적당히 맛있으면서 빨리 먹을 수 있는 메뉴를 선택한다. 내 소중한 점심시간 1분, 1초가 아깝기 때문이다.

우리는 매일 점심시간을 사수하기 위해 끼니를 때우듯 식사를 마친다. 오후 업무를 하면서 속이 더부룩하고 소화가 되지 않는 것은 내 몸이 이상한 걸까, 아니면 업무가 과도한 걸까? 영원히 풀지 못할 최고 레벨의 낱말풀이처럼 답은 찾지 못하고 시간은 계속 흘러간다. 이래도 정말 괜찮은가?

이대로 괜찮은가?

취업에 성공해 직장을 갖게 된 철수와 대용이. 둘 다 대기업에 입사했고, 다른 회사였지만 초봉이 5,000만 원으로 같았다. 서로 입사를 축하하며 신입사원으로서 동질감을 느꼈고 힘들 때마다 위로와 격려를 하며 더욱 친해졌다.

1년 뒤 계약서에 서명하는 날이 왔다. 둘 다 연봉이 올랐지만 숫자는 달랐다. 철수는 연봉 인상률이 2%였고 대용이는 6%였다. 둘의 연봉은 5,100만 원과 5,300만 원으로 대용이가 200만 원 더 많았다. 어릴 때부터 계산에 능하고 셈이 빨랐던 철수는 속상했지만, 세금을 제외하고 월로 계산하면 13만 원 정도니까 이 정도는 괜찮다고 생각했다. 그리고 마음 착한 대용이는 매달 13만 원의 술을 쏘겠다고 했다. 둘은 계속 친하게 지냈다.

이런 상황이 10년간 계속됐고 철수는 매달 13만 원의 술을 얻어먹으며 자기도 연봉이 오르고 있으니 괜찮다고 생각했다. 매달 같은 날, 같은 시간에 들어오는 월급은 모든 것을 무덤덤하게 만들었다.

그런데 정말 괜찮을까? 10년이 지난 뒤 지금 둘의 연봉은 얼마나 차이 날까? 철수는 기분이 싸해져서 계산을 해본다. 둘의 연봉 인상률은 매년 같았다. 10년 차 철수의 연봉은 5,975만 원이 됐고 대용이의 연봉은 8,447만 원이다. 이래도 괜찮은가? 나라면 절대 괜찮지 않다. 2,472만 원이라는 차이를 알게 된 순간 월급이라는 진통제는 오히려 분노의 대상이 된다. 그것도 매달!

매년 연봉을 6% 올려주는 기업이 어디 있냐고 따질 수 있다. 왜냐하면 지금 당신이 2~4% 연봉 인상을 받고 있는 사람이기 때문일 것이다. 맞다! 나도 회사 인사고과에서 B등급을 받으면 2%대였고 A등급을 받으면 4%대였던 것으로 기억한다. 그런데 매년 6%라니 말이 안되는 숫자일 수 있다.

매년 연봉이 6% 올라간다는 것은 내가 다니는 회사가 돈을 정말 잘 벌어서 투자하고 주주에게 배당하고, 그래도 돈이 많이 남아서 직원 급여를 올려주는 상황일 것이다. 안타깝게도 그런 일은 한국이 월드컵 4강에 진출하는 것만큼 힘든 일이다. 지금부터 한발 물러나서 생각해보자. 내가 매년 연봉이 6% 오르는 사람이 아니라면 차라리 대용이 회사에 투자하는 것은 어떨까? 대용이가 매년 연봉이 6% 인상된다면, 그 회사는 주주에게는 그 이상의 혜택을 지급하고 있을 것이다.

대용이가 다니는 회사는 배당을 지급하는 회사였고, 10년째 배당성장률이 8%였다. 초봉과 동일하게 5,000만 원을 처음에 배당으로 받았다면 10년 차에 1억 원의 배당을 받고 있는 것이다. 매일 아침 듣기 싫은 알람을 끄고 지각하지 않기 위해 무거운 몸을 이끌고 힘겹게 출근한 10년이 무색해진다.

이래도 정말 괜찮은가? 이제 괜찮지 않을 것이다. 그럼 대용이 회사에 취직 못한 것이 후회되는가? 아니면 대용이 회사에 투자를 하지 않은 것이 후회되는가? 둘 다인가? 무엇이 됐든 지금의 상황에 안주하면 안 된다는 것은 알았을 것이다. 행동하자! 그동안 월급에 취해, 그리고 매일 같은 환경에 놓인 주변 지인들에 동기화돼서 멀리 보지 못한 것은 실수다. 하지만 이 글을 읽은 지금도 그냥 책을 덮으려고 한다면 그건 실수가 아닌 실패다.

실패에는 포기라는 한 가지 길밖에 없다. 실패는 오히려 쉽고 누구나 할 수 있는 선택이다. 하지만 성공의 길은 다양하다. 부자들의 성공 스토리를 들어보면 저마다의 이야기가 있지만 그들이 공통적으로 하지 않는 일은 포기다. 우리도 포기라는 말은 김장할 때만 쓰고 성공의 길을 걸어보자.

지금과 다른 그 길을 걷다 보면 그동안 뺏겼던 내 하루(24시간)를 조금씩 되찾게 될 것이다. 온전한 내 하루를 되찾는 그날, 우리는 돈과 시간으로부터 자유로워지고 경제적으로 풍요로운 삶을 살게 된다. 이 책은 그 행복의 문을 여는 경첩으로 이뤄져 있으니, 큰 문을 열 때까지 다양한 경첩을 하나씩 봐보길 바란다. 결국 큰 문을 여는 것은 작은 경첩들이다.

연봉 인상률에 따른 연봉 비교

(단위: 만 원)

	철수	대용	배당
인상률	2%	6%	8%
1년 차	5,000	5,000	5,000
2년 차	5,100	5,300	5,400
3년 차	5,202	5,618	5,832
4년 차	5,306	5,955	6,299
5년 차	5,412	6,312	6,802
6년 차	5,520	6,691	7,347
7년 차	5,631	7,093	7,934
8년 차	5,743	7,518	8,569
9년 차	5,858	7,969	9,255
10년 차	5,975	8,447	9,995

평범한 하루, 포기한 삶

세상에서 가장 무거운 것이 눈꺼풀이란 말이 있듯이 꿀잠을 자고 있는데 눈을 뜨기란 쉽지 않다. 그러나 냉정한 스마트폰은 한치의 오차도 없이 아침 7시 알람을 울리며 헤라클래스처럼 내 눈꺼풀을 들어 올린다. 정신없이 준비하고 차에 몸을 실어 출근길에 오르고 나서야 하루가 시작됐음을 인지한다. 도로에 오른 수많은 차량을 보며 '오늘도 브레이크를 열심히 밟아야 하겠구나'라고 생각하면서도 나와 같은 처지에 있는 사람이 많은 것에 안도한다.

마음 같아서는 뻥 뚫린 고속도로를 달려 동해 바다를 보러 가고 싶지만, 포기하고 차선을 바꿔본다. 브레이크를 천 번 정도 밟아서 회사 근처 주차장에 도착한다. 인상된 '월 주차 18만 원'이란 팻말을 보며 아깝다는 생각과 함께 지하철을 이용할지 잠깐 고민한다.

출근을 알리는 사원증 인식과 함께 컴퓨터를 켜고 쌓여 있는 각종 보고서와 엑셀 수식을 보며 오늘의 싸움을 시작한다. 눈이 건조해지고 핏줄이 진해질 때쯤 점심시간이 찾아온다.

회사 앞 식당은 우리가 올 수밖에 없는 것을 아는지 가격은 높고 반찬은 빈약하다. 대충 먹어도 1만 원이고 편의점 도시락을 사 먹어도 5,000원이 넘는다. 김밥 한 줄 사서 자리에 오면 궁상맞아 보이고 돈 없는 사람 취급받을 것 같아 동료들과 어울려 그냥 그런 점심 식사를 한다.

건강한 한 끼를 포기하고 빠르게 식사를 마치면 낮잠파와 수다파가 형성된다. 자연스럽게 커피를 마시며 수다를 즐겨야 진정한 직장생활이기에 아이스 아메리카노를 마신다. 나른한 오후, 일이 손에 잡히지 않아 팀장 눈치를 보며 인터넷 서핑을 시작한다. 모니터와 팀장 자리를 함께 봐야 하기 때문에 내 눈은 시야각이 넓은 독수리가 된다.

웹서핑을 하며 스크롤을 내리는데 사고 싶었던 모자가 세일을 하는 것이 아닌가. 몽롱한 정신이 초롱해지며 구매 요정이 기회라고 외친다. 이성과 무관하게 구매 버튼을 누르고 배송지 입력을 잘했는지 체크하는 나를 발견했을 때는 이미 늦었다.

통장 잔고를 포기하고 다시 업무를 시작한다. 이번에는 꼭 승진해서 연봉을 높이고 말겠다고 다짐하며 보고서를 한 땀 한 땀 정성껏 써 내려간다. 퇴근 시간이 가까워질수록 시간은 천천히 흘러가는 마법에 걸린다. 특히 5시 50분부터 1분이 10분처럼 흘러간다. 진작에 업무를 마감하고 자리를 정리했지만, 아직도 일하는 척 연기를 한다. 그렇게 100분 같은 10분 동안 우리 모두는 명연기를 펼치고 퇴근을 한다.

열심히 일한 오늘은 치킨에 맥주 한잔하기로 마음먹고 콧노래를 부르며 집으로 간다. 술을 끊겠다는 다짐은 포기한지 오래됐고, 배달 어플로 치킨을 주문하고 편의점에 들러 맥주를 고르는데 네 캔에 1만 2,000원이다. 한 캔만 마시고 싶지만 매번 네 캔의 매력에 넘어간다. 마셔보지 않은 맥주 한 캔을 고르고 나머지 세 캔은 내가 좋아하는 하이네켄을 선택한다.

집에 와 치킨과 맥주를 마시며 오늘 올라온 넷플릭스 신작을 시청한다. 한 캔만 마시려 했는데 재미있는 넷플릭스 덕분에 세 캔을 마신다. 배는 바늘로 찌르면 터질 것 같이 부풀어 올랐고 다이어트는 시작도 하지 않았으니 포기라고 말하기도 민망하다. 씻고 침대에 누워 시계를 보니 벌써 시간은 11시 30분을 가리키고 있다. 한 것도 없는데 시간은 참 빨리 지나간다. 식탁 위에 자기계발을 위해 샀던 책 한 권이 놓여 있지만 장식이 된 지 오래다. 하루가 끝나가는 것을 아쉬워하며 최대한 늦게까지 유튜브를 보다 잠이 든다.

내가 직장을 다닐 때를 생각하며 살을 붙여 묘사해보았다. 공감 가는 사람이 많을 것이다. 우리는 얼마나 더 포기해야 내가 원하는 삶을 살게 될까?

속상할 수 있지만 이렇게 살면 원하는 인생을 살 수 없다. 포기한다는 것은 기회비용을 뜻하는데. 지금까지 우리가 포기한 것은 망상에 가깝다.

떠나고 싶은 마음을 누르고 회사로 향한 것은 포기가 아닌 잠깐의 일탈을 꿈꾼 것이다. 포기하고 선택한 결정은 대부분 회사를 위한 것이지 나를 위한 선택이 아니다. 내 몸을 위한 점심식사라면 하루 영양분을 생각한 식단을 구성해야 한다. 그게 아니라 직장에서 정해준 짧은 점심 시간 안에 먹을 수 있는 식사를 선택한다. 조직생활을 원활하게 하기 위해 생각도 없는 커피를 마시고 기억에 남지 않을 대화를 나눈다.

그중에 가장 큰 포기는 내 시간이다. 회사에 내 시간을 바치고 많은 것을 포기하며 우리가 얻는 것은 바로 월급이다. 매달 25일에 계좌로 들어오는 그 돈을 위해 우리는 많은 것을 포기하고 산다.

월급의 대가

월급이 얼마나 비싼 대가를 치르고 내게 오는지 이제 알겠는가? 그런 월급을 당신은 어떻게 사용하고 있는가? 300만 원의 월급을 받는다고 가정해보자. 자동차 할부금, 보험료, 주차비, 유지비용 등 월로 계산하면 100만 원은 우습게 나갈 것이다(부디 비싼 외제차가 아니길 바란다).

여기서 끝이 아니다. 앞에서 이야기한 평범한 직장인의 하루 식비는 5만 원이고 한 달로 계산하면 150만 원이 된다. 소고기를 먹은 것도 아니고 단지 커피와 치킨 같은 평범한 식사를 했을 뿐인데, 돈은 마개를 열어놓은 욕조의 물처럼 쉬지 않고 매일 빠져나가 수위가 낮아진다.

이렇게 차가 있고 평범한 생활을 하는 직장인이라면 250만 원은 물 쓰듯

사라진다. 이제 50만 원 남았는데 아직 빠져나가지 않은 통신비, 보험료, 관리비 등이 하이에나가 되어 월말에 내 통장을 물어 뜯는다.

결국 통장은 식사를 마친 고등어처럼 앙상한 뼈만 남고 빨리 다음 월급날이 되길 기다린다. 월급 받은 지 얼마 되지도 않았는데 앞에서 이야기한 내 소중한 시간과 맞바꾼 월급의 소중함은 새까맣게 잊어버린다. 많은 것을 포기하고 선택한 월급인데 말이다.

다음 달에도 똑같은 월급, 똑같은 소비, 똑같은 삶을 살 것인가? 지금의 쳇바퀴에서 빠져나오고 싶다면 다른 행동을 해야 한다. 매일 똑같은 행동을 하면서 삶이 바뀌길 바라는 것은 매일 2시에 잠들면서 새벽형 인간이 되길 바라는 것과 같다.

환경을 바꿔야 생각이 바뀌고, 생각을 바꿔야 행동이 바뀌며. 그 행동은 당신을 변화시킬 것이다. 익숙한 모든 환경을 의심하고 나를 위한 선택을 하나씩 늘려나가 보자. 마음속 작은 목소리가 들릴 것이다. 그 소리는 나를 위한 삶을 갈구하는 당신의 진정한 목소리다. 부디 내 소리를 잃고 직장인 성대모사를 하는 예스맨이 되지 않기를 바란다.

돈이라는 조미료

내가 주도하는 삶을 살고 있다고 생각했는데, 그 선택의 결과를 보라. 그렇지 않은 게 수없이 많다. 지금 살고 있는 집은 회사 출근을 고려한 결과이고, 오랜만에 만난 친구들과의 저녁식사 메뉴는 친구의 추천이고, 주말에 가야 할 결혼식은 동료의 청첩장이 안내해준 것이다. 심지어 오늘 저녁 회식은 내 의지가 1도 들어가지 않은 선택이다.

우리는 생각보다 많은 시간을 내가 주도한 선택이 아닌 외부의 환경으로 결정된 하루를 보낸다. 우리가 얼마나 내 의지와 상관없는 삶을 살고 있는지 알겠는가? 이런 삶을 계속 이어간다면 우리 인생은 내 맛도 네 맛도 아닌 그저 그런 식당이 되어버릴 것이다. 여기서 돈이라는 조미료가 들어가면 인생의 맛은 더욱 풍부해진다.

월급만큼 매달 돈이 들어온다면 군이 회사를 다닐 필요가 있겠는가? 어릴 때부터 꿈꾸던 전원생활을 해도 되고 서핑을 좋아하면 강원도 양양에서 여름을 보내도 된다. 지인의 결혼식은 직접 가면 좋겠지만 우선순위에서 밀린다면 축의금으로 마음을 표현해도 된다. 오랜만에 만난 친구들과 저녁식사는 우리 집 정원에서 추억을 곱씹으며 고기 파티를 할 수 있다. 재미있는 추억이 하나 더 늘었다며 친구들은 매년 정기모임을 하자고 입을 모을 것이다.

이런 삶을 사진으로 남겨서 천천히 보면 인스타그램에서 부러워했던 삶일 것이다. 돈이라는 조미료가 얼마나 인생을 맛있게 바꿔놓는지 알겠는가? 삶의 선택 기준이 타인이 아닌 나에게서 시작되면 모든 것이 바뀌게 된다. 지금의 우리 인생도.

당신이 주인공이다

누가 그것을 몰라서 안 하고 있냐고 소리치고 싶은가? 어쩌면 돈이 들어오는 구조를 만들지 못하는 것은 당연한 이야기일 수 있다. 어릴 때 부모님이 알려주지 않았고 학교에서도 배운 적이 없으며 직장을 다니고 있는 지금도 상사 혹은 동료에게서도 들은 적이 없기 때문이다.

부자들은 왜 더 부자가 되는지 아는가? 그들은 부모를 보고 배웠고 주변 지인을 통해 생각을 확장했다. 그들은 투자 아이디어를 공유하고 실제로 사업과 투자를 하며 시간과 돈을 레버리지해 부를 쟁취했기 때문에 부자가 된 것이다.

불공평한가? 맞다! 하지만 무언가 지금의 상황이 불합리하고 다른 삶을 살고 싶기 때문에 이 책을 읽고 있는 것 아닌가? 이제 알았으니 시작하면 된다. 늦었다고 생각할 수 있지만 전혀 늦지 않았다.

글을 쓸 줄 몰라 부끄러워했던 어르신들도 뒤늦게 글을 배워 검정고시를 보는 시대다. 그 마음의 촛불만 꺼지지 않는다면 누구나 할 수 있다. 나와 상관없는 이야기가 아니라 바로 내 이야기다. 어떤 스토리를 써 내려갈지 끝까지 결말을 직접 작성하길 바란다. 그래야 내 삶을 내가 선택하며 살게 된다. 이 이야기의 주인공은 당신이다.

- 월급의 대가로 내 시간을 반납한다.
- 돈이 자동으로 들어오는 구조를 만들어야 선택의 기준이 내가 될 수 있다.

공짜로
더 나은 삶을 사는 방법

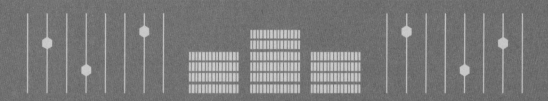

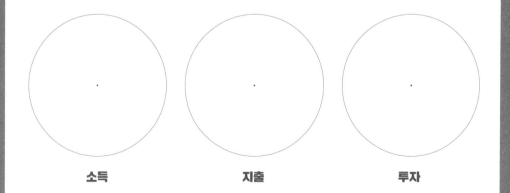

- 성공투자는 자신의 소득과 지출을 파악하는 것에서부터 시작한다. 평균 월소득과 월지출의 각 항목을 백분율로 계산해 원 안에 그려보자.

소득   지출   투자

체크리스트

월급 말고 수익

마약 같은 월급은 매달 25일을 기다리게 한다. 월급은 중독성이 심해 끊기가 어렵고 한 달이라도 거른다면 살아가기 힘들 것 같고 다음 달이 무서워진다. 자동차 할부, 아파트 대출이자, 각종 고지서 등 나를 괴롭히는 괴물을 물리쳐줄 히어로 월급이 없으면 금단현상처럼 세상은 지옥으로 변한다. 없어서는 안 되는 강력한 마력을 갖고 있는 월급에서 벗어날 수 있겠는가?

쉽지 않은 일이지만 준비된 사람은 월급의 노예가 되지 않는다. 월급 말고 다른 수익이 있어야 가능한 이야기이며 우리는 지금부터 그것을 준비해야 한다. 수익이라고 이야기하면 거창해 보이지만, 지금 은행예금을 들고 있다면 이자도 수익이다. 주식투자를 하고 있다면 시세차익과 배당금이 수익이고, 부동산 투자로 월세를 받고 있다면 그것도 수익이다.

다양한 수익이 모여 월급을 앞지르는 순간 우리는 경제적 자유를 이루게 된다. 여기서 중요한 것은 수익이라고 칭하는 것은 내 시간이 들어간 것이 아닌, 돈이 돈을 벌어들인 수익이어야 한다. 그래야 내 시간을 온전히 되찾아 올 수 있다. 간혹 퇴근 후 배달과 대리운전으로 부수입을 취하는 직장인이 있는데, 이는 내 시간을 들여 수익을 만든 것으로, 내가 쉬는 순간 수익도 빨간 신호등에 걸려 멈추게 된다. 이게 직장을 다니며 월급 받는 것과 차이가 있는가? 없다! 하지만 단기적으로 투자할 자금을 확보할 수 있기 때문에 잘 활용하면 큰 도움이 된다.

돈이 돈을 버는 구조를 만들기 위해서는 내 시간을 돈으로 바꾸는 작업부터 해야 한다. 금수저가 아니라면 누구나 시작점은 근로소득에서 출발한다. 심판의 휘슬이 울림과 동시에 빠르게 치고 나가는 분류로는 의사, 회계사, 변호사 등이 있다. 그들은 시간 대비 소득이 높아서 초반에는 선두를 차지하지만, 장기전에 돌입하면 지쳐서 나가 떨어지는 사람이 속출한다. 외제차, 명품 가방, 비싼 음식, 한정판 옷 등을 구매하며 소득 대비 소비가 높아지기 때문이다.

반대로 처음에는 늦은 출발을 했지만 자기 페이스를 유지하며 쉬지 않고 뛰는 사람은 어느 순간 선두그룹과 함께하게 된다. 앞에서 월급을 마약과 같다고 이야기했지만, 소비보다 투자로 방향을 전환하는 순간 월급은 나의 동료가 되어 돈을 벌어 오는 일꾼이 된다. 일하는 벌꿀이 많으면 벌집을 빨리 채울 수 있듯, 얼마나 많이 그리고 빨리 꿀을 따러 보내느냐에 따라 경제적 자유에 도달하는 시점이 결정된다.

이처럼 근로소득은 우리가 다음 단계로 넘어가려면 꼭 거쳐야 하는 필수 코스다. 급한 마음에 빨리 다음 단계로 넘어가고 싶을 수 있지만, 레벨업이 되지 않은 상태에서 다음 판을 맞이하면 치명상을 입을 수 있으니 조심하자. 근로소득으로 수익을 만드는 과정에서 내 시간이 얼마나 투여되는지 점검하고, 월급 말고 수익으로 체력을 길러보자.

인생을 바꿔줄 배당

수익을 만드는 방법은 다양하다. 그중에 실패 확률을 줄이고 누구나 쉽게 시도해볼 수 있는 수익으로 배당투자가 있다. 기업의 배당은 주주에게 환원되는 구조를 갖고 있기 때문에 해당기업의 직원이 아니어도 기업의 이익을 나눠

가질 수 있다. 삼성전자 직원이 열심히 일해서 벌어들인 수익을 주주가 된다면 배당으로 받을 수 있다는 이야기다.

열심히 공부해 4년제 대학을 나오고 석사학위까지 취득해 삼성전자에 들어간 직원과 단순히 투자해 주식을 갖고 있는 내가 수익을 나눠 갖는다. 직원은 월급, 주주는 배당이라는 이름으로 말이다. 삼성전자 직원이라면, 밥상을 차린 사람과 숟가락을 잡는 사람은 따로 있는 것 같은 느낌을 받을 수 있다.

불공평해 보이는가? 그럼 투자하라. 아무도 투자를 말리지 않는다. 하지만 투자에 대한 책임은 본인에게 있다. 리스크를 감당하고 이를 이겨낸 투자자만이 시세차익과 배당금을 받게 된다.

주식투자가 불안한가? 그럼 내가 다니고 있는 회사에서 명예퇴직을 당하는 게 빠른지 삼성전자가 망하는 것이 빠른지 생각해보자. 뭐가 빠를지 모른다고 해도 확률적으로 1969년에 설립해 경제 위기를 수차례 이겨낸 삼성전자가 더 오래 그리고 강하게 버텨낼 것이라는 데는 동의할 것이다. 투자는 그렇게 높은 확률에 기대를 갖고 리스크를 감내하는 것이다. 앞으로 직장생활을 20년간 할 수 있고, 삼성전자에 투자해 50년간 배당을 받을 수 있다면 어느 선택이 현명한 것인지 굳이 묻지 않겠다. 50년 전에 삼성전자에 투자한 사람은 당신이 상상하는 것보다 더 큰 부를 차지했고, 인생은 180도 바뀌었다.

매일 공짜로 마시는 스타벅스 커피

회사를 다니면서 시작된 습관으로 점심식사 후에는 꼭 커피를 마신다. 10년 전만 해도 점심값과 비슷한 커피를 왜 마시는지 이해하지 못했던 내가 변하고 말았다. 나와 같은 사람이 많아졌는지 이제 골목에는 작은 슈퍼마켓보다 카페가 더 많이 보인다. 심지어 편의점보다 카페가 많은 골목도 있다.

그럼 커피를 마시면서 나는 얼마의 돈을 쓰고 있을까? 스타벅스 기준으로 아메리카노가 4,500원이니까 하루 한 잔씩 마시면 한 달(30일)에 13만 5,000원, 1년(365일)이면 164만 2,500원을 지출하고 있는 것이다. 10년 동안 커피를 즐겼으니 나는 1,600만 원이 넘는 돈을 커피에 타서 마셨다. 계산해보니 돈이 아깝다는 생각이 드는 것은 어쩔 수 없다. 누군가 커피값을 대신 내주면 좋겠다는 생각도 들지만 이제 회사를 다니지 않기 때문에 직장상사 찬스와 회의를 이용해 커피를 마실 수 없다. 혼자 감당해야 한다.

고심 끝에 공짜로 커피를 마시는 방법을 찾아냈다. 투자를 좋아하는 나는 배당금으로 매일 마시는 커피값을 대체하기로 했다. 스타벅스 때문에 커피를 즐기게 됐으니 스타벅스로부터 돈을 받아내고 싶었다.

다행히 스타벅스는 브랜드 가치가 높은 배당기업이다. 소비를 좋아하지 않는 나에게서 몇 년째 돈을 갈취(?)해 갔으니 대단한 기업인 것은 확실하다. 스타벅스는 배당률이 높지 않은데 현재 2% 정도 된다. 앞으로 주가가 올라도 배당금 인상으로 2% 내외로 맞춰질 것으로 보인다. 그럼 2%의 배당률로 스타벅스 커피를 매일 마시려면 얼마의 돈이 필요할까? 천만 원을 투자하면 1년에 20만 원이라는 배당금이 나오는데, 이는 분기로 나눠서 계좌로 들어온다(계산의 편의상 배당소득세는 제외하며 뒤에서 세금에 대한 이야기는 자세히 다뤄보겠다). 즉 3개월에 한 번씩 5만 원이 내 계좌로 들어온다는 것이다. 3개월이면 90잔을 마셔야 하는데, 이 돈으로는 11잔밖에 못 마신다.

매일 커피값을 충당하기 위해서는 1년에 164만 원이 필요하며, 2% 배당률로 계산하면 8,200만 원이 있어야 한다. 결론이 나왔다! 스타벅스에 8,200만 원을 투자하고 나오는 배당금으로 스타벅스 커피를 마시면 된다. 그런데 8,200만 원이라는 큰돈을 갑자기 어디서 구해야 할까? 10명 중 6명은 생각도 하지 않고 돈이 없다며 바로 포기한다. 3명은 계산기를 두들겨보고 포기하고,

나머지 1명만이 시도를 해보는데 매달 68만 원씩 10년을 투자해 평생 스타벅스 커피를 무료로 즐기는 사람은 그중에서도 10%도 안될 것이다.

커피를 무료로 마시는 그 사람은 특별한 사람일까? 전혀 그렇지 않다. IQ가 높을 필요도 없으며 대학을 나와야 하는 것도 아니다. 단지 매달 꾸준히 스타벅스 주식 수를 늘려가면 되는 것이다. 10년 투자해서 평생 스타벅스 커피를 매일 무료로 마실 수 있다면 도전해볼 만한 투자 아닌가?

혹은 투자금을 늘려 조금 더 빠르게 목표에 도달하는 방법도 있다. 내 시간을 갈아 넣어야 하는 고통이 따르겠지만, 상대적으로 얻는 이득은 크기 때문에 도전해볼 만한 가치가 있다. 의미 없이 TV를 보며 하루에 두 시간씩 낭비하고 있다면, 하루에 두 시간씩 수익이 발생되는 무언가를 해보는 것이다.

참고로 나는 현재 스타벅스 커피를 공짜로 마시고 있다. 나 같은 주주들이 스타벅스 주식을 매수하고, 스타벅스는 열심히 일해 이익을 만들어 배당으로 돌려준다. 받은 배당금으로 스타벅스 커피를 마시면 자연스럽게 스타벅스 매출이 올라가고, 다시 그 이익을 배당으로 받는 선순환이 이뤄진다. 참으로 아름다운 투자 아닌가? 커피를 좋아한다면 매일 공짜로 스타벅스 커피를 즐기기 위한 도전을 해보자!

주주의 눈으로 매장을 방문하라

배당투자는 내가 투자하고 있는 기업이 배당금을 줄이거나 정지하지 않을까 걱정하게 된다. 배당기업으로 스타벅스에 투자하면서 우리는 어떤 것을 봐야 할까? 당연히 기업의 실적을 분기마다 체크해 문제가 없는지 확인해야 한다. 특히 스타벅스는 중국 매장이 증가하고 있는지와 점유율을 주의 깊게 봐

투자와 배당의 선순환

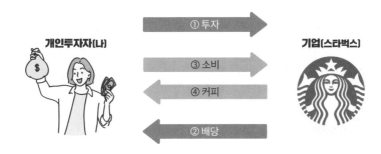

야 한다. 그다음으로 해야 할 일은 커피를 마시러 매장을 방문할 때 동업자의 마음으로 주변을 살펴보는 것이다. 사람들이 여전히 스타벅스를 잘 이용하고 있는지, 연령대가 다양해지고 있는지, 신메뉴 혹은 새로운 마케팅으로 무엇을 하고 있는지 등 매출과 이익에 관련된 요소를 파악하는 것이 중요하다.

그리고 스타벅스를 가는 빈도가 줄었다면 왜 그런지, 나만 그런 것인지 아니면 전반적인 트렌드가 바뀐 것인지 투자자의 입장에서 생각해야 한다. 커피를 마시는 나와 투자하는 나는 동일 인물이기에 별도로 생각하면 안 된다.

10년의 투자로 스타벅스 커피를 평생 무료로 마실 수 있다고 안주한 채 주변을 둘러보지 않는다면, 언젠가 배당금이 줄어 난처한 상황이 벌어질 수 있다. 투자는 늘 유연하게 생각하고 문제가 발생했을 때 대응을 잘해야 한다. 공짜 커피를 마시며 사장의 마음으로 매장을 둘러보자!

> **월급이 아닌 배당으로 돈의 흐름을 만드는 방법**
> 스타벅스 커피를 평생 무료로 마시려면 8,200만 원을 스타벅스에 투자하면 된다.

경제적 가난에서 자유로 가는 가장 쉬운 길

유튜브 '수페TV' 채널에서 관련 영상 함께 보기

체크리스트

● 나의 노동시간과 여가시간을 간단히 정리해보자.

노동 시간

1일	시간	일주일	시간	한 달	시간
1년	시간	10년	시간	30년	시간

여가 시간

1일	시간	일주일	시간	한 달	시간
1년	시간	10년	시간	30년	시간

1억 원 투자하면 배당금은 얼마나 받을까?

스타벅스 주식을 매수해 배당금으로 커피를 공짜로 마시는 방법을 알았으니, 이제 생각을 확장해보자. 결국 배당투자의 목적은 아주 간결하다. 내가 일하지 않아도 월급처럼 돈이 들어왔으면 하는 마음에서 투자를 시작하며, 실제 배당이 들어오면 꿈은 현실이 된다.

그 꿈의 크기는 사람마다 다르지만 보통 1억 원을 투자하면 얼마의 배당을 받게 될지 모두가 궁금해한다. 여기까지 계산이 되면, '곱하기 2'를 하면 2억 원으로 받는 배당이 나오고, '곱하기 5'를 하면 5억 원으로 받는 배당금이 자연스럽게 떠오른다. 그만큼 배당투자에서 1억 원은 상징적인 의미를 갖고 있으며 목표를 향해 달려가는 기준이 된다. 그럼 1억 원을 투자하면 얼마의 배당을 받을 수 있을까? 내가 투자하려는 종목의 배당률만 알면 바로 배당금을 계산할 수 있다. 예를 들어 5%의 배당금을 주는 기업에 투자했다면 1년에 500만 원의 배당금이 생기게 된다.

배당금의 세금까지 계산해보자. 배당소득세(한국 15.4%, 미국 15%)를 미국 기준으로 징수하고 실제 계좌에 들어오는 배당금은 425만 원이다. 투자하고 있는 기업이 분기배당을 지급한다면 3개월에 한 번씩 106만 2,500원이 지급되고, 월배당을 주는 기업이라면 매달 35만 4,167원을 받게 된다.

정리하면, 1억 원을 투자한 기업이 배당률 5%를 지급하는 회사라면 월 35만 원 정도 배당금을 받는다. 같은 1억 원이라도 투자하는 기업이 어디냐에 따라 매출과 수익 구조가 다르듯 배당률과 배당금이 달라지는데, 숫자에 대

1억 원 투자	배당률	2%	3%	4%	5%	6%	7%	8%	9%	10%
	배당금	14만 원	21만 원	28만 원	35만 원	43만 원	50만 원	57만 원	64만 원	71만 원

배당률에 따른 배당금

한 감각을 키우기 위해 1억 원의 배당률 표를 기억하고 있어야 한다.

누군가 당신에게 10억 원을 줄 테니 매달 300만 원을 줄 수 있겠냐고 물었을 때 5%의 수익 구조를 만들 수 있다면 당신은 그 자리에서 '예스'를 외쳐야 한다. 10억 원은 1억 원의 10배이므로 앞에서 이야기한 5%의 배당률을 적용하면 한 달에 350만 원을 받게 된다. 즉 당신은 아무것도 하지 않아도 매달 50만 원을 챙길 수 있다.

이런 요청을 10명이 한다면 당신은 앉은 자리에서 매달 500만 원을 벌게 된다. 누가 나에게 10억을 주겠냐고? 그럼 은행대출 10억 원의 3.6% 이자라면 어떤가? 매달 300만 원의 이자를 가져가는 것은 똑같고 단지 대상이 바뀌었을 뿐이다. 당신은 레버리지를 일으키겠는가?

부자들은 이러한 돈의 불균형을 이용해 차익을 남기는 투자를 많이 한다. 우리도 돈의 감각을 키우고 내 투자에 대한 신뢰를 쌓아야 한다. 무조건 대출을 받으라는 이야기가 아니다. 알면 기회이고 모르면 지나가는 소음에 불과하니 기회를 잡는 숫자를 보는 눈을 키우자.

경제적 자유를 이루려면 배당금이 얼마나 필요할까?

배당금으로 경제적 자유를 이룬다는 것은 모든 소비 지출을 배당으로 충당할 수 있게 된다는 것이다. 통계청에 따르면 2022년 2분기 기준, 2인 가구의 평균 소비 지출은 216만 9,000원이다. 배당금으로 220만 원은 나와야 먹고사는 걱정 없이 내 시간을 자유롭게 사용할 수 있다는 말이 된다. (사람마다 생활 습관과 소비성향이 다르기 때문에 진짜 나의 소비 지출을 계산해보고 싶다면 3개월 정도 내 소비내역을 작성해보길 권한다.) 그럼 220만 원의 배당금을 받으려면 얼마의 돈을 투자해야 할까? 앞에서 1억 원의 배당률 표를 만들었듯이 5%의 배당률로 계산하면 6억 2,000만 원이 필요하다는 것을 이제 금방 알 수 있다. 약 6억 원의 투자금이 있다면 경제적 자유를 이룰 수 있는데, 대부분의 사람은 이런 목돈을 갖고 있지 않다. 나도 마찬가지였다.

하지만 내가 이루려는 목표를 정확히 파악하는 것은 나침반과 지도를 얻는 것과 같다. 꿈에 날짜를 적으면 목표가 되고, 목표를 숫자로 표현하면 이룰 수 있는 희망이 된다. 아래 기준표를 보며 나의 목표를 세워보자.

나는 월 250만 원 정도 지출을 한다. 투자 자산 6억 원에 배당률 6%면 월 255만 원이 되고, 7억 원에 배당률 5%면 248만 원이 된다. 조금 공격적인 고배

투자금과 배당률에 따른 배당금

(단위: 만 원)

투자금 \ 배당률	2%	3%	4%	5%	6%	7%	8%	9%	10%
1억 원	14	21	28	35	43	50	57	64	71
2억 원	28	43	57	71	85	99	113	128	142
3억 원	43	64	85	106	128	149	170	191	213
4억 원	57	85	113	142	170	198	227	255	283
5억 원	71	106	142	177	213	248	283	319	354
6억 원	85	128	170	213	255	298	340	383	425
7억 원	99	149	198	248	298	347	397	446	496
8억 원	113	170	227	283	340	397	453	510	567
9억 원	128	191	255	319	383	446	510	574	638
10억 원	142	213	283	354	425	496	567	638	708

당투자를 한다면 투자 자산 4억 원에 배당률 9%로 월 255만 원을 맞출 수 있다. 즉 자산은 4~7억 원이 있어야 하고, 배당률로는 5~9%를 만들어내야 한다는 범위가 형성된다.

사람마다 성격이 다르듯 투자 방식 또한 모두 같을 수 없기에 본인에게 맞는 투자 방식을 선택하는 것이 좋다. 뒤에서 배당기업과 ETF를 소개하니, 내게 맞는 종목을 선택하면 자연스럽게 자신의 투자성향을 파악하게 될 것이다. 여기서는 우선 마음 가는 배당률을 체크해보자. 책의 마지막 페이지를 넘길 때쯤이면 나만의 배당 종목을 선택하고, 몇 퍼센트에 어떤 배당률로 몇 년간 투자할지 세심한 계획을 세우고 묵직한 다짐을 하게 될 것이다. 그게 이 책의 목적이고 나의 바람이다.

경제적 자유 vs 경제적 가난

내 말을 듣고 투자해 10년 뒤 꿈에 그리던 220만 원이라는 배당금 목표를 달성했는데, 뭔가 찜찜할 수 있다. 왜 그럴까? 10년 전 짜장면 한 그릇에 8,000원이었는데 이제 1만 원이 넘지 않는가?

그럼 이제 1만 원짜리 짜장면이 아닌 더 저렴한 음식을 찾아야 하는 것일까? 김밥과 편의점 도시락만 먹고 살아야 하나 깊은 고민에 빠지게 된다. 시간의 함정인 인플레이션을 고려하지 않는 투자를 한다면 경제적 자유가 아닌 경제적 가난으로 고꾸라진다.

냉정하게 이야기하면, 10년 뒤 배당금 220만 원을 달성한 당신은 아직 경제적 자유에 이루지 못했다. 10년 목표를 설정했다면 매년 인상되는 음식 가격뿐만 아니라 공과금과 각종 비용이 올라가는 것을 고려해야 한다. 즉 인플레이션을 매년 2~3% 적용해 10년 뒤 220만 원이 아닌 287만 원을 목표로 설정하고 달려가야 한다는 말이다(인플레이션 3% 적용). 다행히 이 책에서는 매년 배당금 인상률이 인플레이션보다 높은 종목 위주로 이야기할 것이니, 원하는 목표에 도달하고 유지하는 데 문제없다. 3%보다 더 높게 배당금이 매년 올랐다면 287만 원보다 더 많은 돈을 배당으로 받게 된다.

그렇기 때문에 투자할 기업을 선택할 때 배당성장률을 체크하는 것이 중요하다(배당성장률에 대한 이야기는 뒤에서 자세히 다루겠다). 처음에 배당률이 높아서 투자했는데 배당금이 10년 동안 한 번도 오르지 않았다면 앞에서 이야기한 난처한 상황에 빠지게 된다. 처음부터 목표를 보수적으로 계산하고 싶다면 인플레이션을 고려해, 은퇴 시점의 배당금을 측정해서 투자금을 설정해야 한다. 그렇지 않다면 인플레이션 때문에 생각지도 못한 가난에 허덕일 수 있다.

경제적 자유를 이루는 과정에는 생각보다 정교한 작업이 필요하다. 그렇다고 어려운 수학 공식이 필요한 것은 아니니 놀라지 말자. 누구나 쉽게 원하는 목표에 도달할 수 있도록 내가 도와줄 것이다. 그럼 경제적 자유에서 만나길 바라며 하나씩 격파해 나가보자!

배당금과 인플레이션

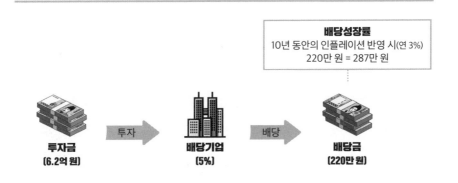

배당성장률
10년 동안의 인플레이션 반영 시(연 3%)
220만 원 = 287만 원

투자금
(6.2억 원)

투자

배당기업
(5%)

배당

배당금
(220만 원)

시간을 돈으로 바꾸는 사람들

현재 월급 외에 다른 소득이 있는가? 월급 300만 원인데 추가로 100만 원을 더 벌게 되면 대리였던 내 월급이 과장 혹은 차장의 월급으로 승진하게 된다. 얼마나 좋은가? 소득이 높아지면 음식을 먹을 때 고민 없이 더 좋은 것을 선택할 여유가 생기고, 멀게만 느껴졌던 경제적 자유를 빨리 이룰 수 있는 힘이 솟아난다.

그래서 요즘 많은 사람이 N잡 열풍에 스마트스토어, 쿠팡파트너스, 배달 등 다양하게 두 번째 월급을 만들기 위해 부단히 노력한다. 실제 잡코리아에서 조사한 바로는 직장인 10명 중 3명에 이르는 38.5%가 본업 외에 아르바이트 등 부업을 하고 있다고 한다.

여기서 우리가 알고 있어야 할 것은 N잡의 대부분은 내 시간을 갈아 넣고 그 대가로 받는 보상이라는 것이다. 그 말은 내가 멈추면 수도꼭지가 잠기듯 들어오는 돈도 멈춘다는 이야기다. 부업을 많이 알아본 사람들은 자동 수익 시스템을 만들어야 한다는 이야기를 수도 없이 들었을 것이다.

나도 전자책, 스마트스토어, 온라인 강의, 블로그, 유튜브 등 다양하게 경험했지만 100% 자동 수익을 만드는 것은 불가능에 가까웠다. 전자책은 노출되지 않으면 판매가 줄고 온라인 강의는 시기가 지나면 시들해진다. 유튜브는 꾸준히 영상을 업로드하지 않으면 조회수가 급격히 떨어진다. 즉 대부분의 부업은 기름을 넣어야 달리는 자동차처럼 나의 시간이 들어가야 작동한다.

그럼 100% 자동 수익은 뭐가 있을까? 여기서 우리는 틀을 깨고 나와야 한다. 지금까지 이야기한 것들은 모두 '근로소득'이었다. 다른 소득을 찾아 내야 한다는 것인데, 그것이 바로 '금융소득'이다. 돈이 돈을 벌어오는 것으로 나 대신 돈이 일하게 만들어야 한다.

안타깝게도 우리가 다녔던 학교에서는 근로소득으로 가는 길을 다양한 직업으로 소개하고 있지만 금융소득으로 가는 길은 알려주지 않았다. 순서상 근로소득으로 돈을 벌고 금융소득으로 확장해가는 것이 맞지만, 대부분 월급이라는 단맛에 취해 앞으로 나가지 못하고 머물러 있는 경우가 많다.

지금 이 글을 읽고 있는 당신은 다음 스텝으로 넘어가려는 의지가 있는 사람이니 정말 다행이다! 우리의 두 번째 월급은 근로소득이 아닌 금융소득이어야 한다. 그동안 내 시간을 돈으로 교환하는 삶을 살았다면, 이제 내가 아닌 돈이 돈을 벌어 내 시간을 지키는 삶으로 바꿔야 한다. 그래야 내 선택이 존중받고, 더 나아가 보장되는 삶으로 확장해갈 수 있다.

돈과 시간으로 보는 자기진단

직장을 선택할 때 돈은 중요한 선택의 기준이 된다. 내가 취업할 당시 학교에서 대기업의 취업설명회가 열렸는데, 프레젠테이션의 첫 화면에는 4자리 숫자가 크게 적혀 있었다. 그 숫자는 신입사원 연봉이었고, 내가 했던 과외의 16배나 되는 돈이었다. 생각보다 큰 숫자에 적지 않게 놀랐고, 다들 그 회사에 가고 싶어 안달이 났었다.

요즘에는 퇴근 시간이 보장되는지, 회식은 자주하는지, 출장은 잦은지 등 다양하게 비교하고 직장을 선택한다. 취업이 힘들다고 하지만 각자의 기준으로 다양하게 검토한다. 직장을 선택하는 기준에는 중요한 포인트가 있는데 바로 돈과 시간이다. 요즘 취업을 준비하는 학생들은 현명하기 때문에 이를 정확히 파악하고 내 시간을 얼마만큼 주고 돈을 취할지 생각한다.

그게 돈과 시간의 관계다. 이 둘은 꼭 주고받아야 하는 관계 같지만, 돈은 돈을 낳기도 한다(앞에서 이야기한 금융소득이 이에 해당한다). 그런데 시간은 시간을 낳지 못하고 한 번 지나간 시간은 되돌릴 수 없다. 그렇기에 누구나 나이가 들면 죽음을 맞이할 수밖에 없고, 아무리 돈이 많은 부자라도 젊음을 부러워한다.

여기에 힌트가 있다. 돈보다 중요한 것은 시간이다. 100세까지 살면 총 87만 6천 시간이 우리에게 주어진다. 시간은 공평하게 주어지기 때문에 부자들은 자신의 시간을 아끼기 위해 사람을 채용하고, 그들의 시간을 사는 행위를 한다. 우리 또한 우리의 시간을 지키기 위해 노력해야 한다.

처음에는 근로소득으로 내 시간을 내주고 돈을 벌어야 하지만, 나중에는 돈이 일하게 만들어 내 시간을 자유롭게 쓸 수 있어야 한다. 하루 여덟 시간 회사에 있고 출퇴근 시간이 두 시간 걸린다고 하면 소중한 내 열 시간이 고스란히 돈으로 치환되는 것이다.

그렇게 얻은 돈으로 우리는 맛있는 음식을 먹고 멋진 옷도 입고 편하게 자동차를 타고 이동한다. 내 소중한 시간을 돈으로 바꾼 것인데 생각보다 많은 사람이 고민 없이 소비를 즐긴다. 그게 나쁜 것은 아니지만 시간은 한정적이니 과시를 위한 소비와 눈앞의 편리함에 너무 취하지 않기를 바란다.

우리는 매일 강탈당하는 열 시간을 찾아오기 위해 두 번째 월급을 장착해야 한다. 그것은 내 시간이 들어가지 않고 순수하게 돈이 돈을 벌어오는 금융소득이어야 내 소중한 열 시간을 온전히 되찾아올 수 있다. 배달이나 스마트스토어 같은 소득은 내 시간을 추가로 갈아 넣어야 하기에 좋은 구조는 아니지만, 금융소득을 단기간에 높일 수 있는 방법이다. 이렇게 내 시간을 추가로 사용하면서 벌어들인 소득은 제발 소중히 다루길 바란다.

내가 일해서 벌어오는 돈보다 돈이 일해서 벌어오는 돈이 더 많아지면, 그때부터 첫 번째 월급이 금융소득이 되고, 두 번째 월급이 근로소득이 된다. 이처럼 월급의 역전이 일어나면 신기한 경험을 하게 될 것이다. 월요일 출근이 힘들지 않고, 상사의 과한 업무 지시가 스트레스로 남지 않으며, 심지어 상사가 측은한 마음마저 든다. 열 시간을 들여 일하는 직장이 오히려 내가 살아가는 재미가 되는 경험을 하게 될 것이다.

이 모든 것은 금융소득이 24시간 잠도 자지 않고 나를 위해 열심히 일한 덕분이며 삶의 여유가 찾아온다. 그 경지에 오르기 위해서는 금융소득으로 월급만큼 채워야 가능하며, 그것을 실현해줄 방법으로 적합한 것은 바로 '배당투자'다.

꾸준히 성장하는 배당 종목에 투자하는 것은 금융소득이라는 나무에 근로소득이라는 물을 주는 것과 같다. 무럭무럭 잘 자란 나무는 매달 배당이란 열매를 맺게 된다. 근로소득으로 벌어들인 월급은 필수가 아닌 선택이 되고, 우리는 '월급노예'가 아닌 '월급주인'이 될 수 있다.

정리하면, 직장인은 시간을 들여 노동을 하고 월급을 받는다. 투자자는 돈

근로소득과 금융소득의 시간관계

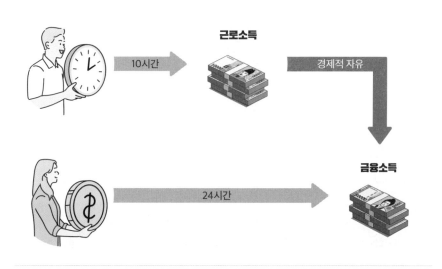

을 들여 투자를 하고 수익을 만든다. 이 둘은 반대의 입장에 있는 것처럼 보이지만, 직장인이 월급으로 투자를 하면 양면을 모두 갖춘 사람이 된다. 이때 근로소득을 금융소득으로 얼마나 빨리 옮기느냐가 중요한 포인트다.

더 빠르게 소득을 늘리는 방법은 시간과 돈을 사용하는 것으로, 대표적으로 사업가가 여기에 속한다. 하지만 사업은 쉽지 않은 길이기에 함부로 시작하길 권장하지 않는다. 이에 비해 배당투자는 차곡차곡 모아간다면 누구나 언젠가 원하는 목표에 도달하게 되어 있다. 현재 내 시간과 돈이 어느 위치에 있는지 점검하고 한 발 한 발 나와 함께 나아가길 바란다. 의미 있는 수준의 배당금이 들어오는 순간 당신이 몰랐던 새로운 삶이 펼쳐질 것이다.

- 1억 원을 배당률 5%에 투자하면 월 35만 원 배당금이 지급된다.
- 처음에는 시간을 돈으로 바꿔 근로소득을 만들어야 하지만 결국엔 반대가 돼야 한다.

DAY | 04

내가 배당투자를
선택할 수밖에 없는 이유

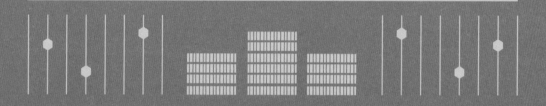

● 소비 습관을 파악함으로써 경제적 자유를 이루기 위해 필요한 최소한의 수입을 알 수 있다.
최근 3개월 동안의 소비-지출 내역을 정리해보자.

1개월 차

(단위: 만 원)

고정 수입		저축		주거		생활	
교통		건강		식비		외식, 유흥	
카페		문화		쇼핑		기타	

2개월 차

(단위: 만 원)

고정 수입		저축		주거		생활	
교통		건강		식비		외식, 유흥	
카페		문화		쇼핑		기타	

3개월 차

(단위: 만 원)

고정 수입		저축		주거		생활	
교통		건강		식비		외식, 유흥	
카페		문화		쇼핑		기타	

위험한 예금, 안전한 월세, 늘어나는 배당

착실하게 예금과 적금을 해온 사람은 주식은 무섭고 배당투자는 위험하다고 생각한다. 투자하기 전 나 또한 그런 생각을 갖고 있었다. 지금 생각해보면 주변에서 주식으로 망했다는 소문만 듣고 막연하게 무서워했던 것 같다. 지금은 오히려 반대다. 은행에서 제시하는 예금이자 2~3%는 인플레이션의 평균 수준으로 돈의 가치 동결을 의미한다. 즉 내가 열심히 예금과 적금으로 이자 수익을 창출해도 물가가 올라, 결국 같은 수준의 돈에 머물게 된다.

1971년에 새우깡의 권장소비자가가 50원이었고 이자도 딱! 그만큼 나왔다고 가정해보자. 2023년에는 어떻게 됐을까? 현재 새우깡의 가격은 26배 올라서 1,300원이 됐고 예금으로 받는 이자도 그 정도 수준에 머물러 있다. 과거에 새우깡 먹을 돈의 이자가 지금도 새우깡 사 먹는 돈밖에 안 된다. 즉 인플레이션 수준에 머물러 있는 예금 이자는 앞으로 나아가는 투자가 아니다.

2022년처럼 인플레이션이 심하게 오르는 시기에는 가만히 있는 돈은 오히려 뒤로 가는 경우도 있었다. '고인 물은 썩는다'는 말이 있듯이 돈이 인플레 수준에 머물게 되면 고인물과 같다. 나는 열심히 일해 근로소득을 만드는데, 내 돈이 일하지 않는 것은 가당치 않는 일 아닌가. 내가 일하는 것을 멀뚱멀뚱 바라보는 위험한 예금은 가만히 두면 안 된다. 간혹 어른들 중에 "나 때는 말이야"라고 하면서 절약해서 월급 대부분을 적금에 넣었다는 분도 있다. 이 말은 그때는 맞고 지금은 틀리다. 적금 이자가 10% 넘는다면 나도 당장 은행으로 달려갈 것이다. 하지만 지금 그런 적금은 눈 씻고 찾아봐도 없다! 상황이 바뀌었으니 우리는 지금의 환경에 다시 적응해야 한다.

당연히 현금을 들고 있는 것보다 예금이라도 넣어두는 것이 좋다. 하지만 그 이상을 생각하고 투자해야 앞으로 나아갈 수 있다. 그럼 부동산에 투자해 월세를 받는 것은 어떨까? 은행 예금에 넣어두는 것보다 좋은 선택이 된다.

지역에 따라 편차가 있지만 보통 오피스텔 월세는 3~6% 정도 수익이 형성되고, 점진적으로 월세 또한 증가하기 때문에 인플레이션을 이기는 투자가 가능하다. 심지어 20년간 5%의 월세를 받으면 원금은 모두 회수한 것이다. 추가로 매달 현금 흐름이 발생하기 때문에 매력적인 투자다. 하지만 불규칙한 월세 변동성과 공실에 대한 압박이 단점이다.

배당투자는 어떨까? 오피스텔 월세의 공실 리스크를 보완해주기 위해서는 배당을 꾸준히 지급한 기업을 선택해야 한다. 미국에 상장된 기업은 8,000개가 넘으며 그중 50년 이상 배당을 늘려온 기업은 49개가 있다. 배당금이 매년 같은 것이 아니라 매년 증가했다는 것은 오피스텔로 따지면 월세가 매년 늘어난다는 것이니 얼마나 매력적인가? 50년간 월세를 늘린 오스피텔은 찾기 힘들어도 배당을 늘린 기업은 쉽게 찾을 수 있다. 심지어 50년간 배당을 늘렸다는 것은 기업이 꾸준히 매출과 이익을 성장시키고 있다는 증거다. 49개 기업의 최근 5년간 평균 배당성장률은 6.6%다. 인플레이션을 가볍게 넘는 성장으로 늘어나는 배당은 지금보다 밝은 미래를 기대하게 한다.

주식투자는 배당금뿐만 아니라 주가 상승으로 시세차익까지 발생되면 총자산이 늘어나는 효과를 발휘한다. 반면에 오피스텔은 시간이 지날수록 고장 나는 곳이 많아지며 수리비로 지출되는 돈이 늘어난다. 초기 몇 년은 부동산 상황에 따라 시세가 상승할 수 있지만, 보통 8년 이상 되면 감가상각이 되므로 자산이 증식하는 경우는 드물다.

지금까지 예금, 월세, 배당을 간단히 살펴봤다. 당신은 위험한 예금, 안전한 월세, 늘어나는 배당 중에 어디에 투자할 것인가?

주식 vs 부동산, 세금은 누구 편일까?

우리가 금과 원자재보다 주식과 부동산에 투자하는 이유는 많은 사람이 투자를 하고 관심을 갖기 때문이다. 관심만큼 거래도 활발하고 필요한 정보도 빠르고 쉽게 취할 수 있다. 그럼 주식과 부동산 중 어디에 투자하는 것이 좋을까? 앞에서 주식으로 배당투자 하는 것이 좋다고 했지만, 부동산 월세에 미련을 못 버린 사람들을 위해 조금 더 자세히 비교해보겠다.

어떤 투자든 수익이 발생하면 정부는 여지없이 세금을 징수해간다. 그래서 '수익을 얼마나 많이 냈느냐'만큼 중요한 것이 '세금을 얼마나 많이 가져가느냐'다. 그래야 내 주머니에 들어오는 진짜 돈을 알게 된다.

부동산에 투자하면 발생하는 세금으로는 살 때 취득세, 갖고 있을 때 보유세, 팔 때 양도소득세가 있다. 부동산은 매수하는 순간부터 숨을 쉬듯 매 순간 세금을 걷어간다. 부동산 세금의 첫 단추인 취득세를 보면, 오피스텔의 경우 취득세 포함하여 지방교육세와 농어촌특별세를 더하면 세율이 총 4.6%가 된다. 1년치 월세는 고스란히 반납하는 격이다.

주식투자는 어떨까? 우선 주식은 매수한다고 별도로 세금을 내지 않는다. 수익이 발생했을 때 수익을 가져가는 구조로, 해외주식 투자의 경우 1년 동안 발생한 시세차익에서 250만 원의 수익은 공제해주고, 그 이상 발생할 경우 22%의 세금을 징수한다. 배당은 공제 없이 무조건 15%의 세금을 내야 하며, 국내 주식의 경우 15.4%를 낸다. 이것 또한 배당이라는 수익이 발생했기 때문에 내야 하는 세금이지 원금에서 차감하지 않는다.

이해하기 쉽게 금액으로 예를 들어보겠다. 1억 원으로 오피스텔에 투자하면 취득세 460만 원을 내야 한다. 배당투자의 경우 배당률을 5%로 계산하면

주식 배당 vs 부동산 월세

항목	배당(주식)	월세(부동산)
세금	배당소득세	취득세, 보유세, 양도세
거래	증권 수수료(무료인 경우도 있음)	중개 수수료
관리	없음	시설 노후, 각종 보수
수익	시세차익, 배당수익	시세차익, 월세수익
리스크	주가 변동, 배당컷	감가삼각, 공실
환금성	높음	낮음
투자금	1만 원 이상	최소 3,000만 원 이상

배당금 500만 원의 15%이므로 75만 원을 세금으로 내야 한다. 오피스텔에 투자할 경우의 세금이 배당보다 6배 더 많다.

그런데 취등록세는 한 번 내고 배당소득세는 받을 때마다 내야 하니, 7년 차부터는 오피스텔의 세금이 더 낫다고 생각할 수 있다. 여기서 우리는 부동산 매수할 때 발생하는 세금만 계산했다는 것을 잊으면 안 된다. 부동산은 매년 재산세와 종부세에 대한 고민을 해야 한다. 배당금도 2천만 원 이상 되면 종부세 대상이 되지만 부동산 세금은 징글징글하다고 느낄 정도다.

배당투자는 상대적으로 심플하니 좋지 않은가. 그뿐만 아니라 배당투자는 환금성도 높고 소액으로 투자할 수 있기 때문에 접근성도 좋다. 매달 수익이 발생되는 구조를 갖고 비교해서 부동산보다 주식이 좋아 보이는 것은 사실이다. 상황에 따라 다를 수 있으니 더 이상 비교는 하지 않겠다. 머리 아픈 계산은 그만하고 배당투자를 하자!

> - 은행 예금: 인플레이션 수준의 이자(2~4%)
> - 부동산 월세: 감가상각 조심, 안정적인 월세(3~6%)
> - 주식 배당: 늘어나는 자산과 배당(2~8%)

배당금으로 결정되는
나의 미래

유튜브 '수페TV' 채널에서 관련 영상 함께 보기

● 현재 돈이 일하고 있는 금융소득(부동산 월세, 은행 이자, 주식 배당 등)이 있다면 항목별로 월/분기 수익을 정리해 보자.

항목	투자금액 (만 원)	월세/이자/배당 수익률(%)	월/분기 수익 (만 원)	연 수익 (만 원)
부동산				
예적금				
주식				
합계				

배당투자 필수 점검사항 다섯 가지

주식투자는 위험하다고 생각하는 사람이 많지만 배당투자는 그런 불신을 소화기처럼 꺼주는 역할을 한다. 기업이 돈을 벌면 발전을 위해 R&D 투자와 새로운 사업에 대한 확장을 고려하는 경우도 있지만, 수익을 분배하는 배당금을 지급하는 회사도 있다. 배당금을 지급하는 회사는 돈을 잘 벌고 주주 친화적 기업이라는 증거다. 게다가 매년 받는 배당금까지 증가하고 있다면 기업이 성장하고 있다는 방증이다.

배당투자를 하기에 앞서 꼭 알아야 할 필수 점검사항에는 무엇이 있을까? 누구나 확인 가능하고 쉽게 체크할 수 있는 다섯 가지를 살펴보자.

첫 번째는 누가 뭐라 해도 '매출'이다. 매출은 기업이 돈을 잘 벌고 있는지 가시적으로 즉시 확인할 수 있는 항목이다. 매출이 늘어나고 있다면 해당 기업이 무언가 열심히 일해서 몸집을 키우고 있다는 증거다. 내가 카페를 운영하는데, 지난 달 매출이 5,000만 원이었고 이번 달 매출이 6,000만 원이라면 20% 증가한 것이다.

아무것도 하지 않는데 매출이 1,000만 원 늘었을까? 절대 그렇지 않다. 피나는 노력이 있어야 매출도 움직이는 법이다. 커피 가격을 5,000원으로 계산해보면 한 달 동안 2,000잔을 더 판매했다는 것인데, 이는 어떤 특별한 마케팅 혹은 변수가 있어야 가능한 일이다.

반대로 한달 매출이 4,000만 원으로 줄었다면? 그것 또한 카페에 어떤 문제가 있기 때문에 발생한 일이다. 이렇게 기업의 매출은 무슨 일인지 정확히 알 수 없지만 분기마다 발표되는 실적을 보면서 상승과 하락으로 기업의 변화를 감지할 수 있다. 투자자인 우리는 매출 상승은 당연하게 받아들이고, 매출 하락에는 적색경보를 울리면서 무슨 일인지 꼭 확인해야 한다. 내 돈을 기업이 잘 굴리고 있는지 점검하는 것은 선택이 아닌 필수다.

두 번째는 실제 벌어들인 돈인 '순이익'이다. 매출을 통해 방향성을 봤다면 순이익을 통해 기업이 실제로 챙기는 돈이 얼마인지 확인할 수 있다.

다시 카페 이야기로 돌아가보자. 월 5,000만 원 매출에서 순이익이 1,500만 원이었다. 그런데 매출이 6,000만 원으로 증가했다. 크리스마스 기념으로 커피 1+1 행사를 진행했기 때문이다. 이건 좋은 것일까? 커피를 기존보다 2,000잔 더 많이 판매했지만 1+1 행사를 통해 공짜로 지급된 커피가 1만 2,000잔이다. 1만 2,000잔을 공짜로 지급하면서 원두, 컵, 냅킨, 인건비 등 지출이 증가해버렸다. 순이익을 확인했더니 1,500만 원에서 1,000만 원으로 떨어졌다. 매출은 늘었는데 순이익이 줄어들게 된 것이다. 매출만 보면 안 되는 이유가 이런 것이다. 커피 1+1 행사로 순이익까지 증가하려면 커피와 함께 디저트 판매가 늘어나거나 단가 높은 음료가 함께 판매됐어야 한다.

순이익은 기업의 내면을 들여다볼 수 있는 중요한 항목이다. 투자자인 우리는, 순이익이 증가하는데 주가가 오히려 내려가거나 멈춰 있다면 기회로 봐야 한다. 반대로 순이익이 하락한다면 무슨 일인지 체크하고 단기적인 이슈인지 다음 분기에도 영향을 미칠 문제인지 점검해야 한다.

세 번째는 내게 들어오는 배당금을 간접적으로 확인할 수 있는 '영업현금흐름'이다. 순이익을 통해 기업이 얼마나 실제로 돈을 벌고 있는지 확인했다. 그런데 기업은 돈이 들어오고 나가는 유기체 같아서 현금이 얼마나 유입되고 유출되는지 파악해야 건강한 기업인지 알 수 있다. 유출되는 돈으로는 판공비, 대출이자, 법인세 등이 있고 유입되는 돈으로 매출, 이익, 예금이자, 배당수입 등이 있다.

나가는 돈보다 들어오는 돈이 많아야 하는 것은 당연한데, 유입되는 돈의 양이 일정해야 우리에게 보상되는 배당금 또한 끊기지 않고 들어오게 된다. 투자자로서 우리는 영업현금흐름이 증가한다면 배당금 또한 늘어날 가능성이 높은 것이니, 좋은 신호로 받아들이면 된다. 반대로 현금흐름이 좋지 못하면 몸에 피가 잘 통하지 않는 것과 같으므로 어디가 아픈지 진단해야 한다.

네 번째는 얼마나 배당금을 오랫동안 줬는지 확인할 수 있는 '배당연수'다. 쉽게 생각해보자. 배당률 5%인 기업 A, B가 있는데 A기업은 배당을 지급한 지 5년 된 새내기 회사이고 B기업은 배당을 50년간 한 번도 끊기지 않고 지급한 베테랑 회사다. 당신이라면 A, B 중에 어디에 투자하겠는가? 배당을 오랫동안 지급한 B기업이 신뢰가 가는 것이 당연하다.

그런 의미에서 배당연수는 투자자에게 신뢰의 숫자로 작용된다. 미국에는 배당을 오랫동안 늘려온 기업이 상당히 많으며, 앞으로도 배당을 잘 줄 것 같은 믿음을 준다. 어떤 매력적인 기업이 있는지는 뒤에서 자세히 다뤄보겠다.

마지막 다섯 번째는 회사가 벌고 그 돈을 주주에게 잘 나눠주고 있는지 확인할 수 있는 '배당성장률'이다. 기업이 돈을 잘 벌면 앞에서 이야기했듯이 매출과 순이익이 증가한다. 그리고 영업현금흐름을 통해 배당 여력까지 확인할 수 있는데, 투자자로서 우리는 실제로 배당금을 잘 줬는지 체크해야 한다.

작년에는 배당금으로 1주당 100원을 지급했고, 올해는 120원을 지급한다면 배당성장률이 20%가 된다. 내년에 1주당 144원의 배당금을 지급한다면 또 20%의 배당성장률을 나타내는 것으로, 그 기업은 꾸준히 성장하는 기업일 가능성이 크다.

반면 매출과 순이익이 줄어들고 있는데 배당금을 높이는 기업은 의심해봐야 한다. 분명히 무슨 문제가 있을 것이니 그런 기업에 투자하고 있다면 재무제표를 꼼꼼히 살펴보자. 아직 투자 전이라면 그런 기업은 거르는 것이 좋다.

굳이 찜찜한 기업에 투자할 필요 없지 않은가? 세상에 좋은 기업은 많으니 조급하게 생각할 필요 없다. 투자를 하지 않으면 적어도 본전이니 절대 손해가 아님을 명심하고 조급한 마음은 쓰레기통에 버리자.

배당투자를 하기 전에 꼭 봐야 할 필수 점검사항 다섯 가지(매출, 순이익, 영업현금흐름, 배당연수, 배당성장률)를 살펴봤다. 간단해 보이지만 생각보다 많은 투자자들은 주식을 매수하기 전에 이런 요소를 그냥 넘긴다. 심지어 요즘에는 '선매수 후공부'라는 말이 생겨날 정도다. "코카콜라는 워런 버핏이 투자하는 기업이니 괜찮을 거야" 혹은 "유튜버가 언급한 종목이니 좋을 거야"와 같이 직접 확인하지 않고 투자하는 경우가 비일비재하다.

다섯 가지 항목을 정리해보자. 매출과 순이익이 함께 증가하면서 영업현금흐름도 양호하고, 수십 년째 배당을 늘려왔는데 성장률이 높은 기업에 투자하면 된다. 이 모든 것을 만족하는 기업이 있을까? 다행히도 그런 기업이 존재한다. 하지만 안타깝게도 그런 기업은 주가가 높아 배당률이 낮은 경우가 많다.

역시 좋은 기업은 비싸다. 그런데 비싼 주식을 비싸게 사면 투자자로서 자존심이 상하지 않는가? 실적을 통해 좋은 기업을 선정했다면 기술적 분석을 통해 싸게 살 수 있는 매수 타이밍을 고려해야 한다. 주식 매매에 대한 내용은 다양한 기업을 소개한 후 뒤에서 자세히 다뤄보겠다. 매력적인 배당기업을 선정하지 못하면 모든 것이 무의미하기 때문에 지금은 좋은 기업을 선정하는 데 집중하자.

배당투자 계산의 모든 것

성장주에 투자하려면 알 수 없는 미래를 예측하고 기술 발전과 현실에 적용 가능 여부를 판단해야 하는 어려움이 있다. 예를 들어 AI가 우리 삶에 어떤 영향을 주고 어느 플랫폼으로 무엇을 검색하게 될지, 그리고 우리의 일자리에 어떤 변화가 찾아올지 하나도 장담하기 어렵다. 그렇기 때문에 바라보는 시선에 따라 예측치는 천차만별이고 관련된 기업의 주가 변동성 또한 다이내믹할 수밖에 없다. 리스크가 높은 만큼 얻게 될 이익과 손해 또한 큰 법이다.

반면에 배당투자는 과거의 데이터를 기반으로 미래가 어느 정도 예측 가능하다. 예를 들어 우리가 코카콜라를 작년에 얼마나 마셨는지, 원자재 가격은 얼마나 올랐는지, 코카콜라의 매출이 얼마나 증가할지, 일정 범위에서 예측할 수 있다. 기업의 매출과 이익이 예상된다면 당연히 과거를 기반으로 미래 배당까지 생각해보는 것은 어려운 일이 아니다.

그렇기 때문에 배당투자에서는 계산을 잘하면 안정적인 수익 구조를 만드는 데 도움이 된다. 그럼 배당투자로 우리가 꼭 알아야 할 세 가지를 살펴보겠다. 이 세 가지만 알고 있으면 배당투자자로서 다양한 분석과 투자할 기업을 선택하기가 수월해질 것이다.

첫 번째는 '배당률'이다. 배당주를 검색하고 다양한 정보를 찾아보면 '기업의 배당률이 몇 퍼센트'라는 말을 자주 보게 된다. 배당률이 5%라고 해서 투자를 시작했는데 실제 내게 지급된 배당금은 5%가 안 되는 경험을 하게 될 수 있다. 그럼 그때 봤던 배당률이 잘못된 것일까? 아니다! 그때는 맞고 지금은 틀린 것이 배당률이다.

배당률이라는 건 내가 매수한 단가를 기준으로 측정되기 때문에 1분 1초매 순간 배당률은 달라진다. 그렇기 때문에 내가 매수한 평단가가 얼마인지에 따라 배당률이 다를 수밖에 없다.

직접 배당률을 계산해보자. 부동산 관련 기업으로 매달 배당을 지급하는 리얼티인컴(O)은 주가가 49.35달러이고 1주당 배당금 3.07달러를 지급한다(기준일: 2023년 10월 20일). 배당률은 3.07를 49.35으로 나누고 곱하기 100 하면 끝이다. 쉽지 않은가? 겁먹을 필요 없다. 단순히 곱하기와 나누기 한 번씩만 하

리얼티인컴 단가별 배당률

$$\text{배당률} = \frac{\text{1주당 배당금}}{\text{현재 주가}} \times 100$$

$$\frac{3.07}{49.35} \times 100 = 6.22\%$$

단가	배당률	배당금
$47	6.5%	
$51	6.0%	
$56	5.5%	$3.07
$61	5.0%	(1주당)
$68	4.5%	
$76	4.0%	

기준일: 2023.10.20

면 나오는 숫자다. 스마트폰 계산기로 '3.07 ÷ 49.35 × 100'를 입력하면 리얼티인컴의 배당률이 6.22%라는 것을 단번에 알 수 있다. 단 이것은 49.35달러에 리얼티인컴을 매수했을 때 이야기다. 분할매수를 잘해서 매수단가가 51달러보다 낮다면 당신의 배당률은 6%가 넘게 된다.

반대로 매수단가가 76달러보다 높으면 배당률이 3%대가 되기 때문에 배당주로서 매력이 반감된다. 이때는 주가가 올랐기 때문에 시세차익을 노리는 투자자가 많아져 매도세가 증가해 주가 하락의 원인이 된다.

그렇기 때문에 배당기업에 투자할 때는 해당 기업의 평균 배당률과 배당률의 상단과 하단의 단가를 기억하고 있는 것이 좋다. 추가로 지금 이 글을 읽는 시점에 배당금이 증가했을 가능성이 있으니 투자 전에 배당금과 주가를 확인해 실제 내 배당률을 체크해야 한다.

두 번째는 '배당성장률'이다. 지금의 배당도 중요하지만 미래의 배당이 꾸준히 증가하는지를 생각해야 한다. 배당성장률은 올해보다 내년에 얼마의 배당금이 늘어났는지 그 성장률을 체크하는 것이다.

2022년 펩시(PEP)는 배당금을 약 10% 올릴 예정이라고 밝혔는데 2022년

1주당 배당금이 약 4.5달러였고 2023년부터 약 5달러 정도의 배당금이 지급되었다. 즉 내가 2022년 펩시(PEP)에 투자해 100만 원의 배당을 받고 있었다면 2023년부터는 110만 원의 배당금이 지급된다는 이야기다.

투자금을 늘리지 않았는데 알아서 들어오는 돈이 늘어난다. 이 얼마나 아름다운 투자인가? 내가 투자한 기업이 열심히 일해서 돈을 벌고 그 수익의 일부를 배당으로 지급해주는 것이다. 그러므로 꾸준히 돈을 잘 버는 기업에 투자하는 것이 중요하다.

미국에서 배당금을 50년 이상 늘려온 기업을 '왕족주'라고 한다. 그중에 배당성장률이 높았던 3개 기업(로우스, 타겟, 일리노이툴웍스)은 배당성장률과 배당연수, 두 마리 토끼를 잡은 기업이다. 이런 기업들을 확인하는 방법을 알아야 물고기 잡는 방법을 배우는 것이니, 실제 내가 배당투자를 위해 자주 이용하는 사이트를 알려주겠다.

무료로 이용할 수 있는 사이트로, 스마트폰으로는 '더리치'를, PC로는 '시킹알파'를 이용한다. 투자를 고민 중인 배당기업이 있다면 사이트에 들어가 기

더리치(펩시, 분기배당)

시킹알파(펩시, 연배당)

Dividend Growth History

Download to Spreadsheet

Year	Payout Amount	Year End Yield	Annual Payout Growth (YoY)	CAGR to 2022
2022	$4.5250	2.50%	6.53%	
2021	$4.2475	2.51%	5.59%	6.53%
2020	$4.0225	2.87%	6.06%	6.06%
2019	$3.7925	3.02%	5.71%	6.06%
2018	$3.5875	3.64%	13.26%	5.98%
2017	$3.1675	3.06%	7.01%	7.39%
2016	$2.9600	3.36%	7.15%	7.33%
2015	$2.7625	3.38%	9.00%	7.30%
2014	$2.5325	3.37%	13.00%	7.52%
2013	$2.2400	3.50%	5.29%	8.13%
2012	$2.1275	4.14%	5.06%	7.84%
2011	$2.0250	4.20%	7.14%	7.50%
2010	$1.8900	4.10%	6.40%	7.55%
2009	$1.7750	4.27%	7.58%	7.46%
2008	$1.6500	4.54%	15.79%	7.47%
2007	$1.4250	2.91%	22.04%	8.01%
2006	$1.1600	2.93%	14.85%	8.88%
2005	$1.0100	2.75%	18.82%	9.22%
2004	$0.8500	2.67%	34.92%	9.73%
2003	$0.6300	2.25%	5.80%	10.93%
2002	$0.5950	2.38%	3.48%	10.60%
2001	$0.5750	2.02%	3.60%	10.32%
2000	$0.5550	1.94%	3.74%	10.01%

업명 혹은 티커(종목 코드)를 입력해보자. 바로 배당내역을 확인해볼 수 있다. 매년 배당을 얼마나 증가해왔는지 배당성장률을 체크하자.

추가로 과거 경제위기의 순간에 배당을 줄인 적이 있는지 확인하면, 기업의 위기대처 능력까지 파악할 수 있다. 투자하고 싶은 기업을 찾았다면 2000년(IT 버블), 2008년(리먼브라더스 사태), 2020년(펜데믹)까지 세 번의 경제위기 때 해당 기업의 배당내역을 꼭 점검해보길 바란다.

마지막 세 번째는 '미래 배당금'이다. 배당투자의 단점이라면 성장주 투자에 비해 당장 내 손에 쥐게 되는 수익이 작아서 투자 의지가 약해질 수 있다는 것이다. 열심히 배당투자로 1년에 5%의 배당을 받게 됐는데, 옆의 동료는 하루 만에 5% 수익을 내는 것을 보면 현타가 온다. 반대로 동료의 수익이 마이너스가 됐을 때는 말해주지 않기 때문에 계속 수익 내고 있을 것이라 착각하며 속이 타들어간다. 이래저래 속상한 마음이 들 것이다.

그래서 배당투자를 할 때는 남의 계좌를 엿보는 것이 아닌 미래의 나의 배당을 계산해보는 것이 중요하다. 과거의 데이터를 기반으로 미래의 배당금을 계산해보면 배당투자의 의지가 불끈 솟아난다. 미래 배당금은 앞에서 이야기한 현재 배당률과 배당성장률을 알고 있어야 계산할 수 있다.

예를 들어 2022년 배당률 5%이고 배당성장률 10%로 배당금 100만 원을 받았다면 2023년에는 배당금이 올라서 110만 원 정도 받게 될 가능성이 크다. 배당금은 매년 복리의 마법으로 기하급수적으로 올라가게 된다. 이렇게 동일하게 배당금이 증가했다면 10년이 지나 배당금은 자그마치 236만 원이 된다. 20년 차에는 612만 원, 30년 차에는 1,586만 원이다. 정말 놀라운 결과다!

과거의 데이터가 미래를 보장해주지는 않지만 미래를 예측하고 투자의 원동력으로 삼기에는 더없이 좋다. 나는 실제로 투자해본 결과 다행히 좋은 종목을 선택해 시뮬레이션보다 더 좋은 투자가 되었고 심지어 주가 상승으로 자

배당성장률

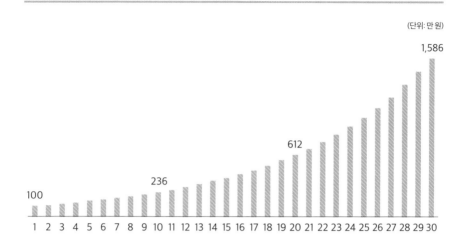

(단위: 만 원)

1,586

612

236

100

1 2 3 4 5 6 7 8 9 10 11 12 13 14 15 16 17 18 19 20 21 22 23 24 25 26 27 28 29 30

산 가치까지 올라가는 덤을 얻었다. 이렇게 배당금이 증가하는데 투자를 안 하겠는가?

심지어 여기서의 투자 방식은 추가금액 없이 거치식 투자로 발생한 배당금만 계산한 것이다. 적립식으로 투자해 주식 수가 증가한다면 더욱 많은 배당을 받을 수 있다. 배당금 또한 재투자한다면 더욱 더 많은 배당을 받게 된다. 가슴이 뛰기 시작했는가? 당장 배당투자를 시작하자!

배당금 재투자와 배당성장률 계산 방법

앞으로 소개할 배당금 관련된 계산식은 대부분 배당금 재투자와 배당성장률을 함께 고려한 내용이다. 복리효과를 최대한 높이기 위해 배당금 또한 재투자해 눈덩이를 더욱 크게 키우는 것이 좋다. 그리고 목표하는 월 배당금에 도달했을 때 배당금 재투자를 멈추고 소비하는 것이 이상적인 배당투자다. 배당성장률과 배당금 재투자가 왜 중요한지 예를 들어 설명할 테니 마음이 흔들릴 때마다 다음 계산식을 한 번씩 보길 바란다.

2023년 100만 원을 투자한 종목이 배당률 5%라면 배당금 5만 원을 받게 된다. 여기서 매년 배당금이 10%씩 성장하면 2024년에 배당률은 5.5%가 되고 배당금은 5만 5,000원을 받게 된다. 2025년에 배당률은 5.5%에서 10% 성장이니 그 결과 6.05%가 되고 배당금은 6만 500원을 받게 된다. 이렇게 2023년에 투자한 100만 원에서 발생한 배당금은 매년 무럭무럭 자라난다.

적립식 투자를 하고 있다면 2024년에 또 다른 100만 원이 투입된다. 그럼 2024년에는 또 다른 배당금 5만 원을 받게 되고, 배당금 총합은 10만 5,000원 이다. 2024년에 투입된 100만 원은 2025년에 10% 배당성장을 거치며 배당률 5.5%에 해당되는 배당금을 지급한다. 각 연차에 따라 배당금은 각자 성장하며 매년 증가하는 구조다. 배당금은 적립식 투자금에 따라 계속 증가함과 동시에 배당성장률이 적용돼 돈이 계속 불어나는 효과를 발휘한다.

여기서 끝이 아니다. 계좌에 들어온 배당금을 소비해도 좋지만 재투자를 하면 어떻게 될까? 2023년에 받은 배당금 5만 원을 재투자한다면 5%의 배당률이 적용돼 2,500원의 배당금이 발생한다. 2024년에 받은 배당금 10만 5,000원을 재투자하면 5,300원의 배당금이 발생한다. 이 모든 배당금을 가지고 재투자를 진행하면 배당금이 배당을 낳는 구조가 형성된다. 연수가 길어질수록 적립식 투자금액과 함께 배당금의 배당금이 더해지고, 배당성장률이라는 촉매제를 만나 기하급수적으로 자산이 늘어나게 된다.

초기에는 손 안에 들어오는 작은 눈뭉치 같은 배당금이라 사라지지 않을까 걱정되고 언제 커지게 될지 답답할 수 있다. 하지만 흰 눈이 쌓인 곳에서 계속 눈뭉치를 굴리다 보면 눈뭉치는 어느 순간 사람보다 큰 눈덩이가 되어 있을 것이다. 여기서 눈이 쌓인 정도는 배당 종목에 따라 달라지며 꾸준히 굴릴

연 100만 원 투자 시 배당금 재투자에 따른 눈덩이 효과

(단위: 만 원)

구분	2023년	2024년	2025년	2026년	2027년	...
배당금 1년 차	5	5	5	5	5	
배당금 2년 차		5.5	5.5	5.5	5.5	
배당금 3년 차			6.05	6.05	6.05	
배당금 4년 차				6.66	6.66	
배당금 5년 차					7.32	
...						
배당금 합계	5	10.5	16.55	23.21	30.53	재투자 및 배당성장
재투자 배당금 1년 차	0.25	0.53	0.83	1.16	1.53	
...						

수 있는 힘은 적립식 투자에서 나온다. 다양한 종목과 복리 계산를 통해 여러 눈밭을 소개할 테니 나의 눈밭을 찾아보자.

배당투자 하기 전에 꼭 봐야 할 필수 점검사항 다섯 가지

1) 매출: 돈을 벌고 있는 회사인지 점검
2) 순이익: 실제 주머니에 챙기는 돈이 늘고 있는지 점검
3) 영업현금흐름: 피가 잘 통하는 건강한 기업인지 점검
4) 배당연수: 신뢰할 수 있는 기업인지 점검
5) 배당성장률: 주주 친화적인 기업인지 점검

배당금 계산에 필요한 필요한 세 가지

현재 배당률, 과거 배당성장률, 미래 배당금

DAY | 06

갈림길에 선
배당 재투자

유튜브 '수페TV' 채널에서 관련 영상 함께 보기

체크리스트

● 배당투자는 기업의 수익을 주주에게 분배금의 형태로 지급받는 것이다. 평소 관심 있는 배당기업이 있다면 주가와 배당금을 찾고 배당률을 계산해보자. (주가는 증시 변동에 따라 매분, 매초 움직이기 때문에 배당률도 함께 바뀐다.)

배당률 = 1주당 배당금 ÷ 주가 × 100

순번	기업명	업종	주가	배당금(연)	배당률(%)
1					
2					
3					
4					
5					

사람이 늙어가듯 기업도 나이를 먹는다

태어나 처음부터 두 발로 걸을 수 있는 사람은 없다. 부모의 따뜻한 사랑과 보호를 받으며 어느 날 기어다니고 두 발로 걷는 과정을 겪게 된다. 그다음은 다양한 교육을 받으며 어른이 된다.

기업도 마찬가지다! 처음에는 엉성하고 불안해서 성장할 수 있을까 싶지만 투자자의 지원과 신뢰를 바탕으로 성장하며 나중에는 투자자에게 보답하는 효자가 된다. 그 과정을 간단히 나열하면, [창업기 → 성장기 → 성숙기 → 쇠퇴기]다. 애플의 시작이 낡은 창고였듯이 어느 기업이든 창업기를 거친다.

여기서 살아남기 위해서는 매출이 발생하고 순이익이 플러스로 돌아서야 한다. 테슬라도 주당순이익(EPS)이 플러스로 돌아서는 2019년 말부터 엄청난 주가 상승을 보여줬다. 이는 창업기에서 성장기로 넘어가는 시작을 알리는 계기가 되며 기업을 다시 평가하는 기준이 된다.

그 시기는 사람으로 따지면 그동안 열심히 공부하고 취업에 성공해 첫 월급을 받는 시점이 될 것이다. 돈을 쓰는 사람에서 돈을 버는 사람으로 바뀌는 것은 큰 변화다. 취업했다면 월급을 잘 관리하고 투자하는 사람은 부를 쌓게 되고, 소진하는 사람은 반대의 길을 걷게 된다. 기업 또한 어떻게 운영하고 관리하는지에 따라 생사가 결정된다.

취업하기가 어렵듯 창업기에서 성장기로 넘어가는 것은 큰 성공이며, 그다음 스텝 또한 신중해야 한다. 최대한 성숙기를 오래 가져가며 쇠퇴하지 않기 위해 노력해야 한다. 사람도 기업도 건강하게 나이를 먹는 것이 좋다.

코카콜라가 성장주였다고?

워런 버핏이 투자하고 있는 기업 코카콜라 역시 생존기를 거쳤고 성장기를 지나 성숙기에 접어들었다. 코카콜라는 예전에도 콜라를 팔았고 지금도 팔고 있는데 무슨 성장기인가 싶을 수 있다.

첫 번째 성장은 미국 시장에서 탄산음료를 장악하는 것에서 시작되었다. 코카콜라를 마시지 않던 사람들이 마시면서 매출이 증가했다. 그다음에는 글로벌 시장으로 뻗어나갔고 전 세계 사람들이 코카콜라를 마시면서 엄청난 도약을 했다.

우리가 코카콜라를 처음 접한 시점은 1970년대로 아시아 시장을 공략하던 시기다. 지금은 매일 200여 국가에서 20억 잔의 코카콜라가 팔리고, 초당 2만 잔 넘게 소비되는 글로벌 기업이 됐다. 이런 코카콜라의 끝없는 노력은 성장과 도약을 반복하게 만들었다. 사람으로 생각하면 꾸준한 운동과 식단 조절로 건강하게 장수하는 어른이 된 것이다.

추가로 콜라의 용량을 다양화하거나 다른 브랜드를 인수하며 사업을 다각화하는 방법을 취하기도 했다. 이는 사람이 혼자가 아닌 가족을 구성하고 자식을 낳으며 대를 잇는 과정과 비슷하다.

지금 코카콜라는 배당기업으로 성숙기에 접어들고 있다고 생각하는 투자자도 많다. 제2의 코카콜라를 찾는 것도 좋지만, 지금의 브랜드 가치와 명성을 얻기까지 떨어져 나간 제2의 코카콜라들을 생각하면 다른 식음료 기업보다 미래가 더욱 안전해 보이는 것은 사실이다.

원자재가 인상과 인건비 상승으로 이익이 줄어드는 인플레이션 시기에도 가격을 올리며 기업의 이익을 방어할 수 있는 기업이 코카콜라다. 가격이 올라도 사람들은 피자, 햄버거, 치킨을 먹으면 여지없이 코카콜라를 찾기 때문이다. 추가로 코카콜라가 새로운 도약에 성공한다면 다시 한번 성장하는 기업이 될 가능성이 높다. 아직도 코카콜라가 성장주로 보이지 않는가? 꼭 스마트폰을 팔아야 성장주라는 고정관념을 버리자.

달콤한 배당금 소비

평소와 같은 일상을 보내고 있는데 배당금이 지급된다는 문자를 받으면 나도 모르게 입가에 미소가 번진다. 그날은 평소와 다른 특별한 날이 되고 하루 종일 콧노래가 흘러나온다. 내가 아닌 돈이 일해서 내게 월급을 주는 것이니 얼마나 기특한가?

처음에는 금액이 소소해서 언제 월급처럼 받나 싶겠지만 2~3년 꾸준하게 배당투자를 지속하면 휴대폰 요금부터 시작해 관리비와 식비까지 배당금으로 해결되는 삶을 경험할 수 있다. 심지어 내 지인은 배당금으로 자동차 할부금을 지불하고 있는데, 공짜로 차를 구매한 것 같다고 한다. 이런 경험은 배당투자에 좋은 동기부여가 되며 지치지 않고 투자하는 원동력이 된다.

그런데 배당금을 소비하지 않고 재투자하면 어떤 일이 벌어질까? 당연히 배당금으로 주식 수를 늘리면 늘어난 수량만큼 배당을 더 받게 되니 원하는 목표에 더 빠르게 도달하게 된다. 그럼 무조건 배당금을 재투자해야 할까? 재투자로 '돈이 얼마나 빨리 불어나는지'와 배당금 소비로 얻는 즐거움의 무게를 저울질해야 답을 찾을 수 있다.

지금부터 비교를 해볼 테니 둘 중에 어느 것이 더 내게 매력적으로 다가오는지, 그리고 어떤 선택을 할지 고민해보길 바란다.

코카콜라 1억 투자, 배당 소비 vs 배당 재투자

시뮬레이션 대상이 될 종목은 배당을 50년 이상 늘려온 왕족주 중에서 워런 버핏이 투자하고 있는 기업 '코카콜라'다. 코카콜라의 배당률은 3% 정도이며 1억 원을 투자한다면 분기마다 75만 원의 배당금이 들어온다. 하지만 세금을 제외하면 실제 내 계좌에 남는 금액은 63만 7,500원이다(코카콜라 배당 지급: 4, 7, 10, 12월). 이 돈은 매달 20만 원 정도의 고정비를 대체할 수 있는 돈이다.

과거 10년간 코카콜라의 연 평균 배당성장률을 보면 5.64%다. 먼저 배당금을 재투자하지 않고 소비한다고 가정하고 계산해보자. 현재 1억 원을 투자한다면 분기배당금은 63만 7,500원(배당률: 3%)을 받는다. 그리고 1년 뒤 분기배당금은 5.64% 올라 67만 3,500원이 된다. 즉 분기에 3만 6,000원 상승한 것이다. 한 달에 만 원 정도 배당금이 더 지급되는 것으로, 생각보다 적다고 느낄수 있다.

그런데 10년 뒤 분기배당금은 104만 4,600원, 20년 뒤에는 180만 8,100원, 30년 뒤에는 312만 9,700원까지 증가한다. 원금 1억 원에서 추가로 투입된 돈이 없음에도 코카콜라가 열심히 일해 매출과 이익을 늘리고 주주에게 배당금을 꾸준히 올려준 결과다. 배당금이 늘어나는 재미는 서서히 찾아오기 때문에 긴 시간을 갖고 봐야 보람을 느낄 수 있다. 배당금을 재투자하지 않아도 배당성장률 덕분에 복리효과로 배당금이 늘어나는 경험을 하게 된다.

매년 늘어나는 배당금 덕분에 재투자의 필요성을 느끼지 못할 수 있다. 현명한 선택을 하기 위해 배당금을 재투자했을 때 어떤 일이 벌어지는지 알아보자. 그래야 저울의 양쪽 무게를 알고 무게의 차이만큼 나는 얼마나 행복한 소

코카콜라 배당금 증가

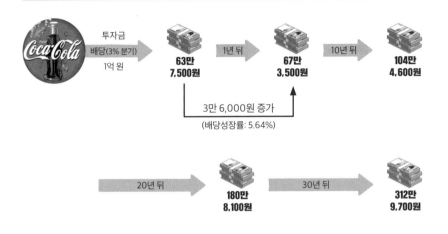

비를 했는지 가늠해볼 수 있다.

배당금을 재투자했을 때 얼마나 배당금이 증가할까? 소비를 참고 견딘 기회비용은 과연 얼마나 될까? 이 질문에 대한 답을 구해보자. 3개월마다 발생되는 배당금 63만 7,500원이지만 이것은 올해 금액이고 배당금을 재투자하면 1년 뒤 분기 배당금은 68만원 9,700원이 된다. 분기별 5만 2,200원이 증가하는 것이고 1년으로 보면 20만 8,800원의 배당금을 더 받게 된다.

다소 계산이 복잡하지만 결론을 이야기하자면 10년 뒤 분기 배당금은 129만 4,700원, 20년 뒤에는 284만 4,700원, 30년 뒤에는 625만 600원이 된다. 앞에서 10년 뒤 배당금이 104만 원이었는데 배당 재투자를 통해 분기별 25만 원이 증가했다.

이 정도 차이면 당신은 배당금을 재투자하겠는가? 너무 적은가? 그럼 20년 뒤 분기 배당금이 181만 원에서 284만 원으로 증가해 약 104만 원 차이가 발생한다면 배당금을 재투자하겠는가? 당연히 재투자한다고 말할 것이다. 복리가 이렇게 대단하다. 하지만 20년 동안 투자를 지속할 수 있는 끈기가 필

배당금 재투자

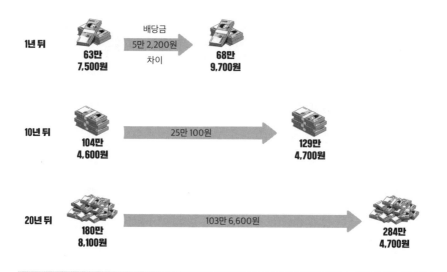

		배당금	
1년 뒤	63만 7,500원	5만 2,200원 차이	68만 9,700원
10년 뒤	104만 4,600원	25만 100원	129만 4,700원
20년 뒤	180만 8,100원	103만 6,600원	284만 4,700원

요하기 때문에 해당 기업에 대한 믿음이 있어야 가능한 일이다.

배당 소비와 배당 재투자의 무게 차이를 숫자로 확인했다. 초기 1~10년에 드라마틱한 차이가 생기는 것은 아니다. 하지만 장기적인 관점의 투자 계획을 갖고 있다면 말이 달라진다. 배당금을 소비하며 느낀 그 행복한 감정과 비교해 그것을 미래의 소비로 치환할 것인지 고민해보길 바란다.

나는 소비를 아껴 원하는 목표에 도달하는 것을 좋아하기 때문에 당장의 이익보다는 미래에 투자하는 편이다. 그것이 나의 투자성향이다. 하지만 사람의 얼굴이 모두 다르듯이 투자성향도 다를 수밖에 없다. 정확한 숫자를 기반으로 저울의 양쪽 무게를 알았으니 나의 감정의 무게를 어느 쪽에 올려놓을지 꼭 내면의 소리에 귀를 기울여 선택하길 바란다. 그런 결정이 하나씩 모여 나의 투자관에 겹이 더해지고 더욱 단단해지며 그 누구에게도 휘둘리지 않는 멋진 배당투자자가 되는 것이다.

황금알 낳는 거위라고 무조건 늘리지 마라

배당이라는 거위가 낳아준 황금알은 어떻게 하는 것이 좋을까? 황금알을 낳는 거위가 더 큰 알을 낳을 수 있게 황금알을 사료로 바꿔서 다시 거위에게 먹이는 것이 좋다(배당금 재투자). 혹은 알을 품어 새로운 황금알을 낳는 거위를 한 마리 더 늘리는 방법도 있다(신규 배당투자).

그러나 무조건 소비를 줄이고 투자금을 늘리는 것만이 정답은 아니다. 배당투자에 열정을 쏟아 적극적인 것도 좋지만 거위를 보살피느라 정작 자신의 몸은 골병이 들고 파스 살 돈도 없으면 무슨 소용일까? 황금알 낳는 거위는 크고 많을수록 좋지만 거위의 주인인 내가 거지가 되면 소용없다.

배당투자의 목적은 근로소득이 아닌 금융소득으로 나의 소비가 대체되고 삶의 질 또한 높이기 위함이다. 파이어족을 목표로 허리띠를 졸라매고 소비를 극단적으로 줄여서 배당투자 하는 사람들이 종종 있다. 그렇게 라이프스타일이 바뀐 채로 퇴사하면, 평생 가난하게 지낼 수 있으니 조심해야 한다.

앞에서 이야기한 배당금 재투자 또한 같은 맥락의 이야기이며, 꼭 둘 중에 하나를 선택할 필요는 없다. 절반은 투자하고 나머지는 소비해도 된다. 아니면 초기 10년은 전부 재투자하고 11년 차부터 조금씩 소비로 전환하는 계획을 세워도 좋다. 각자 상황에 따라 다를 수 있으니 본인의 미래를 생각하며 유연하게 투자 전략을 세워보길 바란다.

- 코카콜라도 성장주였던 시절이 있다. (창업기 → 성장기 → 성숙기 → 쇠퇴기)
- 배당 소비 vs 배당 재투자
- 현재 삶이 궁핍해질 정도의 배당 재투자는 오히려 독이 된다. 핵심은 내게 맞는 비중 조절!

DAY | 07

50년을 살아남은
배당 '킹'

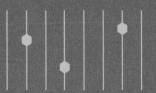

유튜브 '수페TV' 채널에서 관련 영상 함께 보기

● 주기적인 소비를 이끌어내는 기업이라면 배당을 지급하는 경우가 많다. 6일 차에 작성한 배당기업 중에 매력적인 기업을 선별해 추가정보를 작성해보자. (시킹알파 사이트에 방문하면 쉽게 배당내역을 확인해볼 수 있다.)

기업명	업종	주가	배당금	배당률
	배당지급 월	배당증가연수	배당성향	배당성장률(5년)

기업명	업종	주가	배당금	배당률
	배당지급 월	배당증가연수	배당성향	배당성장률(5년)

50년 전통 맛집과 왕족주

한국에는 50년 전통 맛집이 많듯이 미국에는 50년 넘게 사업을 영위하고 있는 기업이 많다. 역사가 있는 맛집은 자신만의 노하우와 철학으로 무장해 누구도 넘보지 못하는 차별성을 갖고 있다.

기업도 같은 맥락으로 험난한 경제위기와 위험한 순간들을 각자의 기술력과 노하우로 이겨냈다. 그런 멋진 기업 중에 주주에게 배당금을 꾸준히 늘려온 기업이 있다면 얼마나 대단한 회사인가? 힘들고 어려운 상황 속에서 주주 친화적인 관계를 유지했다는 것은 높이 평가받아 마땅하다.

그래서 미국에서는 50년 이상 배당금을 늘려온 기업을 '배당 왕족주'라고 부르며, 배당 왕족주는 배당투자자에게는 신뢰가 높은 기업으로 인식된다. 현재 배당 왕족주에 해당되는 기업은 총 49개인데, 이들은 자부심을 갖고 이 타이틀을 놓치지 않으려고 매년 부단히 노력한다. 이런 모습을 좋게 본 투자자들은 실제로 왕족주에 투자를 많이 하고 있으며, 이로 인해 투자의 선순환이 이뤄진다.

왕족주는 우리가 알고 있는 바로 그 기업

미국은 세계 1위 GDP를 자랑하듯이 글로벌 기업이 많다. 워런 버핏이

배당 왕족주

순번	기업명	티커	섹터	배당증가연수
1	애브비	ABBV	헬스케어	51
2	ABM 인더스트리즈	ABM	산업	55
3	애보트 래보라토리	ABT	헬스케어	51
4	아메리칸 스테이츠 워터	AWR	유틸리티	68
5	벡톤 디킨슨 앤 코	BDX	헬스케어	51
6	블랙 힐스	BKH	유틸리티	52
7	커머스 뱅크셰어스	CBSH	금융	54
8	캐네디언 유틸리티	CDUAF	유틸리티	51
9	신시내티 파이낸셜	CINF	금융	63
10	콜게이트-팜올리브	CL	경기방어	61
11	캘리포니아워터서비스	CWT	유틸리티	55
12	도버	DOV	산업	67
13	에머슨 일렉트릭	EMR	산업	66
14	파머스 & 머천트 뱅코프	FMCB	금융	58
15	페더럴 리얼티	FRT	리츠	55
16	H.B. 풀러 컴퍼니	FUL	원자재	54
17	제뉴인 파츠	GPC	소비순환	67
18	고먼-러프	GRC	산업	50
19	W W 그레인저	GWW	산업	52
20	호멜 푸즈	HRL	경기방어	57
21	일리노이 툴 웍스	ITW	산업	58
22	존슨앤드존슨	JNJ	헬스케어	61
23	킴벌리클라크	KMB	경기방어	51
24	코카콜라	KO	경기방어	61
25	랭커스터 콜로니	LANC	경기방어	60
26	레겟 & 플랫	LEG	소비순환	52
27	로우스 컴퍼니	LOW	소비순환	61
28	쓰리엠 (3M)	MMM	산업	65
29	알트리아그룹	MO	경기방어	53
30	MSA 세이프티	MSA	산업	53

31	미들섹스 워터	MSEX	유틸리티	50
32	노드슨	NDSN	산업	59
33	내셔널 퓨얼 가스	NFG	에너지	52
34	뉴코	NUE	원자재	50
35	노스웨스트 내추럴 홀딩	NWN	유틸리티	67
36	펩시코	PEP	경기방어	51
37	프록터 & 갬블	PG	경기방어	67
38	PPG 인더스트리스	PPG	원자재	51
39	파커-하니핀	PH	산업	67
40	스테판	SCL	원자재	55
41	SJW 그룹	SJW	유틸리티	55
42	SPGI	SPGI	금융	50
43	스탠리 블랙 & 데커	SWK	산업	55
44	타겟	TGT	경기방어	54
45	테넌트	TNC	산업	52
46	투시 롤 인더스트리스	TR	경기방어	56
47	시스코	SYY	경기방어	53
48	유니버설	UVV	경기방어	53
49	월마트	WMT	경기방어	50

30년 넘게 투자하고 있는 코카콜라는 우리가 알고 있는 가장 유명한 배당기업이면서 왕족주다. 탄산음료를 생각하면 코카콜라가 떠오르듯 다른 분야에도 배당을 지급하는 미국 기업을 쉽게 발견할 수 있다. 우리에게 친숙하고 자주 사용하는 제품이 왕족주의 상품이란 것을 알게 됐을 때 재미있는 투자의 기회가 열리게 된다.

배당 왕족주 중에서 우리 생활 속에 깊이 파고든 제품을 몇 가지 이야기해 볼 테니 내가 사용하고 있는 브랜드인지 확인해보자.

첫 번째 기업으로 존슨앤존슨(JNJ)의 제품을 살펴보면 가장 유명한 아기위생용품 존슨즈베이비로션을 시작으로 머리가 아플 때 먹는 타이레놀, 얼굴을

씻을 때 쓰는 클린앤클리어, 두피케어 샴푸 니조랄, 눈을 보호하기 위해 착용하는 아큐브 콘텍트렌즈, 구강 청결제 리스테린 등이 있다.

나도 모르게 매달 존슨앤존슨의 제품을 구매하고 있었는가? 이제는 소비 말고 투자로 배당을 받아보는 것은 어떨까?

두 번째 기업으로 호멜푸드(HRL)의 제품을 살펴보면 추석선물 세트의 최강자 스팸을 시작으로 크리미 땅콩버터 스키피, 미국인이 사랑하는 페퍼로니 등이 있고 가공육으로 유명한 기업이다.

세 번째 기업으로 3M(MMM)의 제품을 살펴보면 우리가 잘 알고 있는 포스트잇과 스카치 테이프가 매출의 큰 비중을 차지하고 있을 것 같지만, 그렇지 않다. 개인안전 보호구부터 의료용 제품까지 상품이 다양하다. 심지어 팬데믹 발생했을 때 마스크를 판매해 매출을 올렸던 기업이 바로 3M이다.

간단히 3개 기업의 대표적인 제품을 몇 가지 살펴봤다. 실제로 사용하는 제품을 모두 확인해보면 더 많은 미국 왕족주에 해당하는 기업의 제품을 우리도 모르게 사용하고 있다.

왕족주의 공통점이 무엇일까? 전자제품처럼 한번 구매하면 오랫동안 재구매가 일어나기 어려운 상품이 아니라 주기적으로 소비를 해야 하는 물건을 판매하는 기업이 많다는 것이다. 그 말은 우리의 호주머니에서 매달 돈을 가져가 기업의 성장을 도모하고 주주에게 배당을 지급한다는 뜻이다. 그들의 꾸준한 매출은 50년 넘게 배당을 줄 수 있는 원동력이 됐다.

우리에게 친숙한 소비재를 이야기했지만 전기, 가스, 수도와 같은 유틸리티 기업 또한 지속적인 매출이 발생되며 왕족주에 포함된 기업이 많다. 이렇듯 어떤 형태로든 주기적인 소비를 이끌어내는 기업은 배당 왕족주에 해당될 가능성이 높으며, 안정적인 배당을 지급하는 회사가 된다. 투자 관점에서 이런 부분을 체크해 배당컷이 발생할 가능성이 작은 기업을 선별하는 것이 중요하다.

왕족주라고 다 같은 왕은 아니다

배당 왕족주에 해당하는 49개 기업은 모두 좋은 회사일까? 안타깝게도 그렇지 않다. 그래서 우리는 49개 기업 중에서 좋은 기업을 선별할 수 있는 분석력이 필요하다.

왕족주에 포함된 에머슨 일렉트릭(EMR)이란 회사는 배당을 66년째 증가해온 왕족주 중에서 최고참이다. 그런데 최근 10년간 배당을 얼마나 잘 늘려왔나 체크해봤더니, 연평균 2%도 안 되게 증가했다. 인플레이션만큼, 혹은 그보다 못한 배당성장을 보여준 것이다.

앞서 예적금에 돈을 넣어 놓으면 위험하다고 이야기했는데, 그와 비슷한 꼴이 되는 것이 이런 왕족주에 투자하는 것이다. 에머슨 일렉트릭(EMR)에 악감정이 있는 것은 아니지만, 과거 데이터가 매력적인 회사는 아니라고 말해주고 있다. 배당을 줄이지 않고 늘린 것만으로도 대단한 기업이지만, 우리의 투자 목적은 더 위대하기에 이런 기업에 속으면 안 된다.

또한 3M(MMM)을 보면, 최근 5년간 주가가 55% 하락했다. 배당은 늘려왔지만 주가가 반토막이 됐다면 내 원금도 반으로 줄었다는 것인데 과연 좋은 투자일까? 절대 좋은 투자가 아니다! 앞서 이야기한 배당투자 필수 점검사항 다섯 가지를 기준으로 살펴보면 에머슨일렉트릭(EMR)과 3M(MMM)은 투자 대상에서 제외된다. 배당성장률이 낮거나 주가가 하락하는 기업을 필터링해야 보다 안정적이고 배당금이 증가하는 투자를 할 수 있다.

반대로 헬스케어 기업 애브비(ABBV)를 살펴보면 최근 5년간 주가가 81% 상승했다. 주가가 올랐으니 좋은 기업일까? 아직은 모른다! 3M과 애브비의 배당금 차이를 살펴보자. 5년 전에 둘 다 100만 원의 배당금을 받았다고 가정하고 5년이 지난 지금 두 기업의 배당금을 계산해보니 3M이 121만 원, 애브비가 222만 원이다. 배당금이 자그만치 101만 원이나 차이가 난다. 애브비는 5년 만에 배당금이 2배가 됐고 심지어 해가 지날수록 그 차이는 계속 벌어진다.

같은 배당 왕족주인데 왜 이런 일이 발생할까? 두 기업의 배당성장률이 다르기 때문이다. 과거 5년간 3M은 연평균 배당성장률 3.6%를 보여준 반면, 애브비는 16.8%의 배당성장을 이뤄냈다. 잠깐 배당성장률을 복습해보면, 올해 100원의 배당금을 받았는데 내년에 110원의 배당금을 받게 되면 10원의 배당금이 증가한 것이고, 그 비율을 배당성장률이라고 말한다. 즉 10%의 배당금이 증가한 것을 '배당성장률 10%'라고 말한다.

애브비는 주가도 많이 올랐는데 배당까지 많이 오르니 신기한가? 보통 배당과 주가는 함께 움직인다. 기업이 돈을 잘 벌면 기대심리로 주가가 오르고 많은 수익을 발생시킨 만큼 배당으로 돌려주기 때문이다. 기업의 선순환이 이뤄지는 것이니 주가와 배당의 방향이 같은 움직일 수밖에 없다.

혹시라도 배당금은 증가하는데 기업의 주가가 하락한다면 문제가 있는 기업일 수 있으니 기피하는 것이 좋다. 실제 3M은 발암물질 'PFAS' 수질오염 문제로 소송이 진행됐으며, 미국 상수도 공급업체들에게 13조 원의 합의금을 지급하기로 결정됐다.

3M과 애브비 배당성장률과 배당금 내역

연도	3M		애브비	
	배당성장률	배당금	배당성장률	배당금
2017	2.4%	100	11.6%	100
2018	3.3%	103	41.1%	141
2019	3.7%	107	19.2%	168
2020	3.7%	111	10.3%	186
2021	3.5%	115	10.2%	204
2022	5.0%	121	8.5%	222

다양한 이유로 내 살을 깎아서 배당을 지급하는 기업이 종종 있으니 조심하자. 굳이 리스크를 감내하며 투자할 필요가 없지 않은가? 좋은 기업은 많으니 종목과 사랑에 빠지지 말자.

반백 년 배당기업 TOP 5

많은 배당기업 중에서 50년 이상 배당금을 연속으로 늘려온 왕족주 49개를 알았지만 그 속에서도 좋은 기업이 있고 나쁜 기업이 있다. 우리에게 좋은 기업이란 배당을 지금까지 잘 줬고, 앞으로도 계속 잘 주면서 주가도 상승하는 기업이다.

간단한 듯 보이지만 배당투자 필수 점검사항 다섯 가지에서 모두 합격점을 받는 기업을 찾는 것은 매우 어렵다. 특히 배당성장률이 높은 기업은 왕족주에서 더욱 찾기 어려운데, 반백 년 배당기업 중에서 매력적인 회사 다섯 곳을 소개해보겠다. 마음에 드는 기업이 있다면 메모해놓자.

1) 존슨앤존슨(JNJ)

존슨앤존슨은 세계 최대 헬스케어 기업으로 미국에서는 독보적인 위치를 점유한 회사다. S&P500 기준으로 현재 13위를 차지할 만큼 시가총액이 크며 사업구조는 제약(Pharmaceuticals), 메디테크(MedTech), 소비자 건강(Consumer Health), 세 가지로 구성되어 있다. 2022년 매출 기준, 제약이 55%로 가장 높으며 메디테크 29%, 소비자 건강 16% 순이다. 매출이 가장 높은 제약 분야는 타이레놀 같은 의약품을 시작으로 면역학, 전염병, 신경과학, 심혈관 및 대사, 폐동맥, 고혈압 등 다양한 포트폴리오를 구성하고 있다.

존슨앤존슨 기업정보

기업명	존슨앤존슨(JNJ)	배당지급	3, 6, 9, 12월	배당증가연수	61년
배당률	3.11%	배당성향	44.23%	배당성장률(5년)	5.92%
한줄평	100년 이상의 역사를 가진 미국 헬스케어 1위 기업				

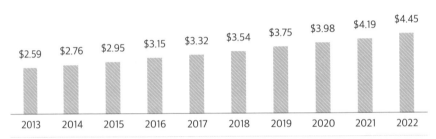

	매출(5년) / 단위($B)	순이익(5년) / 단위($B)

배당금 지급내역(1주당, 10년)

기준일: 2023.10.20

수명 연장과 고령화로 인해 헬스케어 분야는 계속 성장할 것이며 그 중심에 존슨앤존슨이 있다. 61년째 배당을 늘려온 존슨앤존슨은 3, 6, 9, 12월 배당을 지급하며, 최근 5년간 배당성장률 5.92%로 양호한 모습을 보이고 있다.

2) 프록터&갬블(P&G, PG)

P&G는 창업자 프록터와 갬블이 각자의 회사를 합병하면서 프록터&갬블이 됐고 약자인 P&G로 많이 알려진 기업이다. 180개가 넘는 국가에서 300개 이상의 브랜드 제품이 판매되고 있는 다국적 소비재 회사다. 한국 기업으로

P&G 기업정보

기업명	프록터&갬블 (PG)	배당지급	2, 5, 8, 11월	배당증가연수	67년
배당률	2.54%	배당성향	60.19%	배당성장률(5년)	5.63%
한줄평	우리 생활 속 깊이 파고든 필수소비재 대장 기업				

매출(5년) / 단위($B)

2018	2019	2020	2021	2022
66.8	67.7	71.0	76.1	80.2

순이익(5년) / 단위($B)

2018	2019	2020	2021	2022
9.8	3.9	13.0	14.3	14.7

배당금 지급내역(1주당, 10년)

2013	2014	2015	2016	2017	2018	2019	2020	2021	2022
$2.37	$2.53	$2.63	$2.67	$2.74	$2.84	$2.95	$3.12	$3.40	$3.61

기준일: 2023.10.20

보면 LG생활건강과 아모레퍼시픽을 합쳐놓은 것 같은 라인업을 가지고 있다.

우리가 알 만한 브랜드와 제품을 살펴보면 섬유 유연제 다우니를 시작으로 면도기 질레트, 냄새 제거하는 탈취제 페브리즈, 치약과 칫솔 오랄비, 화장품 SK-Ⅱ 등이 있다. P&G는 각 분야에서 시장 1위를 차지하는 브랜드가 많아 '소비재의 왕'이라고 불리기도 한다.

최근 인플레이션으로 기업들이 골치 아파하고 있지만 브랜드 가치가 높은 소비재 기업은 상품의 가격을 인상하면서 매출 방어에 힘을 쓰고 있다. 가격이 올랐다고 기존에 사용하던 화장품과 필수품을 바꾸는 것은 쉽지 않은 일이다. 투자자 입장에서 우리가 평생 사용할 수밖에 없는 이런 소비재를 판매하는 기업은 평생 배당을 받을 수 있을 것이라는 믿음이 생긴다.

67년째 배당을 늘려온 P&G는 2, 5, 8, 11월 배당지급하며 최근 5년간 배당성장률 5.63%로 조금 아쉬운 성장을 보이고 있지만 꾸준한 모습이다.

3) 펩시코(PEP)

펩시는 코카콜라의 경쟁사로 알려져 있지만 속을 들여다보면 전혀 다른 모습을 볼 수 있다. 펩시는 탄산음료뿐만 아니라 수많은 식품 기업을 인수하며

펩시 기업정보

기업명	펩시코 (PEP)	배당지급	1, 3, 6, 9월	배당증가연수	51년
배당률	3.16%	배당성향	64.31%	배당성장률(5년)	6.87%
한줄평	햄버거 먹을 때 '펩시제로슈가', TV 볼 때 '레이스', 운동할 때 '게토레이'				

매출(5년) / 단위($B)

2018	2019	2020	2021	2022
64.7	67.2	70.4	79.5	86.4

순이익(5년) / 단위($B)

2018	2019	2020	2021	2022
12.5	7.3	7.1	7.6	8.9

배당금 지급내역(1주당, 10년)

2013	2014	2015	2016	2017	2018	2019	2020	2021	2022
$2.24	$2.53	$2.76	$2.96	$3.17	$3.59	$3.79	$4.02	$4.25	$4.53

기준일: 2023.10.20

음료수, 과자, 시리얼 등 500개가 넘는 브랜드를 갖춘 기업으로 성장했다.

대표적인 브랜드를 살펴보면 스낵 분야에서는 전 세계 1위 감자칩인 레이즈를 시작으로 도리토스와 치토스가 있고 음료 분야에는 마운틴듀, 게토레이, 립톤 등이 있다. 현재 200개가 넘는 국가에 제품을 판매하는 펩시는 세계 음료와 스낵 시장에서 점유율 9%와 7%를 차지하고 있다.

최근 탄산음료 시장은 제로슈거를 중심으로 빠르게 성장하는 모습을 보이는데, 코카콜라보다 펩시가 우위를 차지하고 있다. 2023년 1분기 매출을 보면 전년 대비 15%이상 판매량이 늘었으며 고성장을 이어가고 있다.

앞으로가 더 기대되는 펩시는 지켜봐야 할 기업이다. 51년째 배당을 늘려온 펩시는 1, 3, 6, 9월 배당지급하며, 최근 5년간 배당성장률 6.87%로 양호한 모습을 보인다.

4) 애브비(ABBV)

애브비는 170개국에 의약품을 제조 및 판매하는 글로벌 바이오 제약 회사로서 면역학, 혈액 종양학, 신경과학 등의 분야에서 선도적인 위치를 차지하고 있는 기업이다.

특히 류마티스 관절염 치료제로 많이 알려진 휴미라는 애브비 매출의 절반을 차지하는 효자 치료제였는데, 2023년 미국 특허 만료로 인해 매출이 감소한 상태다. 애브비는 이에 대비하기 위해 보톡스 기업 엘레간과 제네릭 제조기업 액타비스를 인수하며 사업 다각화에 총력을 기울이고 있다.

위기는 기회와 함께 온다는 이야기가 있듯이 애브비가 준비한 포트폴리오가 앞으로 어떻게 확장해갈지 매출의 변화를 지켜봐야 한다. 51년째 배당을 늘려온 애브비는 2, 5, 8, 11월 배당지급하며 최근 5년간 배당성장률 14.53%로 멋진 성장을 보이고 있다.

애브비 기업정보

기업명	애브비 (ABBV)	배당지급	2, 5, 8, 11월	배당증가연수	51년
배당률	4.05%	배당성향	46.32%	배당성장률(5년)	10.52%
한줄평	건강하게 오래 살 수 있도록 애브비가 노력합니다.				

매출(5년) / 단위($B)

순이익(5년) / 단위($B)

배당금 지급내역(1주당, 10년)

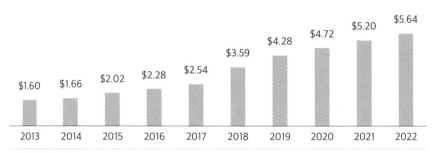

기준일: 2023.10.20

5) 로우스(LOW)

1946년에 설립된 로우스는 주택 개조 소매기업으로 미국과 캐나다에 약 2200개의 매장을 운영하고 있다. 미국인들은 자신의 집 정원을 가꾸는 것뿐만 아니라 내가 살고 있는 동네를 위해서도 정원을 가꿔야 한다고 생각하기 때문에 주택의 유지관리 및 수리에 적극적이다. 정원과 마당을 가꾸는 것이 이웃의 의무라고 생각하는 문화 덕분에 그들의 소비는 고스란히 로우스의 매출로 직행한다.

로우스 기업정보

기업명	로우스컴퍼니 (LOW)	배당지급	2, 5, 8, 11월	배당증가연수	61년
배당률	2.31%	배당성향	30.84%	배당성장률(5년)	19.97%
한줄평	정원을 가꾸는 미국 문화, 로우스 컴퍼니에게 축복을…				

매출(5년) / 단위($B)

2018	2019	2020	2021	2022
71.3	72.1	89.6	96.3	97.1

순이익(5년) / 단위($B)

2018	2019	2020	2021	2022
2.3	4.3	5.8	8.4	6.4

배당금 지급내역(1주당, 10년)

2013	2014	2015	2016	2017	2018	2019	2020	2021	2022
$0.68	$0.82	$1.02	$1.26	$1.52	$1.78	$2.06	$2.25	$2.80	$3.70

기준일: 2023.10.20

90% 이상의 매출은 미국에서 발생하며 홈데코, 건축자재, 하드라인 등이다. 추가로 코로나19로 인해 집에 머무는 시간이 늘어나면서 사람들은 그동안 소홀했던 집을 꾸미기 시작했고 그 수혜는 로우스가 받았다. 이는 2021년 순이익 증가로 증명됐다. 아쉽게도 2022년 주춤하는 모습을 보였지만, 최근 근무시간 단축과 재택근무 증가 그리고 은퇴인구 증가로 홈인테리어에 대한 수요는 여전히 증가 추세를 이어가고 있다. 로우스는 그 길목에 자리 잡고 있는 터줏대감 같은 기업이다.

61년째 배당을 늘려온 로우스는 2, 5, 8, 11월 배당지급하며 최근 5년간 배당성장률 19.97%로 왕족주에서 보기 어려운 멋진 성장을 보이고 있다.

치열한 경쟁 속에서 50년이 넘는 기간 동안 생존한 기업은 믿음이 간다. 매출과 이익 증가로 기업의 성장은 물론이고 주주에게 배당금을 지급하는 회사는 투자자 입장에서 좋게 보지 않을 이유가 없다. 배당금을 상황에 따라 줄이고 늘린 것이 아니라 50년 이상 꾸준히 증가시킨 기업은 더욱 빛이 나며, 배당 왕족주라는 칭호를 받게 된다.

왕족주 49개 중에서도 매력적인 5개 기업을 소개했다. 10년, 20년 긴 안목을 갖고 기업을 바라보면 상황에 따라 매력적으로 보이는 회사가 달라질 수 있다. 그렇기 때문에 49개 기업을 모두 알고 있는 것이 좋다. 지금은 5개 기업을 모니터링하며 꾸준히 좋은 성적을 이어가는지 지켜보면서 투자의 감을 잡도록 하자.

- 50년 이상 배당금을 늘려온 기업, '왕족주'
- 인플레이션보다 낮은 배당성장률을 보이는 기업과 주가 하락이 큰 기업은 투자에서 제외
- 배당 왕족주 TOP 5: 존슨앤존슨, P&G, 펩시, 애브비, 로우스

DAY | 08

가장 안전한
월배당 전략은 무엇인가?

유튜브 '수페TV' 채널에서 관련 영상 함께 보기

● 가족의 생일이 몰려 있거나 연중 1, 2회 주기적인 지출이 발생하는 경우가 있다면 월별 지출이 다를 수 있다. 각자 라이프스타일에 맞게 고정적인 소비가 아닌 월별 추가 지출내역을 표시해보자. 지출이 높은 월을 기억했다가 기업의 배당 주기를 고려해 투자하자.

체크리스트

기간	1월	2월	3월	4월	5월	6월
추가 지출						

기간	7월	8월	9월	10월	11월	12월
추가 지출						

왕족주 동생 귀족주

기업 입장에서 50년 이상 배당금을 증가시키는 작업은 너무 길고 험난하다. 예를 들어 20년간 배당금을 증가시킨 기업은 좋지 않은 기업일까? 좋은 기업일 가능성이 높으며, 이런 기업은 꾸준히 성장하고 있을 것이다.

앞에서 코카콜라가 예전에는 성장기업이었다고 언급한 것처럼, 배당 왕족주를 향해 가는 기업에 미리 투자하는 것도 좋은 선택이 될 수 있다. 그래서 미국에서는 50년의 절반인 25년 이상 배당금을 늘려온 기업을 따로 부르는 명칭이 있다. '배당 귀족주'라고 말하며 이들 기업도 왕족주처럼 배당기업으로 신뢰받고 있는데, 한 가지 배당 왕족주보다 까다로운 기준이 있다. 배당 귀족주는 배당금을 늘려온 연수는 왕족주보다 짧지만 S&P500에 포함된 기업 중에서 선별된다. 즉 우량주만 선별하며 현재 68개 기업이 이에 해당한다.

배당 왕족주/귀족주 조건

왕족주
49개

• 50년 이상 연속 배당↑

28개

• S&P500 포함 기업
• 50년 이상 연속 배당↑

귀족주
68개

• S&P500 포함 기업
• 25년 이상 연속 배당↑

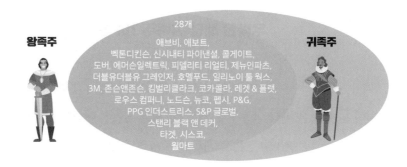

배당 왕족주+귀족주 중복기업 리스트

왕족주

귀족주

28개

애브비, 애보트,
벡톤디킨슨, 신시내티 파이낸셜, 콜게이트,
도버, 에머슨일렉트릭, 피델리티 리얼티, 제뉴인파츠,
더블유더블유 그레인저, 호멜푸드, 일리노이 툴 웍스,
3M, 존슨앤존슨, 킴벌리클라크, 코카콜라, 레겟&플랫,
로우스 컴퍼니, 노드슨, 뉴코, 펩시, P&G,
PPG 인더스트리스, S&P 글로벌,
스탠리 블랙 앤 데커,
타겟, 시스코,
월마트

S&P500에 포함되면서 25년 이상 배당금을 늘려온 배당 귀족주의 조건을 알면 한 가지 궁금증이 생긴다. 그럼 S&P500에 포함되면서 50년 이상 배당금을 늘려온 기업은 왕족주일까, 귀족주일까? 정답은 '둘 다'다.

그럼 코카콜라는 왕족주인데 왜 귀족주에 포함될까? 왕족주는 S&P 500에 포함되지 않아도 50년 이상 배당을 연속으로 늘려왔다면 왕족주에 해당한다. 귀족주는 25년이라는 상대적으로 낮은 허들을 갖고 있는 것 같지만 S&P500에 포함되어야 한다는 또 다른 허들이 존재한다. 즉 배당 귀족주는 시가총액이 높아야 하는데, 이는 쉽지 않은 타이틀이다.

그래서 S&P500에 포함된 기업 중에 배당을 50년 이상 늘려온 기업은 배당 왕족주이자 귀족주다. 배당투자자라면 당연히 우량한 배당기업을 많이 알고 있는 것이 좋기 때문에 배당 왕족주이면서 귀족주인 28개 기업을 살펴보면 위의 그림과 같다. 그림을 보면 월마트, 타겟, 시스코, S&P글로벌 등이 보인다.

좋은 배당기업을 많이 알고 있어야 나중에 내게 맞는 기업과 투자 전략을 세울 수 있다. 그러니 가볍게 보고 멋진 기업이 어디인지 기억하자.

우량한 배당 귀족주 TOP 5

배당 귀족주는 총 68개 기업인데, 그중 28개 기업이 왕족주다. 그렇다면 50년이 넘지 않은 배당 귀족주 40개 중에 좋은 기업은 어디일까? 지금부터 매력적인 배당 귀족주 TOP 5를 소개하겠다. 왕족주보다 젊은 패기를 가진 성장성 있는 기업들이 등장하니 내게 맞는 기업이 있다면 메모해두자.

1) 엑슨모빌(XOM)

세계 최고의 부자였던 석유왕 록펠러의 회사로 유명한 엑슨모빌은 다국적 에너지 기업이다. 사업부문은 크게 두 가지로 구분되는데 에너지 채굴 관련 업스트림(Upstream)과 정제 및 판매 관련 다운스트림(downstream)이다.

2022년에 3분기 실적이 좋았던 것은 업스트림에서 유럽 지역의 가스 수요가 증가했고, 다운스트림에서 기대 이상의 판매량과 마진을 기록했기 때문이다. 반면에 2020년 영업이익 적자를 기록하며 힘든 시기를 겪었다. 그 당시 다른 에너지 기업은 배당 삭감을 선택한 데 비해, 엑슨모빌은 $0.01이지만 배당 성장을 선택하며 주주에게 신뢰를 얻게 됐다.

에너지주는 소비자의 수요와 가격 변동에 따라 이익이 결정되기 때문에 방향성을 판단하기 어려운 종목이다. 그럼에도 불구하고 40년째 배당을 늘려온 엑슨모빌은 대단한 기업이다. 배당지급 월은 3, 6, 9, 12월이며 최근 5년간 배당 성장률 2.74%로 다소 낮은 성장을 보이고 있다. 하지만 워런 버핏은 엑슨모빌과 옥시덴탈을 매수하며 에너지 기업의 미래를 긍정적으로 보고 있으니 참고하자.

엑슨모빌 기업정보

기업명	엑슨모빌 (XOM)	배당지급	3, 6, 9, 12월	배당증가연수	40년
배당률	3.28%	배당성향	28.61%	배당성장률(5년)	2.74%
한줄평	세계 최고의 부자였던 석유왕 록펠러의 회사				

매출(5년) / 단위($B)

281.1 / 2018
259.5 / 2019
179.8 / 2020
279.10 / 2021
402.2 / 2022

순이익(5년) / 단위($B)

20.8 / 2018
14.3 / 2019
-22.4 / 2020
23.0 / 2021
55.7 / 2022

배당금 지급내역(1주당, 10년)

$2.46 / 2013
$2.70 / 2014
$2.88 / 2015
$2.98 / 2016
$3.06 / 2017
$3.23 / 2018
$3.43 / 2019
$3.48 / 2020
$3.49 / 2021
$3.55 / 2022

기준일: 2023.10.20

2) 맥도날드(MCD)

맥도날드는 세계에서 가장 많은 점포 수를 소유한 패스트푸드 브랜드다. 미국에서는 대표적인 식음료 브랜드로 자리 잡고 있으며, 햄버거와 너겟 치킨 등이 주요 메뉴다. 한국에서는 불고기 버거가 인기가 있듯, 나라별 특징에 맞는 메뉴를 갖고 있는 것도 장수하는 기업으로 거듭난 방법이다.

햄버거를 판매하는 맥도날드의 중심에는 부동산이라는 뿌리가 자리잡고 있는데, 그 이유는 매장을 오픈하기 전에 부동산을 구입해두기 때문이다. 전

맥도날드 기업정보

기업명	맥도날드 (MCD)	배당지급	3, 6, 9, 12월	배당증가연수	48년
배당률	2.59%	배당성향	53.66%	배당성장률(5년)	8.52%
한줄평	세계에서 가장 많은 점포를 소유한 패스트푸드 브랜드				

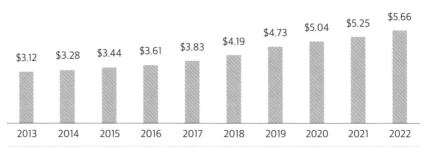

매출(5년) / 단위($B)

2018	2019	2020	2021	2022
21.3	21.4	19.2	23.2	23.2

순이익(5년) / 단위($B)

2018	2019	2020	2021	2022
5.9	6.0	4.7	7.5	6.2

배당금 지급내역(1주당, 10년)

2013	2014	2015	2016	2017	2018	2019	2020	2021	2022
$3.12	$3.28	$3.44	$3.61	$3.83	$4.19	$4.73	$5.04	$5.25	$5.66

기준일: 2023.10.20

세계 100여 곳이 넘는 국가에서 3만 8,000개 이상의 부동산을 소유해 건물 임대료와 로열티를 받기 때문에 간혹 리츠기업으로 간주되기도 한다.

48년째 배당을 늘려온 맥도날드는 2년 후 배당 왕족주에 오른다. 배당지급은 3, 6, 9, 12월이며 최근 5년간 배당성장률 8.52%로 높은 성장을 보이고 있다.

3) 넥스트에라에너지(NEE)

넥스트에라에너지는 유틸리티 섹터로 글로벌 시가총액 1위를 차지하

넥스트에라에너지 기업정보

기업명	넥스트에라 에너지 (NEE)	배당지급	3, 6, 9, 12월	배당증가연수	27년
배당률	3.60%	배당성향	57.95%	배당성장률(5년)	11.13%
한줄평	탄소중립에 앞장서는 미국 유틸리티 기업				

매출(5년) / 단위($B)

16.7 / 2018, 19.2 / 2019, 18.0 / 2020, 17.1 / 2021, 21.0 / 2022

순이익(5년) / 단위($B)

6.6 / 2018, 3.8 / 2019, 2.9 / 2020, 3.6 / 2021, 4.1 / 2022

배당금 지급내역(1주당, 10년)

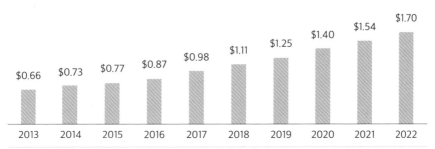

$0.66 / 2013, $0.73 / 2014, $0.77 / 2015, $0.87 / 2016, $0.98 / 2017, $1.11 / 2018, $1.25 / 2019, $1.40 / 2020, $1.54 / 2021, $1.70 / 2022

기준일: 2023.10.20

는 우량한 기업이다. 매출의 대부분은 개별 가정에 전기를 공급하는 자회사 FPL(Florida Power & Light)과 발전시설을 만들고 관리 운영하는 NEER(NextEra Energy Resources)에서 나온다.

정부의 규제를 받는 사업체 PFL은 전력생산부터 소비자 공급까지 모든 과정을 직접 담당하기 때문에 진입장벽이 높다. 이런 독점적 지위가 장점이 되기도 하지만 반대로 소비자에게 비용 전가 위험이 높기에 규제를 받고 있다.

규제되는 대표적인 항목으로 자기자본이익률(ROE) 9.6~11.6% 범위를 유지해야 한다. 배당투자자 입장에서 안정적인 이익이 보장되는 구조는 긍정적인 요소지만, 상방향이 막혀 있어 추가 수익 가능성이 낮다는 것이 아쉽다. 다행히 FPL은 비규제 부문이며, PFL의 부족한 부분을 채워주는 역할을 한다.

현재 유럽을 중심으로 탄소중립에 대한 규제가 심해지고 있는 상황에서 미국 또한 2050년 탄소중립을 위해 친환경 발전 수요가 커질 것으로 보인다. 바이든 정부의 주요정책 중에는 친환경 에너지가 포함되어 있으며, 그다음 대통령이 누가 되든 글로벌 트렌드로 친환경에너지 관련 흐름은 계속될 것으로 보인다.

27년째 배당을 늘려온 넥스트에라에너지는 3, 6, 9, 12월 배당지급하며 최근 5년간 배당성장률 11.13%로 멋진 성장을 보이고 있다.

4) S&P글로벌(SPGI)

S&P글로벌은 신용등급, 벤치마크, 분석 및 데이터를 포함하여 글로벌 자본 및 상품 시장에 금융 서비스를 제공하는 기업이다. 쉽게 이야기하면 S&P500 지수를 만든 회사가 S&P글로벌이다. 경쟁사로는 무디스와 피처가 있으며 S&P글로벌의 시장점유율은 40%로 압도적인 차이를 보여준다.

S&P글로벌의 사업구조의 장점은 구독 매출의 비중이 높다는 것이다. 분석 툴이나 지수, 벤치마크 등을 사용할 때는 일회성이 아닌 정기적인 매출이 발생되는 구조이며, 전체 매출의 절반 이상을 차지한다.

글로벌 ETF 시장이 확장되는 지금, 많은 운용사에서 S&P 지수를 활용한다. 한국 ETF 시장은 순자산 100조 원을 넘기면서 새로운 도약을 시작했으며 미국은 한국의 90배나 되는 세계 1위 시장으로 더욱 활발히 성장하고 있다.

그중에 S&P글로벌은 다양한 각도에서 조용히 수익을 챙기는 캐시카우(Cash cow)다. 50년째 배당을 늘려온 S&P글로벌은 3, 6, 9, 12월 배당지급하며 최근 5년간 배당성장률 13.20%로 멋진 성장을 보이고 있다.

S&P글로벌 기업정보

기업명	S&P글로벌 (SPGI)	배당지급	3, 6, 9, 12월	배당증가연수	50년
배당률	1.03%	배당성향	29.81%	배당성장률(5년)	13.20%
한줄평	사람은 병원에서 진료받고 기업은 S&P글로벌에서 진단받는다.				

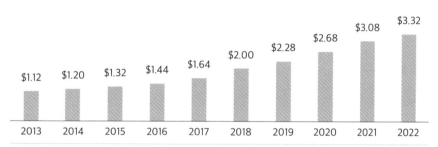

매출(5년) / 단위($B)

6.3 6.7 7.4 8.3 11.2
2018 2019 2020 2021 2022

순이익(5년) / 단위($B)

2.0 2.1 2.3 3.0 3.2
2018 2019 2020 2021 2022

배당금 지급내역(1주당, 10년)

$1.12 $1.20 $1.32 $1.44 $1.64 $2.00 $2.28 $2.68 $3.08 $3.32
2013 2014 2015 2016 2017 2018 2019 2020 2021 2022

기준일: 2023.10.20

5) 메드트로닉(MDT)

메드트로닉은 글로벌 의료기기 기업으로 약 150개국의 병원, 의사, 임상의 및 환자에게 제품을 판매하고 있다. 현재 7,000만 명이 넘는 환자들이 메드트로닉 제품을 통해 치료를 받았으며 특히 5만 개를 보유한 기술력을 갖춘 기업이다. 사업 분야는 크게 네 가지로 구분되며 ① 심장 및 혈관, ② 최소 침습요법, ③ 당뇨병, ④ 회복요법이다.

의료 기술의 발전으로 수명이 연장되고 고령인구가 증가하면서 메드트로

메드트로닉 기업정보

기업명	메드트로닉 (MDT)	배당지급	1, 4, 7, 10월	배당증가연수	46년
배당률	3.80%	배당성향	50.84%	배당성장률(5년)	7.37%
한줄평	고령화 시대에 없어서는 안 될 글로벌 의료기기 기업				

매출(5년) / 단위($B)

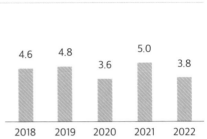

순이익(5년) / 단위($B)

배당금 지급내역(1주당, 10년)

기준일: 2023.10.20

닉은 수혜를 받고 있다. 미국은 베이비붐세대(51~69세)는 7,000만 명에 이르는데, 매일 수천 명이 은퇴하고 있으며 이들은 메드트로닉의 잠재 고객이다. 글로벌 시장을 봐도 중국, 인도, 아프리카 등 여러 신흥 시장에 진출한 메드트로닉은 성장 잠재력을 갖고 있는 회사다.

46년째 배당을 늘려온 메드트로닉은 1, 4, 7, 10월 배당지급하며 최근 5년간 배당성장률 7.37%로 양호한 모습을 보이고 있다.

1억 원으로 3개 배당주에 투자해 월배당 만들기

배당 왕족주와 귀족주에서 각각 5개 기업을 소개했다. 10개 기업을 바탕으로 실전투자를 한다면 어떻게 하는 것이 좋을까? 월급처럼 매달 배당받는 구조를 만들고 싶다면 10개 기업의 배당지급 월을 체크해 겹치지 않게 구성하는 것이 좋다. 1억 원으로 배당주 3개에 투자해서 월배당 구조를 만들어보자.

보통 분기별로 배당금을 지급하기 때문에 세 가지(1, 4, 7, 10월/2, 5, 9, 11월/3, 6, 9, 12월)로 구분되는데, 각각 1개의 기업을 선정해보자. 10개 기업의 구성은 아래 그림과 같다. 보통 3, 6, 9, 12월에 배당지급하는 기업이 많고, 찾기 힘든 달은 1, 4, 7, 10월이다. 다행히 1, 4, 7, 10월에 배당금을 지급하는 기업으로 메드트로닉이 있다. 그럼 1, 4, 7, 10월 기업으로 메드트로닉(MDT)을 선정하고, 나머지 2, 5, 8, 11월과 3, 6, 9, 12월은 현재 배당률 2% 넘는 기업 중에 미래에 예상되는 배당금 증가를 고려해 최근 5년간 배당성장률이 높은 기업을 1개씩 선택해보자. 필터링한 결과 2, 5, 8, 11월은 애브비(ABBV), 3, 6, 9, 12월은 넥스트에라에너지(NEE)가 선택됐다. 투자할 3개의 기업을 선정했으니 이제 1억 투자 시 얼마의 배당을 받게 되는지 계산해보자. 과거 데이터를 기반으로 미래

배당 왕족주/귀족주 배당지급 월

수익까지 계산해보기 위해 3개 기업의 현재 배당률과 과거 5년의 배당성장률을 알아야 한다. 2023년 7월 13일 기준으로는 다음과 같다.

① 메드트로닉(MDT): 현재 배당률 3.80%, 배당성장률 7.37%

② 애브비(ABBV): 현재 배당률 4.05%, 배당성장률 10.52%

③ 넥스트에라에너지(NEE): 현재 배당률 3.60% 배당성장률 11.13%

1억 원으로 3개 기업에 투자해야 하기 때문에 3분의 1씩 매수해 시뮬레이션을 돌려봤다. 배당소득세 징수 후 실제 우리 계좌에 들어오는 금액 기준으로 분기마다 메드트로닉(MDT) 27만 원, 애브비(ABBV) 29만 원, 넥스트에라에너지(NEE) 25만 원이다. 1년에 총 324만 원을 받게 된다.

1억 원을 투자했는데 고작 1년에 324만 원이고, 월로 나눠보면 27만 원 밖에 되지 않아 속상할 수 있는 금액이다. 우리는 현재 배당률이 높은 불안한 기업을 선택한 것이 아닌 믿을 수 있는 미래가 유망한 기업을 선택했기에 배당성장률 측면에서 바라보고 복리효과를 고려해야 한다.

그럼 미래의 배당은 얼마나 늘어날까? 각 기업의 최근 5년간 배당성장률을 고려하면 연평균 배당성장률은 9.67%가 되며, 이를 적용해 계산했다. 배당금

배당 왕족주-귀족주 3종목 월별 배당금

1월	2월	3월	4월	5월	6월	7월	8월	9월	10월	11월	12월
27	Medtronic		27			27			27		
	29	abbvie		29			29			29	
		25	NEXTera ENERGY		25			25			25

연 배당금: 324만 원

기준일: 2023.07.13

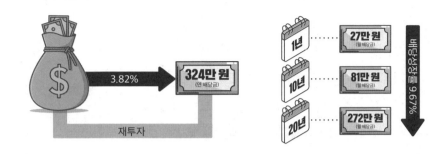

1억 원 투자, 미래 예상 배당금

을 계속 재투자한 것으로 시뮬레이션했다. 처음에 월 평균 27만 원 받는 배당금이 10년 뒤에 81만 원까지 증가하고, 20년 차에는 272만 원으로 늘어 10배 이상 증가했다. 초기 1억 원 외에 추가로 투입한 돈은 없고 지급된 배당금만 재투자했을 뿐인데, 배당금은 시간이 지날수록 하늘 높이 오른다. 1억 원으로 배당주 세팅만 해놨을 뿐인데 돈이 돈을 버는 구조가 됐다. 과거 데이터를 기반으로 계산했기에 정확한 답은 아니지만 투자한 기업이 지금처럼 꾸준한 매출과 수익을 벌어들인다면 허황된 꿈이 아닌 현실이 된다.

드라마틱하게 배당금이 올라가는 것은 배당성장률이 9.67%이기에 가능한 일이다. 만약 배당성장률이 2~3% 수준에 머무른다면 물가 상승률만큼의 상승이기에 손해는 아니지만 시간이란 복리의 마법을 느끼기에는 부족할 것이다. 따라서 배당주에 투자할 때는 내가 달리는 길이 고속도로인지 학교 앞 골목인지 배당성장률이라는 표지판을 꼭 확인하자! 잘못하면 과속으로 주가하락이라는 범칙금 고지서가 날아올지 모른다.

* 왕족주: 50년 이상 배당을 늘려온 기업
* 귀족주: 25년 이상 배당은 늘려온 기업 & S&P500에 포함된 기업
* 월배당 포트폴리오: 메드트로닉 & 애브비 & 넥스트에라에너지

대나무보다 잘 자라는 배당 성장주

유튜브 '수페TV' 채널에서 관련 영상 함께 보기

체크리스트

- 배당 왕족주+귀족주 중복기업 리스트(81쪽)에서 하나를 선택해 다음 표를 채워보자. 더리치, 시킹알파 등의 사이트를 이용할 수 있다.

기업명		배당지급		배당증가연수	
배당률		배당성향		배당성장률(5년)	
한줄평					

매출(5년) / 단위($B)					순이익(5년) / 단위($B)				
2018	2019	2020	2021	2022	2018	2019	2020	2021	2022

배당금 지급내역(1주당, 10년)									
2013	2014	2015	2016	2017	2018	2019	2020	2021	2022

대나무에 물을 주면 생기는 일

투자에서 성장이라는 단어는 마술과 같아서 작은 돈을 크게 만들고 없던 거품도 생기게 한다. 반도체, 클라우드, 메타버스, AI 뒤에 성장이란 단어가 붙자 산업의 확장이 일어났고, 너무 많은 관심에 과도한 투기까지 발생했다.

배당에 성장이 붙으면 어떤 변화가 일어날까? 배당금의 성장은 보통 기업의 이익에서 발생되며 주주에게 나눠주는 몫의 증가다. 실제 발생된 매출과 이익, 현금흐름을 바탕으로 산출된 배당금은 허수가 아니기에 안전감을 준다.

대신 그 성장성은 빅테크 기업의 주가 상승에 비하면 현저히 낮기 때문에 상대적 박탈감을 느끼게 되는 경우가 많다. 지인이 하루 만에 10% 이상의 수익을 냈다는 이야기를 듣게 되면 억울한 마음이 올라오면서 배당투자에서 성장투자로 노선을 바꾸는 사람이 많다. 안타깝게도 그렇게 바꾼 노선은 이미 과속으로 달리고 있는 고속철도이며 머지않아 종착역에 도달하게 된다.

하지만 묵묵히 투자를 이어가면 그 어느 투자보다 성실한 열매를 맺는 것이 배당투자다. 배당투자는 꼭 대나무와 같다. 4년 차까지 대나무가 자라는 높이는 고작 3센티미터밖에 되지 않는다. 아무리 물을 잘 주고 관심을 가져도 잘 자라고 있는지 확인할 방도가 없다. 하지만 5년 차가 되면 대나무는 하루에 30센티미터 이상 자라며 6주 만에 15미터 이상 높이 오른다. 대나무가 이렇게 성장할 수 있는 이유는 4년간 꾸준히 물을 주고 관심을 가진 덕분에 힘을 응축할 수 있었기 때문이다.

배당투자를 하다 보면 내가 잘 투자하고 있는지, 올바른 방향으로 가고 있는지 의문이 생기는 날이 많다. 그럴 때마다 대나무에 물을 주듯 배당주에 투자한다면 어느 날 성장한 배당금에 흐뭇한 미소를 짓게 되는 날이 올 것이다. 그래도 힘들면 성공 사례가 가득한 〈수페TV〉 영상을 시청하자!

배당성장 기업

대나무 같이 성장하는 기업이 실제로 있을까? 없을 것이라 생각할 수 있다. 투자에서 의심하는 습관은 리스크를 줄이는 좋은 방법이다. 하지만 그 의심을 빙자해 나태함을 숨기고 요행을 바란다면 절대 투자로 성공할 수 없다. 의심을 했다면 실제 그런지 검증하고 내 투자에 더할지 뺄지 정확히 구분해야 한다. 그래야 투자로 나누기를 막고 곱하기 하며 내 자산을 불려 나갈 수 있다.

그럼 대나무 같은 기업을 하나 소개해보겠다. 브로드컴(AVGO)은 반도체 관련 회사로 배당성장률만큼은 어느 기업에도 뒤지지 않으며 주주 친화적인 회사로 유명하다. 브로드컴(AVGO)의 1주당 배당금이 2013년에는 0.88달러였는데 2022년 말 기준으로 16.9달러다. 10년간 1,820% 배당금이 증가한 것이며, 연평균 배당성장률은 41.2%가 되는 괴물 같은 배당 증가를 보여줬다.

배당금으로 이야기해보자. 2013년 브로드컴(AVGO)을 1,000주를 갖고 있었다면 106만 원($880, 환율 1,200원 적용) 배당금을 받았다. 2022년까지 매도 없이 동일하게 1,000주를 그대로 들고 있었다면 2,028만 원($1,690, 환율 1,200원 적용) 배당금을 받게 된다. 대략 19배로 증가한 것이다.

이처럼 가파른 배당성장은 대부분 배당 왕족주가 아닌 성장하는 기업에서 나온다. 그럼 배당성장률 높은 기업을 찾아 투자하면 될 것 같지만 왕족주만큼 배당을 꾸준히 늘려줄 것이란 믿음을 갖기가 쉽지 않다. 돈을 잘 벌면 배당을 많이 주지만, 돈을 못 벌게 될 때 배당을 줄이는 기업도 많기 때문이다.

그럼에도 배당성장 기업에 투자할 가치가 있는 이유는 주가 상승률 또한 높기 때문이다. 브로드컴(AVGO)의 2013년 대비 현재 주가는 얼마나 올라 있을까? 2,269% 상승했다! 36달러였던 주가는 853달러를 넘어 1,000달러를 향해가고 있다(2023년 10월 20일 기준). 주가는 매일 바뀌지만 우상향을 꾸준히 그려온 기업임은 확실하다.

대나무 같이 자라는 배당성장 기업에 관심이 생겼는가? 그럼 내가 그동안 찾은 배당성장 기업을 공개하겠다. 최근 5년간 연평균 배당성장률이 10% 이상 되면서 리스크 관리를 잘한 기업으로 총 40개 회사를 선정했다. 40개 기업을 모두 투자하면 좋겠지만 우리는 언제나 좋은 기업 중에 더 좋은 기업을 찾아야 한다. 매력적인 기업을 선정해보자.

첫 번째 필터, 배당성향 50% 이하인 기업을 분류하면 8개 기업이 제외되어 32개가 살아남는다. 배당성향은 기업이 벌어들인 소득에서 주주에게 돌아가는 몫의 비율이다. 즉 배당성향은 배당금을 당기순이익으로 나눈 값으로, 배당성향이 높다는 것은 배당을 많이 준다는 것이다.

배당금이 높아지면 주주에게 좋은 것처럼 보이지만, 순이익이 많지도 않은데 무리하게 배당을 많이 지급하는 기업도 있으니 조심해야 한다. 적당한 배당과 기업의 성장을 이끌어가는 것이 기업의 숙제이기에 배당성향도 적정한 것이 좋다. 배당성향이 낮으면 앞으로 배당금을 늘릴 가능성도 높기 때문에 배당성향이 높은 것보다 낮은 것이 좋다.

두 번째 필터, 시가총액 $20B 이상 종목을 구분하면 32개 기업 중에 19개가 살아남는다. 시가총액이 작은 기업은 메디패스트(40개 기업 중 하나, 건강기능식품 관련 기업)처럼 주가 움직임이 가볍기 때문에 변동성이 크다. 이는 리스크로 작용하기에 배제하는 것이 좋다.

세 번째 필터, 최근 5년 배당성장률 15% 이상 되는 기업을 선별하면, 19개 기업 중에 8개 기업이 남는다. 이렇게 선정된 배당성장 기업은 96쪽 표와 같다. 8개 기업 중에 시가총액이 가장 높은 기업은 유나이티드헬스이고, 배당성장률이 가장 높은 기업은 ASML홀딩이며, 배당증가연수가 가장 오래된 기업

선별된 배당성장 기업

기업명	티커	배당성향(%)	시가총액	배당성장률(5년)	배당증가연수
ASML	ASML	22.27	$229B	29.95	2
트랙터 서플라이	TSCO	38.96	$21B	28.16	12
MSCI	MSCI	43.51	$39B	25.66	8
브로드컴	AVGO	44.19	$352B	21.32	12
로우스	LOW	30.84	$110B	19.97	61
유나이티드헬스	UNH	29.05	$488B	16.43	13
셔윈 윌리엄스	SHW	23.98	$61B	16.13	44
크로거	KR	24.65	$32B	15.75	16

기준일: 2023.10.20

은 셔윈 윌리엄스다. 모두 중요한 투자 포인트지만 자신의 투자성향에 따라 무엇에 가중치를 둬야 할지 다를 수 있다. 배당에 대한 신뢰를 중요하게 생각한다면 배당연수를 높이 평가할 것이고, 주가 변동성이 낮은 것을 선호한다면 시가총액이 높은 기업을 선호하게 된다. 내가 선택한 TOP 5 기업을 소개할 테니 각자 투자성향에 맞는 기업을 선별해보길 바란다.

성장하는 배당주 TOP 5

1) 유나이티드헬스(UNH)

유나이티드헬스는 미국 최대 건강 보험 및 의료 서비스 제공 기업이다. 한국은 국가 차원의 건강보험이 있지만 미국은 민영화되어 있기 때문에 아프면 큰돈 나가는 경우가 종종 발생한다. 현재 유나이티드헬스의 보험 가입자 수는 5,000만 명이 넘으며 시가총액 또한 높은 우량주다.

사업 분야는 건강보험과 디지털헬스케어 서비스로 나뉜다. 매출 비중이 높은 곳은 건강보험 분야로 직접 보험료 기준, 2020년 미국 주요 건강 보험회사의 시장 점유율이 14.4%로 1위를 차지하고 있다.

미래 먹거리라고 할 수 있는 디지털헬스케어 서비스는 의약품 관리 시스템, 디지털 헬스 서비스 제공, 의료 데이터 분석 등 솔루션을 제공하는 사업부로 구성되어 있다. 13년째 배당을 늘려온 유나이티드헬스는 3, 6, 9, 12월 배당을 지급하며, 최근 5년간 배당성장률 16.43%로 멋진 성장을 보이고 있다.

유나이티드헬스 기업정보

기업명	유나이티드헬스 (UNH)	배당지급	3, 6, 9, 12월	배당증가연수	13년
배당률	1.43%	배당성향	29.05%	배당성장률(5년)	16.43%
한줄평	미국 최대 건강보험 및 의료 서비스 기업				

매출(5년) / 단위($B)

2018	2019	2020	2021	2022
226.2	242.2	257.1	287.6	324.2

순이익(5년) / 단위($B)

2018	2019	2020	2021	2022
12.0	13.8	15.4	17.3	20.1

배당금 지급내역(1주당, 10년)

2013	2014	2015	2016	2017	2018	2019	2020	2021	2022
$1.05	$1.41	$1.88	$2.38	$2.88	$3.45	$4.14	$4.83	$5.60	$6.40

기준일: 2023.10.20

2) 브로드컴(AVGO)

　브로드컴은 5G 시대를 이끌고 있는 네크워크용 시스템 반도체를 개발하는 기업으로 탄탄한 기술력을 갖췄다. 2022년 말 기준으로 전 세계 팹리스(반도체 설계 전문회사) 중에 2위를 차지했고 1만 9,000개 이상의 특허를 보유한 경쟁력 있는 기업이다. 브로드컴의 사업모델은 네 가지로 구분되며 ① 유선 인프라, ② 무선 통신, ③ 엔터프라이즈 스토리지, ④ 기타 산업이다. 그중에 유무선 랜(LAN)에 필요한 와이파이 칩셋은 애플의 아이폰, 삼성의 갤럭시, 인터

브로드컴 기업정보

기업명	브로드컴 (AVGO)	배당지급	3, 6, 9, 12월	배당증가연수	12년
배당률	2.16%	배당성향	44.19%	배당성장률(5년)	21.32%
한줄평	5G 시대를 이끄는 네트워크용 시스템 반도체 기업				

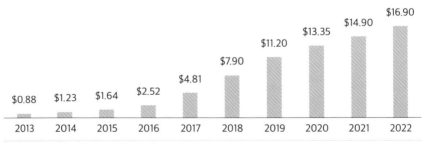

매출(5년) / 단위($B)

2018	2019	2020	2021	2022
20.8	22.6	23.9	27.5	33.2

순이익(5년) / 단위($B)

2018	2019	2020	2021	2022
12.3	2.7	3.0	6.7	11.5

배당금 지급내역(1주당, 10년)

2013	2014	2015	2016	2017	2018	2019	2020	2021	2022
$0.88	$1.23	$1.64	$2.52	$4.81	$7.90	$11.20	$13.35	$14.90	$16.90

기준일: 2023.10.20

넷 공유기 등 스마트폰과 다양한 통신 네트워크 장비에 사용되고 있다.

다가올 미래에는 클라우드 확장과 무선통신의 발전으로 브로드컴을 더욱 성장시켜줄 것이다. 12년째 배당을 늘려온 브로드컴은 3, 6, 9, 12월 배당지급 하며, 최근 5년간 배당성장률 21.32%로 드라마틱한 성장을 보이고 있다.

3) ASML홀딩(ASML)

ASML홀딩은 반도체 중요 공정에 필요한 노광장비를 제조 및 판매하는 기

ASML홀딩 기업정보

기업명	ASML홀딩 (ASML)	배당지급	2, 5, 8, 11월	배당증가연수	2년
배당률	1.08%	배당성향	22.27%	배당성장률(5년)	29.95%
한줄평	반도체 기업에게 '갑' 같은 슈퍼 '을' 기업				

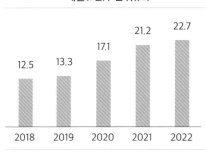

매출(5년) / 단위($B)

순이익(5년) / 단위($B)

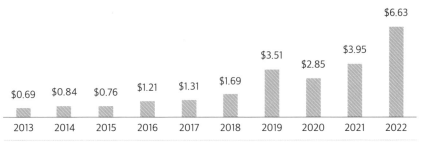

배당금 지급내역(1주당, 10년)

기준일: 2023.10.20

업이다. 을의 입장이라고 생각할 수 있지만, 특별한 기술력을 갖췄기 때문에 '슈퍼 을'이라고 불린다. TSMC와 삼성전자가 수주를 받기 위해 줄을 서기 때문에 ASML홀딩은 높은 수익성과 성장세를 보여주고 있다.

단점이라면 반도체 산업의 수요 변동성에 영향을 받으며 미중 분쟁으로 인한 반도체 정부 정책과 대외적인 이슈로 인해 불확실성이 존재한다. 그럼에도 불구하고 ASML홀딩은 경제적 해자 기업으로 반도체 공정과 원가에 지대한 영향을 끼치는 중요한 회사다.

2년째 배당을 늘려온 ASML홀딩의 연수가 짧은 이유는 뭘까? 특별배당을 지급했던 시기 때문에 다음 해 배당금이 삭감된 것처럼 보인다. 특별히 배당 삭감이 있었던 것은 아니니 걱정하지 않아도 된다. 1년에 두 번, 반기 배당을 했는데 최근 분기 배당으로 변경했다. 2, 5, 8, 11월에 배당지급하며, 최근 5년간 배당성장률 29.95%로 선정한 기업 중에 가장 높다.

4) MSCI(MSCI)

MSCI는 모건 스탠리 캐피털 인터내셔널(Morgan Stanley Capital International)의 약자다. 2007년까지 모건 스탠리 소속이었지만 분사하면서 MSCI를 사용하게 됐고, 현재는 주가 지수를 만들고 관리하고 분석하는 역할을 하고 있다.

사업 분야에서 절반 이상을 차지하는 것은 역시 지수를 만들고 관리하는 분야이며, 다음으로는 리스크, 포트폴리오, 마켓 분석이다. 최근 ESG 평가 및 관련 데이터 제공하고 있으며 앞으로가 기대되는 부분이다.

MSCI는 앞에서 이미 소개한 S&P글로벌과 동일하게 구독 매출의 비중이 높으며, 현재 전체 매출의 70% 이상을 차지하고 있다. 반복적인 수익은 안정적인 배당지급의 원동력이 되므로 높은 배당성장률과 밝은 미래를 예상할 수 있다. 8년째 배당을 늘려온 MSCI는 2, 5, 8, 11월 배당을 지급하며 최근 5년간

MSCI 기업정보

기업명	MSCI (MSCI)	배당지급	2, 5, 8, 11월	배당증가연수	8년
배당률	1.13%	배당성향	43.51%	배당성장률(5년)	25.66%
한줄평	지수를 만들고 돈 받는 가성비 높은 기업				

매출(5년) / 단위($B)

2018: 1.4
2019: 1.6
2020: 1.7
2021: 2.0
2022: 2.2

순이익(5년) / 단위($B)

2018: 0.5
2019: 0.6
2020: 0.6
2021: 0.7
2022: 0.9

배당금 지급내역(1주당, 10년)

2013: $0.00
2014: $0.18
2015: $0.80
2016: $1.00
2017: $1.32
2018: $1.92
2019: $2.52
2020: $2.92
2021: $3.64
2022: $4.58

기준일: 2023.10.20

배당성장률 25.66%로 멋진 성장을 보이고 있지만 배당률은 1%대로 낮은 편이다.

5) 트랙터 서플라이(TSCO)

트랙터 서플라이는 트랙터라는 이름 때문에 농업 관련 기계를 판매하는 기업으로 생각할 수 있지만, 미국 전원생활 관련 용품을 전문적으로 판매하는 회사다. 쉽게 생각하면 가축, 반려동물, 하드웨어, 트럭, 정원 용품 등을 판매하

트랙터 서플라이 기업정보

기업명	트랙터 서플라이 (TSCO)	배당지급	3, 6, 9, 12월	배당증가연수	12년
배당률	2.11%	배당성향	38.96%	배당성장률(5년)	28.16%
한줄평	미국 전원생활 문화 덕분에 수혜받는 기업				

매출(5년) / 단위($B)

순이익(5년) / 단위($B)

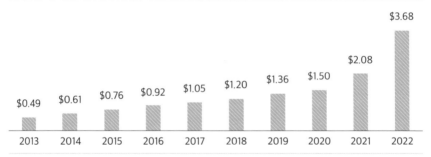

배당금 지급내역(1주당, 10년)

기준일: 2023.10.20

고 있으며, 미국 49개 주에서 2,000개가 넘는 매장을 운영하고 있다.

은퇴인구가 증가하면서 여가시간이 많아진 사람들은 교외에 집을 구매하고 정원을 가꾸며 인생을 즐기기 시작했다. 당연히 트랙터 서플라이를 찾는 사람도 많아졌으며 정원을 가꾸고 닭과 오리 같은 가금류를 기르고 반려동물과 함께 생활한다. 이는 로우스와 함께 트랙터 서플라이에게 좋은 소식이다.

11년째 배당을 늘려온 트랙터 서플라이는 3, 6, 9, 12월 배당지급하며 최근 5년간 배당성장률 28.16%로 멋진 성장을 보이고 있다.

최고의 배당성장 기업을 찾아라!

성장하는 배당기업은 주가 상승력이 높아 당장 받을 수 있는 배당금이 아쉬운 경우가 많다. 대나무를 키우는 자세로 배당성장 기업을 바라보고 소중하게 가꾸다 보면 어느 순간 높이 솟아 있는 배당금을 보며 흐뭇하게 웃는 날이 오게 된다.

실제 종목을 가지고 계산해보자. 앞에서 소개한 5개 배당성장 기업 중에서 어느 기업이 최고의 성장을 보였을까? 딱! 10년 전에 5개 기업에 1,000만 원씩 투자했다고 가정해, 그때와 지금 배당금이 얼마나 성장했나 계산했더니 충격적인 결과가 나왔다.

우선 2014년 5개 기업의 배당률을 체크해보면 0.85%(ASML홀딩)에서 1.55%(브로드컴) 수준이다. 현재 해당 기업을 매수해도 배당금만큼 주가도 올랐기 때문에 비슷한 배당률을 보이고 있다. 2014년 1,000만 원씩 투자했다면 1년에 9~16만 원의 배당금을 받게 된다.

적은 배당금에 투자가치가 있는지 의심이 들 수 있지만 다시 대나무를 생각하며 10년을 보유해보자. 2023년 5개 기업의 배당금은 얼마나 늘어 있을까? 하나씩 이야기해보면 시가총액 순으로 유나이티드헬스(UNH) 47만 원, 브로드컴(AVGO) 232만 원, ASML홀딩(ASML) 75만 원, MSCI(MSCI) 84만 원, 트랙터 서플라이(TSCO) 45만 원이다.

10년 전 10만 원 정도밖에 되지 않았던 배당금이 무럭무럭 자라서 40만 원대에서 200만 원대까지 증가했다. 1위를 차지한 것은 브로드컴(AVGO)으로 2014년 1주당 배당금 1.23달러였는데 2023년 18.4달러의 배당금을 지급하는 기업이 됐다. 10년간 배당성장률이 1,396%로 성장한 것으로, 그 어느 대나무

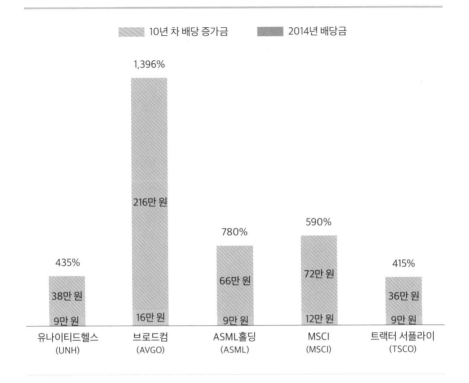

10년 전 1,000만 원 투자의 배당성장 내역

▨ 10년 차 배당 증가금   ▰ 2014년 배당금

유나이티드헬스 (UNH): 435%, 38만 원, 9만 원

브로드컴 (AVGO): 1,396%, 216만 원, 16만 원

ASML홀딩 (ASML): 780%, 66만 원, 9만 원

MSCI (MSCI): 590%, 72만 원, 12만 원

트랙터 서플라이 (TSCO): 415%, 36만 원, 9만 원

보다 높이 건강하게 자란 기업이다. (참고로 MSCI는 2015년부터 재대로 된 배당금이 지급됐기에 1년 뒤로 계산했다.)

10년간 배당성장률로 보면 2위가 ASML홀딩으로 780% 성장했지만 초기 배당금이 9만 원으로 적게 시작해서 총배당금은 75만 원밖에 되지 않는다. 반면에 배당성장률 3위를 차지한 MSCI는 초기 배당금 12만 원으로 시작해 5년간 배당성장률이 590% 오르면서 총배당금이 84만 원이 됐다. ASML홀딩보다 MSCI가 더 좋은 결과를 얻은 것이다.

이래서 투자 시점의 배당률이 중요한 것이고, 투자기간에 따라 배당성장률을 함께 봐야 한다. 더 긴 시간을 갖고 봤다면 ASML홀딩이 역전했을 수 있다. 즉 나의 투자기간을 고려해 종목을 선정해야 한다는 이야기다. 배당성장률이 아무리 높아도 투자기간이 짧으면 복리효과를 누릴 시간이 부족하다.

추가로 5개 기업을 놓고 보면 유나이티드헬스(UNH)와 트랙터 서플라이 (TSCO)가 저조해 보이지만, 일반적인 배당기업과 비교하면 5개 기업 모두 뛰어난 성장을 보였다. 10년간 적게는 5배에서 많게는 14배 배당금이 증가한 기업은 관심종목에 넣어놓고 공부해볼 만하다. 왜냐하면 나중에 대외 환경의 변화와 큰 위기로 인해 해당 종목의 주가가 하락하는 시점이 온다면, 배당성장 기업에서 부족했던 배당률이 올라가는 기회가 찾아오기 때문이다.

- 배당성장 기업은 복리효과를 누리기 위해 긴 시간이 필요하지만 그 열매는 매우 달다.
- 배당성장 기업 TOP 5: 유나이티드헬스, 브로드컴, ASML홀딩, MSCI, 트랙터 서플라이

미국 부동산 투자로 월세 받는 방법

유튜브 '수페TV' 채널에서 관련 영상 함께 보기

체크리스트

- 우량한 배당 귀족주 TOP 5(82쪽)와 성장하는 배당주 TOP 5(96쪽) 중 몇 가지를 선택하여 5년 전부터 운용 가능한 자본금을 주기적으로 투자했다고 가정한 다음, 나의 자산이 어떻게 변화했을지 정리해보자.

2018	Q1	Q2	Q3	Q4	2019	Q1	Q2	Q3	Q4
투자금					투자금				
배당수익					배당수익				
2020	Q1	Q2	Q3	Q4	2021	Q1	Q2	Q3	Q4
투자금					투자금				
배당수익					배당수익				
2022	Q1	Q2	Q3	Q4	합계				
투자금					총투자				
배당수익					총수익				

주식으로 투자하는 부동산 투자

부동산도 주식으로 투자가 가능하다. 부동산 임대를 하고 있는 기업에 투자해 배당금을 받는다면 그것이 바로 부동산 주식투자, 즉 리츠 투자다. 투자자는 부동산 회사에 지분투자를 하고 부동산 회사는 투자한 자산에서 발생한 임대료 및 개발이득 등을 배당으로 지급하는 형태다. 본질은 부동산이지만 형태는 주식회사의 모습을 갖추고 있기 때문에 주식으로 투자할 수 있다.

국내 리츠기업은 대부분 주택과 오피스의 비중이 높지만, 미국은 주택뿐만 아니라 물류, 리테일, 호텔 등 다양한 리츠기업에 투자할 수 있다. 생활방식이 바뀌고 다양한 산업이 성장하면서 리츠도 함께 성장했다. 대표적으로 전자상거래가 활발해지면서 등장한 물류센터와 빅데이터를 활용한 산업이 발전하면서 성장한 데이터센터가 있다. 글로벌 리츠기업은 다양한 산업뿐만 아니라 4차 산업혁명과도 직·간접적으로 연결되어 있다.

지금부터 각 분야의 대표라고 할 수 있는 리츠기업을 살펴보자.

미국 리츠주 TOP 5

1) 프로로지스(PLD)

세계에서 가장 잘나가는 물류용 리츠기업으로 미국에 상장된 리츠기업 중

시가총액 1위를 차지하는 회사다. 코로나19 이후 급격하게 증가한 온라인 구매는 프로로지스를 더욱 성장하게 만들어줬고, 우리가 택배를 많이 배송 받을수록 더욱 빛나게 된다. 최근 들어 해외직구까지 활발해지면서 물류센터는 더욱 글로벌 시장으로 확장되고 있다. 프로로지스의 임대 지역은 미국, 유럽, 이사아 등 전 세계 전역에 걸쳐 고르게 분산되어 있다. 심지어 임차 기업으로 아마존, 페덱스, DHL, 홈디포, UPS 등 신용도 높은 쟁쟁한 기업들이 들어와 있으므로 월세를 못 받게 되는 것은 아닌지 걱정하지 않아도 된다.

프로로지스 기업정보

기업명	프로로지스 (PLD)	배당지급	3, 6, 9, 12월	배당증가연수	9년
배당률	3.40%	배당성향	62.17%	배당성장률(5년)	12.58%
한줄평	19개국 4,000개 이상의 물류 인프라를 보유한 슈퍼 물류 리츠				

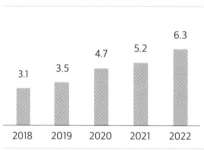

매출(5년) / 단위($B)

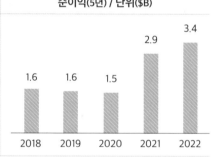

순이익(5년) / 단위($B)

배당금 지급내역(1주당, 10년)

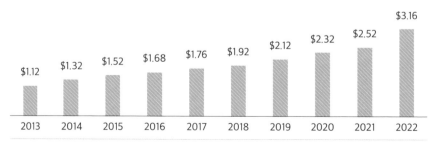

기준일: 2023.10.20

9년째 배당을 늘려온 프로로지스는 3, 6, 9, 12월 배당지급하며 최근 5년간 배당성장률 12.58%로 멋진 성장을 보이고 있다.

2) 아메리칸타워(AMT)

인터넷이 등장하고 개인용 PC가 보급되면서 통신 속도는 우리 삶에 중요한 문제가 됐다. 1G 음성통화를 시작으로 5G 실시간 동영상 시청까지 통신 속도는 기하급수적으로 빨라지고 있다. 문자만 보내던 휴대폰이 대용량 파일

아메리칸타워 기업정보

기업명	아메리칸타워 (AMT)	배당지급	1, 4, 7, 10월	배당증가연수	10년
배당률	4.05%	배당성향	65.96%	배당성장률(5년)	15.96%
한줄평	세계 최대 규모의 통신 인프라 리츠				

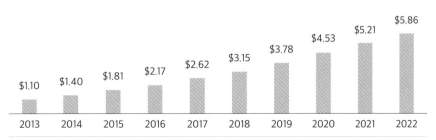

매출(5년) / 단위($B)

2018	2019	2020	2021	2022
7.4	7.6	8.0	9.4	10.7

순이익(5년) / 단위($B)

2018	2019	2020	2021	2022
1.2	1.9	1.7	2.6	1.8

배당금 지급내역(1주당, 10년)

2013	2014	2015	2016	2017	2018	2019	2020	2021	2022
$1.10	$1.40	$1.81	$2.17	$2.62	$3.15	$3.78	$4.53	$5.21	$5.86

기준일: 2023.10.20

을 순식간에 보낼 수 있는 스마트폰으로 탈바꿈한 것이다.

이런 기술 발전 뒤에는 묵묵히 데이터를 전송해준 통신타워의 역할이 컸으며, 아메리칸타워는 그 중심에 있는 기업이다. 현재 아메리칸타워는 5G를 위해 시설을 투자할 뿐만 아니라 이미 6G를 준비하고 있다.

아메리칸타워의 임차 기업은 미국 대표 통신기업 버라이즌과 AT&T이다. 한국으로 따지면 SK텔레콤과 KT로 볼 수 있으며, 그런 기업에게서 월세를 받는 것이 아메리칸타워다. 10년째 배당을 늘려온 아메리칸타워는 1, 4, 7, 10월 배당지급하는데, 기존 분기배당 기업과 다른 주기인 것이 조금 특이하다. 최근 5년간 배당성장률 15.96%로 멋진 성장을 보이고 있다.

3) 이퀴닉스(EQIX)

4차 산업혁명의 진정한 건물주는 데이터센터가 아닐까? 글로벌 32개국에 249개의 데이터센터를 보유한 이퀴닉스는 글로벌 점유율 1위를 차지하는 리츠 기업이다. 주요 사업은 데이터센터 임대와 관리로 매출의 74%를 차지하고 나머지는 데이터 인프라를 연결해주는 역할을 하고 있다. 개인의 온라인 활동이 많아지면서 기업은 디지털 전환, 이커머스, 동영상 서비스 등 다양한 트래픽을 사용하고 있다. 트래픽 증가는 데이터센터 수요를 지속적으로 증가시킬 것으로 예상되므로 이퀴닉스에는 반가운 소식이다. 대표적인 임차 기업으로 아마존과 구글 같은 클라우드 서비스 기업과 네트워크 기업인 시스코 시스템 등이 있다. 7년째 배당을 늘려온 이퀴닉스는 3, 6, 9, 12월 배당지급하며 최근 5년간 배당성장률은 8.56%로 다른 리츠기업에 비해 높지 않은 편이다.

4) 리얼티인컴(O)

리얼티인컴은 미국에 상장된 세계 최대의 리테일 부동산 기업으로 S&P 500에 포함된 회사다. 우리가 생각하는 상가 임대가 대부분이며 대표적인 임

이퀴닉스 기업정보

기업명	이퀴닉스 (EQIX)	배당지급	3, 6, 9, 12월	배당증가연수	7년
배당률	1.93%	배당성향	62.48%	배당성장률(5년)	8.56%
한줄평	글로벌 점유율 1위를 차지하는 미국 대표 데이터센터 리츠				

매출(5년) / 단위($B)

2018	2019	2020	2021	2022
5.1	5.2	5.6	6.3	6.7

순이익(5년) / 단위($B)

2018	2019	2020	2021	2022
0.4	0.5	0.4	0.5	0.7

배당금 지급내역(1주당, 10년)

2013	2014	2015	2016	2017	2018	2019	2020	2021	2022
$0.00	$7.57	$17.71	$7.00	$8.00	$9.12	$9.84	$10.64	$11.48	$12.40

기준일: 2023.10.20

차 기업으로 월마트, 세븐일레븐, 홈디포, 페덱스 등이 있다. 임차 기업의 신용 등급이 높고 월세 밀릴 걱정이 적은 회사이기 때문에 공실률 또한 낮다.

특히 리얼티인컴은 부동산 운영을 잘하는 기업으로 알려져 있으며, 홈페이지에 들어가면 네 가지 숫자로 자랑을 한다. ① 14.2%(연간 총수익률), ② 4.3%(연간 배당증가율), ③ 639개월(월별 연속 배당 증가), ④ 104분기(분기별 연속 증가). 앞으로도 이 숫자를 지키기 위해 리얼티인컴은 부단히 노력할 것이다.

27년째 배당을 늘려온 리얼티인컴은 배당 귀족주이며, 매월 배당을 지급

리얼티인컴 기업정보

기업명	리얼티인컴 (O)	배당지급	매월	배당증가연수	27년
배당률	6.22%	배당성향	74.29%	배당성장률(5년)	3.70%
한줄평		유일한 배당 귀족주에 포함된 월배당 리츠			

배당금 지급내역(1주당, 10년)

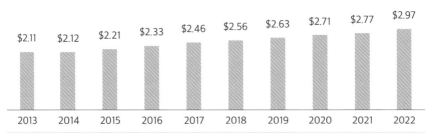

기준일: 2023.10.20

하는 월배당 기업이다. 최근 5년간 배당성장률 3.70%로 낮은 성장을 보이고 있지만 지속적인 배당 증가로 개인 투자자들에게 신뢰를 받고 있다.

5) 웰타워(WELL)

초고령화 사회로 접어들고 있는 시대에 노인 주택과 요양 의료 시스템 등에 특화된 리츠기업이다. 미국, 캐나다, 영국에 부동산 지분을 소유하고 있으며 대부분의 매출은 노인주택 임대로 72%를 차지하고 트리플넷과 외래진료

웰타워 기업정보

기업명	웰타워 (WELL)	배당지급	2, 5, 8, 11월	배당증가연수	0년
배당률	2.91%	배당성향	68.92%	배당성장률(5년)	-6.85%
한줄평	고령화에 수혜받는 글로벌 헬스케어 리츠				

매출(5년) / 단위($B)

2018	2019	2020	2021	2022
4.7	5.1	4.6	4.7	5.8

순이익(5년) / 단위($B)

2018	2019	2020	2021	2022
0.8	1.2	1.0	0.3	0.1

배당금 지급내역(1주당, 10년)

2013	2014	2015	2016	2017	2018	2019	2020	2021	2022
$3.06	$3.18	$3.30	$3.44	$3.48	$3.48	$3.48	$2.70	$2.44	$2.44

기준일: 2023.10.20

소 임대를 함께 하고 있다. 웰타워의 주요 사업 지역의 고령인구 변화는 미국 1.5% → 4.0%, 영국 1.8% → 3.1%, 캐나다 2.4% → 4.3%로, 세 곳 모두 10년 안에 2~3배 정도 증가할 것으로 예상된다.

배당증가연수는 1년이 되지 않는다. 팬데믹 때문에 오히려 배당금이 줄어 5년 평균 배당성장률이 -6.85%로 마이너스다. 심지어 순이익도 좋지 못한 모습을 보이고 있으니 투자자로서 이런 부분을 꼭 체크해야 한다.

앞서 소개한 왕족주, 귀족주, 배당 성장주, 리츠주의 모든 기업이 매출, 순이익, 배당금이 증가하는 것을 봤기 때문에 이런 기업이 어색하게 보일 것이다. 그런데 지금까지 좋은 기업을 선별해 보여줬을 뿐 웰타워 같은 기업이 수도 없이 많다. 그러니 투자 전에 꼭 건강한 기업인지 체크해보길 바란다.

1억 원으로 미국 부동산에 투자하는 방법

세계 1위 국가인 미국의 주요 도시 부동산에 투자하고 싶어도 직접 투자하는 방법은 상당히 제한적이다. 우리가 직접 미국 부동산에 투자해 월세를 받으려고 하면 막막하고 어떻게 해야 할지 모를 것이다. 하지만 리츠기업에 투자한다면 그들의 노하우를 기반으로 직접 투자하는 것보다 상대적으로 안정적인 투자를 할 수 있다.

앞서 5개 리츠기업을 소개했듯 리테일부터 데이터센터까지 분야는 다양하기 때문에 내게 맞는 투자 방향을 설정하는 것이 중요하다. 통신 분야를 잘 알지 못하고 미래 전망을 좋게 보지도 않는데, 5개 기업 중에 현재 배당률이 높은 아메리칸타워(AMT)에 투자하는 것은 어리석은 행동이다.

또한 클라우드에 관심이 있고 데이터센터의 전망을 밝게 보고 있는데, 이퀴닉스(EQIX)의 현재 배당률이 낮다고 투자 대상에서 제외하는 것도 좋은 선택이 아니다. 현재 배당률과 함께 봐야 할 중요한 투자 포인트는 배당성장률과 리츠기업이 속한 산업의 전망이다. 각 리츠기업의 산업이 최근 5년간 어떤 상황이었는지 투자 시뮬레이션을 통해 알아보자.

2019년 프로로지스, 아메리칸타워, 이퀴닉스, 리얼티인컴, 웰타워의 5개 기업을 알게 됐다면 당신은 어느 기업에 투자했겠는가? 지금 잠시 읽는 것을 멈추고 1분만 생각해보자. 하나의 기업을 선택했다면 이제 당신의 선택이 얼마

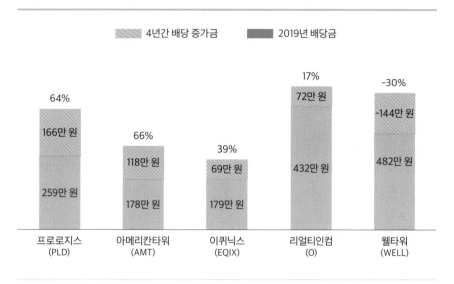

5년 전 1억 원 투자 시 배당금 변화

▨ 4년간 배당 증가금   ■ 2019년 배당금

	프로로지스 (PLD)	아메리칸타워 (AMT)	이퀴닉스 (EQIX)	리얼티인컴 (O)	웰타워 (WELL)
증가율	64%	66%	39%	17%	-30%
4년간 배당 증가금	166만 원	118만 원	69만 원	72만 원	-144만 원
2019년 배당금	259만 원	178만 원	179만 원	432만 원	482만 원

나 현명했는지 계산해보겠다.

5년 전 5개 기업에 1억 원씩 투자했다면 그 당시 배당률 4.82%였던 웰타워가 1위를 차지한다. 1억 원의 배당률이 4.82%니까 1년에 배당금으로 482만 원을 받게 된다. 그렇게 5년이 지난 2023년 과연 어떤 일이 벌어졌을까?

우선 웰타워는 1위 자리에서 내려올 수밖에 없었다. 왜냐하면 5년간 배당 성장이 아닌 -30%의 배당 삭감이 이뤄졌기 때문이다. 웰타워에 투자했다면 5년 만에 배당금이 144만 원 줄어들어 338만 원을 받게 된다. 속 쓰린 결과다.

반면에 프로로지스에 투자했다면 처음에는 259만 원의 배당금을 받아서 작다고 생각할 수 있지만, 5년 뒤 166만 원이 더해져 총 425만 원으로 늘어나는 경험을 하게 된다. 온라인 전자상거래가 활성화되면서 물류창고를 찾는 고객이 많아졌으므로 프로로지스의 사업은 성장할 수밖에 없었다.

배당금으로 1위를 차지하고 있는 기업은 리얼티인컴으로, 5년 전 배당금 432만 원으로 높은 위치에서 시작해 작지만 꾸준히 배당성장을 이뤘다.

배당금으로 순위를 정한다면 리얼티인컴, 프로로지스, 웰타워, 아메리칸타워, 이퀴닉스 순이다. 꼴등을 차지한 것이 미래 유망산업으로 알려진 데이터센터의 대장주 이퀴닉스인인데, 5개 기업 중에 이퀴닉스를 선택한 사람은 잘못된 선택이었을까? 그렇지 않다! 리츠 투자의 함정 중에 대표적인 것이 주가 하락이기 때문에 내 자산이 녹아내리지 않았는지 꼭 함께 체크해야 한다.

5년간(2018.10.22~2023.10.20) 5개 기업의 수익률을 체크해봤더니 역시나 이퀴닉스는 83% 상승하는 멋진 모습을 보여줬다. 주가 상승 때문에 배당률이 상대적으로 작게 나타난 것을 알 수 있었다. 이퀴닉스 다음으로 높은 수익률을 보이는 기업이 하나 있었는데, 바로 프로로지스다. 5년간 59% 성장하는 모습을 보였고 배당성장률도 야무지게 오른 기업이다. 5개 기업 중에 최근 5년간 배당과 성장 두 가지 측면에서 최고의 성적을 거둔 리츠기업은 프로로지스다. 5년 전 5개 기업 중에 프로로지스를 선택했다면 현명한 투자를 한 것이다.

그럼 앞으로 5년은 어떻게 흘러갈까? 중국 부동산 디폴트 위기와 미국 상업용 부동산 공실 문제로 현재 리츠는 리스크가 높은 투자라고 생각하는 사람이 많다. 그러나 위기 속에서도 누군가는 기회를 찾듯이, 성장하는 리츠는 존재하기 마련이다. 사람들 관심에서 멀어진 리츠기업 중에 앞의 내용을 토대로 미래 먹거리가 될 수 있는 리츠를 공부해보자.

- 미국 리츠기업 TOP 5: 프로로지스(물류센터), 아메리칸타워(통신타워), 이퀴닉스(데이터센터), 리얼티인컴(리테일), 웰타워(헬스케어)

다르게 흘러가는 배당 시간

유튜브 '수페TV' 채널에서 관련 영상 함께 보기

체크리스트

● 부동산 투자에는 다양한 방법이 있다. 아래 항목을 따라 Yes, No를 선택해 나의 부동산투자 방향을 설정해보자.

투자자금이
5천만 원 이상 있다

Yes → 매달 고정적인
수익을 원한다
- **Yes** → 국내 부동산
월세투자
- **No** → 국내 부동산
시세차익 투자

No → 글로벌 부동산에
투자하고 싶다
- **Yes** → 미국 리츠
배당투자
- **No** → 국내 리츠
배당투자

미국 대표 월배당 리츠기업, 리얼티인컴

미국 배당투자자라면 월배당 기업으로 리얼티인컴을 모르는 사람이 드물다. 배당 귀족주에 해당되는 리얼티인컴을 실제 투자하고 배당 인증을 하는 사람도 많다. 그 이유는 관리하기 힘든 오피스텔 월세보다 리얼티인컴 월배당이 더 매력적이기 때문이다. 그럼 리츠기업이라면 꼭 봐야 할 세 가지 투자 포인트를 가지고 리얼티인컴을 점검해보자.

첫번째는 '신용등급'이다. 돈을 융통해 자산을 증식하고 굴리는 리츠기업이라면 그 어느 회사보다 신용등급이 중요하다. 리얼티인컴의 신용등급은 무디스에서 'A3', S&P글로벌에서 'A-'를 받았다. 높은 신용등급은 이자비용을 절약하는 데 도움이 된다.

최근 미국 기준금리가 급격하게 상승해 5.50%까지 오른 상황에 이자 부담이 커졌지만 다행히 리얼티인컴은 고정금리 비중이 92%다. 기준금리가 인상될 때마다 리얼티인컴은 변동금리에서 고정금리로 변경하는 작업을 했다. 2023년 2분기 기준으로 변동금리 비중이 8%이며 이자는 3.78%로 크게 부담되는 수준은 아니다.

두번째는 '공실률'이다. 리얼티인컴은 리테일(81.9%)의 비중이 가장 높으며 월마트와 세븐일레븐 같은 대기업이 임차 기업이기 때문에 월세를 받지 못할 걱정은 할 필요가 없다. 실제 1988년부터 2023년 2분기까지 입주율을 체크해보면 평균 98.2%다. 반대로 말하면 공실률이 1.8%밖에 되지 않는다는 이야기로 극히 적은 수준이다. 미국 리츠기업 평균 공실률이 5.8%인 것을 감안하면

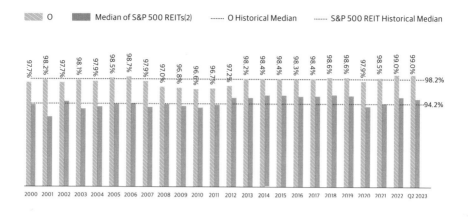

리얼티인컴과 S&P500 리츠기업의 입주율 비교

O   Median of S&P 500 REITs(2)   .... O Historical Median   .... S&P 500 REIT Historical Median

97.7% 98.2% 97.7% 98.1% 97.9% 98.5% 98.7% 97.9% 97.0% 96.8% 96.6% 96.7% 97.2% 98.2% 98.4% 98.4% 98.3% 98.4% 98.6% 98.6% 97.9% 98.5% 99.0% 99.0%

98.2%

94.2%

2000 2001 2002 2003 2004 2005 2006 2007 2008 2009 2010 2011 2012 2013 2014 2015 2016 2017 2018 2019 2020 2021 2022 Q2 2023

3분의 1 수준으로 임대관리 노하우가 남다른 것을 알 수 있다.

그런데 현재 리얼티인컴의 주가를 보면 49달러로 5년 전 58달러에 비해 15% 하락했다. 미국 상업용 부동산의 부실 규모가 커지면서 리츠 산업 자체가 주저앉고 말았다. 위기의 순간이 찾아오면 리얼티인컴은 얼마나 대응을 잘할 수 있을까?

리츠기업의 위기 대처 능력을 체크해보는 좋은 방법이 있다. 바로 부동산 경제위기라고 할 수 있는 2008년 리먼 브라더스 사태 때 어떻게 대응했는지 확인하는 것이다. 이를 적용해보자.

2008년부터 3년간 리얼티인컴의 공실률은 3.0%, 3.2%, 3.4%로 평균값 1.8%보다 내려가긴 했지만 다른 리츠기업보다 견고한 모습을 보여줬다. 리먼 브라더스 사태 당시 리얼티인컴의 배당금 내역을 살펴봤더니 역시 꾸준히 배당금을 늘렸다. 하지만 그 상승 폭이 작았다는 게 단점이라면 단점이다. 2008년부터 3년간 리얼티인컴의 배당성장률은 2.4%, 0.9%, 0.9%다. 공실이 늘고 어려운 시장 상황이었지만 어떻게든 배당금을 늘려온 것은 칭찬할 만하다. 배당을 늘려온 시점부터 평균 배당성장률은 4.4%로 물가상승률보다 높아 안정적이다.

리츠기업에 투자한다면 꼭 봐야 할 마지막 세번째는 바로 '임대만료일'이다. 만약 특정 연도에 임대가 만료되는 임차 기업이 많이 포진되어 있다면 재계약에 대한 이슈가 존재할 가능성이 높으며, 이는 리스크로 작용한다. 부동산 경기가 좋지 않고 소비 시장이 위축될 때는 이런 것이 더욱 큰 리스크가 되니 꼭 확인해야 한다.

리얼티인컴의 연도별 임대만료 비중을 체크해보면 1만 3,827개 중에 2023년 임대만료인 점포는 294개로 2.1% 수준이다. 점포 수가 아닌 금액으로 비중을 체크하면 1.1%다. 2025년까지 임대만료 비중이 연도별 평균 3~5% 수준으로 낮으며, 그나마 많은 비중을 차지하는 2027년에는 7.7%이고 2028년에는 8.8%로 10%가 넘지 않게 관리되고 있다. 이는 오랜 시간 배당금을 늘려오며 노하우를 쌓은 리얼티인컴의 자랑이라고 할 수 있다.

지금까지 리츠기업 투자 포인트 세 가지를 가지고 리얼리티인컴을 점검했다. 과거 데이터를 확인한 투자자라면 리얼티인컴이 매력적으로 느껴질 것이다. 투자를 한다면 배당금은 얼마나 들어오는지 계산해보자.

리얼티인컴 투자 포인트 세 가지

신용등급	입주율	임대만료

| 무디스 'A3'
S&P글로벌 'A-' | 리얼티인컴: 98.2%
S&P 리츠: 94.2% | 2023년: 1.1%
2024년: 3.6% |

리얼티인컴 적립식 50만 원 투자

실제로 투자하면 얼마의 배당금을 받게 될까? 계산을 하기 위해 현재 배당률과 미래 배당성장률을 알아야 한다. 과거 10년을 돌아보면 배당률이 적을 때는 3.7%까지 내려갔었고, 높을 때는 코로나19로 인해 6.4%까지 올라갔었다. 평균적으로 4~5%의 박스권을 유지하며 현재 배당률은 최근 주가가 내려와 49달러로 배당률 6.22%를 나타내고 있다(기준일: 2023년 10월 20일).

과거 5년간 배당성장률이 3.7%였으니 미래도 비슷한 상황이 펼쳐질 것으로 가정해 계산하겠다. 당연히 배당금은 재투자하고 복리의 마법이 미래에 얼마나 높은 배당금으로 돌아오게 될지 살펴보자.

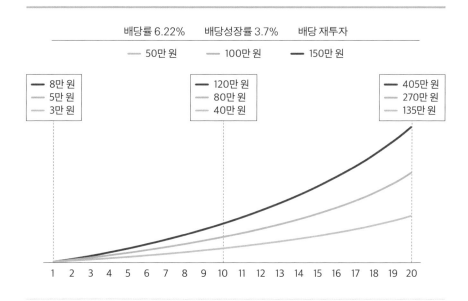

리얼티인컴 적립식 투자

50만 원씩 적립식 투자이기 때문에 1년 차에는 원금자체가 적어서 월배당금도 3만 원으로 속상한 수준이다. 하지만 배당투자의 꽃은 꾸준함에서 나오기 때문에 지치면 안 된다. 10년 차 월 배당금이 40만 원이 되고 20년 차에는 135만 원까지 증가한다. 투자금을 2배로 늘려보자. 리얼티인컴에 100만 원씩 적립식으로 투자한다면 월 배당금도 2배로 늘어난다. 1년 차에 5만 원, 10년 차에 80만 원, 20년 차에 270만 원을 받게 된다. 복리의 마법이 이뤄지기 때문에 기간이 늘어나는 것과 같은 비율로 올라간다. 150만 원씩 적립식 투자한다면 20년 차에 월 배당금으로 405만 원을 받게 된다. 20년 뒤 내가 받고 싶은 배당금이 있다면 투자금액을 변경해 계산해보자.

리얼티인컴 VS 맥쿼리인프라

미국에 리얼티인컴이 있다면 한국에는 맥쿼리인프라가 있다. 동일한 리테일 리츠 분야는 아니지만 맥쿼리인프라는 국내에서 가장 유명한 인프라 펀드로 리얼티인컴만큼 국내에서 배당투자로 많은 인기를 얻고 있다.

맥쿼리 인프라의 포트폴리오를 보면 고속도로 같은 유료도로가 67%로 가장 많은 비중을 차지하고 도시가스 18%, 항만 11%, 철도 4%다. 배당금은 반기로 1년에 두 번 지급한다. 월배당은 아니지만 리얼티인컴에 대한 유튜브 콘텐츠를 제작하면 빠짐없이 나오는 댓글이 맥쿼리 인프라에 대한 이야기로, 둘을 비교해달라는 요청이 많다. 이 책에서 속 시원하게 해결해보자.

앞에서 리얼티인컴의 현재 배당률과 미래 배당성장률을 체크했으니 맥쿼리인프라를 파헤쳐보자. 맥쿼리인프라의 배당금 내역을 살펴보면 2016년 646원이었던 배당금이 64원 배당컷 되어 400원으로 13.8% 삭감되었다.

25년 넘게 배당금을 늘려온 리얼티인컴에 비하면 배당 인상 연속성에 대한 신뢰가 낮은 것은 감점 요인이다. 하지만 배당성장률 측면에서는 6.2%로 리얼티인컴(3.7%)보다 높게 나타난다. 현재 배당률을 체크해보면 6.44%다(기준

일: 2023년 10월 20일).

계산에 필요한 두 개의 데이터가 나왔다. 현재 배당률 6.44%와 미래 배당 성장률로 사용할 과거 평균 배당성장률 6.2%다. 리얼티인컴과 동일하게 50만 원, 100만 원, 150만 원을 기준으로 적립식 투자를 할 경우 시뮬레이션을 돌려 보자.

두 가지 조건 모두 높은 값을 갖고 있는 맥쿼리인프라는 역시나 배당금이 더 많이 나온다. 맥쿼리인프라는 분기배당이지만 비교를 위해 월배당으로 계산했다. 50만 원 적립식 투자 기준으로 1년 차에 3만 원, 10년 차에 47만 원, 20년 차에 190만 원을 매달 받을 것으로 예상된다.

적립식 금액을 2배로 늘려 월 100만 원씩 투자하면 1년 차에 5만 원, 10년 차에 95만 원, 20년 차에 380만 원까지 증가한다. 역시 복리효과로 인해 시

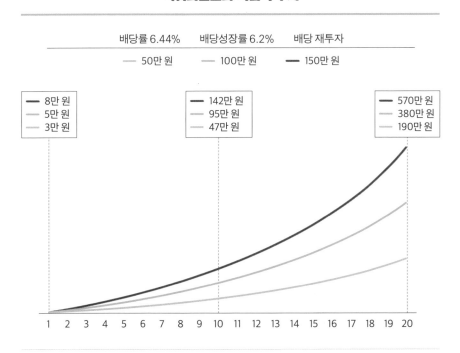

맥쿼리인프라 적립식 투자

배당률 6.44% 배당성장률 6.2% 배당 재투자

— 50만 원   — 100만 원   — 150만 원

— 8만 원	— 142만 원	— 570만 원
— 5만 원	— 95만 원	— 380만 원
— 3만 원	— 47만 원	— 190만 원

리얼티인컴 vs 맥쿼리인프라 월 100만 원 적립식 투자

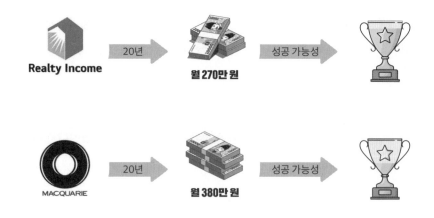

간이 갈수록 그래프의 경사가 높아지는 것을 알 수 있으며 바로 앞에서 봤던 리얼티인컴보다 전체적으로 더 많은 배당금을 지급한다. 여기서 적립식 투자 100만 원을 기준으로 리얼티인컴과 맥쿼리인프라를 비교하면 20년 차에 리얼티인컴은 월 배당금은 270만 원이고 맥쿼리인프라는 380만 원이다. 숫자로 보면 맥쿼리인프라가 매달 110만 원 더 받으니 좋은 것으로 보인다.

하지만 26년간 배당금을 늘려온 리얼티인컴의 신뢰는 7년 전 배당컷을 진행했던 맥쿼리인프라가 따라올 수 없는 부분이다. 투자를 할 때는 숫자를 넘어 가능성을 함께 봐야 하기 때문에 진지한 고민이 필요하다. 당장 확인할 수 있고 계산식에 들어가는 현재 배당률과 배당성장률 이외에 배당연수, 배당컷 사례, 매출, 순이익 등을 고려해 기업을 객관적으로 평가해야 한다. 당신은 어떤 선택을 할 것인가?

> **리얼티인컴 vs 맥쿼리인프라**
> - 현재 배당률과 과거 배당성장률을 가지고 미래 예측
> - 배당증가연수, 배당컷 사례, 실적 등을 고려해 목표 배당금 달성 가능성 확인

DAY | 12

드디어 등장한
한국 분기배당 기업

유튜브 '수페TV' 채널에서 관련 영상 함께 보기

● 나의 현재 포트폴리오와 목표 포트폴리오를 작성해보자. 아직 투자 전이라면 가정해서 작성해보자.

(예시: 현금, 주식, 배당, 금, 달러, 채권, 한국주식, 미국주식, 장기국채, 단기국채, 부동산, 달러 등)

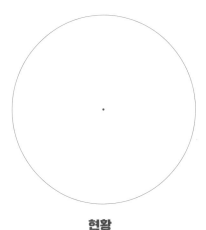

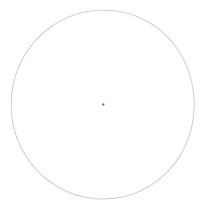

현황

목표

체크리스트

찬바람 불면 배당투자?

매년 11월쯤 되면 추워진 날씨와 함께 찾아오는 뉴스 중에 '찬바람 불면 배당투자'라는 말이 있다. 왜 이런 말이 생겨났을까? 기업의 배당지급 순서에 답이 있다. 한국에는 연배당을 지급하는 회사가 많다. 12월 30일까지 해당 기업의 주식을 갖고 있으면 2월경에 실적을 발표하고 3월에 주주총회를 열어 이사회에서 배당금을 확정한다. 그럼 4월 중에 배당을 받게 되는 구조다. 여기서 중요한 것은 12월 27일, 단 하루만 주식을 갖고 있어도 1년치 배당을 받을 수 있다는 것이다(연휴가 포함될 경우 1~2일 차이가 있을 수 있음).

그래서 연초가 되면 연배당을 지급한 기업들은 매력이 떨어져 주가 또한 급격하게 하락하는 모습을 종종 보게 된다. 배당을 받기 위해 매수했던 투자자가 썰물처럼 빠져나가는 현상이다. 이런 사이클이 계속되다 보니 투자자들은 12월이 아닌 11월부터 배당기업에 관심을 갖고 투자한다.

실제 배당금 지급을 잘해주는 4대 금융지주회사(KB금융, 신한지주, 우리금융지주, 하나금융지주)를 살펴보면 2022년 배당기준일(12월 27일) 이후 주가가 많이 하락한 것을 알 수 있다. KB금융 주가는 2022년 12월 27일 종가 5만 1500원이었는데, 3거래일 뒤인 1월 2일에는 4만 7,600원으로 -7.76% 하락했다. 신한지주 -9%, 하나금융지주 -10.16%, 우리금융지주 -13.95%로 4대 금융지주회사가 모두 배당기준일 기점으로 큰 하락을 보였다. 규칙적이고 안정적인 배당금을 받기 위해 시작한 배당투자가 주가 하락으로 원금이 마이너스되면 얼마나 속이 터지겠는가?

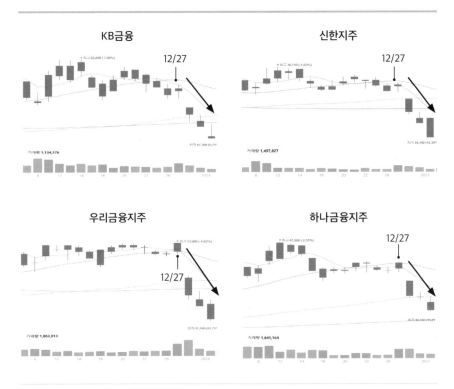

배당락일 이후 금융기업 주가 변화

KB금융

신한지주

우리금융지주

하나금융지주

기간: 2022. 12. 7~2023. 1. 2

나는 이런 사람의 심리를 역으로 이용해 수익을 만들기도 했다. 그놈의 찬바람이 불어올 때 배당기업에 투자하지 않는다. 오히려 1월 초 급락할 때와 따뜻한 봄에 아무도 배당기업에 관심을 갖지 않을 때, 저가에 배당기업을 매수한다. 그리고 사람들이 관심을 갖는 11~12월에 주가가 상승하면 매도하는 전략이다. 혹시 주가가 크게 오르지 않으면 배당금 받고 수익을 챙긴다. 배당기업 10개 정도로 돌리면 생각보다 안정적인 수익이 발생한다.

이런 사이클은 대부분 연배당을 지급하는 한국에서나 통하는 전략이다. 미국 배당기업은 대부분 분기배당을 지급하기 때문에 배당기준일에 따른 등락 폭이 상대적으로 줄어들며, 안정적인 배당투자를 할 수 있다.

아직 한국에는 배당을 꾸준히 늘려온 기업이 많지 않아 주주 친화적인 회사를 찾기 어렵고 내 소중한 배당금이 삭감될 리스크가 높다. 반면에 미국은 분기 혹은 월 배당을 지급하는 회사가 대부분이고 꾸준히 배당금을 증가시킨 기업이 많아 상대적으로 배당기준일 이후의 변동성이 낮다.

따라서 '찬바람이 불어오면 배당투자'는 한국에 국한된 이야기다. 배당의 핵심은 꾸준한 수익인 것을 감안하면, 속상하지만 국내 배당투자보다 미국 배당투자가 더 매력적이다. 하지만 한국에도 최근 들어 분기배당 기업이 늘어나고 있고 있으니 흙 속에 진주를 찾듯 살펴보자.

국내 분기배당 기업

한국 코스피와 코스닥에 상장된 기업은 2,200개가 넘는다. 그중에 분기배당을 지급하는 기업은 얼마나 될까? 2021년 기준으로 8개였다(삼성전자, 삼성전자우, POSCO홀딩스, 쌍용C&E, 효성ITX, 한온시스템, 아이마켓코리아, 삼양옵틱스). 국내 상장된 기업 중에 단 1%도 안 되는 기업이 분기배당을 지급한다는 것이다. 배당투자자라면 이런 기업들을 알아둬야 한다.

2022년에 새롭게 편입된 기업은 7개(SK텔레콤, SK하이닉스, KB금융, 씨젠, 신한지주, CJ제일제당, 한샘)다. 이제 총 15개의 분기배당 기업이 생겨났는데 삼성전자우를 제외하면 실질적인 분기배당 기업은 14개 회사뿐이다. 이 기업들이 배당을 지급하지 않았던 것은 아니고 연배당에서 분기배당으로 변경했다. 이런 모범적인 사례가 늘어나고 배당금도 꾸준히 지급하는 모습을 보여준다면 앞으로 한국 배당주에 많은 변화가 있을 것이다.

배당투자자 입장에서 국내 분기배당이 늘어나는 것은 당연히 좋은 일이지만 직접 투자를 한다는 것은 또 다른 이야기다. 우리의 소중한 자산을 투자하는 것이기에 냉철한 기준으로 투자할 가치가 있는지 판단해야 한다.

14개 기업의 과거 배당은 어땠을까? 모범적인 기업을 파헤치는 것이 조금 미안하지만 피 같은 내 돈을 투자할지 고민해야 하는 중요한 부분이니 과거 10년 동안의 배당내역을 확인해보자. 14개 기업 중 10년 이상 배당을 지급한 기업은 10곳이며, 그중에서 배당 삭감 없이 동결 혹은 증가해온 기업은 5개다. 나열해보면 삼성전자, SK텔레콤, CJ제일제당, 한온시스템, 효성ITX다.

삼성전자는 2020년 특별배당 때문에 2021년 배당 삭감이 된 것처럼 보이지만 예외로 처리했다. 5개 기업은 코로나19로 경제 상황이 좋지 않음에도 불구하고 배당금을 삭감하지 않았다. 앞으로 다른 위기가 찾아와도 배당 삭감에 대한 우려는 다른 기업에 비해 작다고 볼 수 있다.

한국 분기배당 기업 중 10년 동안 좋은 성적을 이뤄낸 5개 기업 중 우량기업 3개를 추가로 자세히 살펴볼 테니 미국 배당기업과 비교해보자.

국내 분기배당 기업

분기배당 기업	10년↑ 배당기업	배당삭감 × 배당기업
삼성전자 SK하이닉스 POSCO홀딩스 KB금융 신한지주 SK텔레콤 CJ제일제당 한온시스템 쌍용C&E 씨젠 한샘 아이마켓코리아 효성ITX 삼양옵틱스	삼성전자 POSCO홀딩스 KB금융 신한지주 SK텔레콤 CJ제일제당 한온시스템 한샘 아이마켓코리아 효성ITX	삼성전자 SK텔레콤 CJ제일제당 한온시스템 효성ITX

1) 삼성전자

삼성전자는 우리가 잘 알고 있는 기업으로, 반도체를 기반으로 가전제품, 스마트폰, 음향기기 제조 및 판매하는 회사다. 2023년 매출 비중을 살펴보면 1위는 스마트폰과 냉장고 같은 가전제품으로 72%의 비중을 차지한다. 2위는 반도체 21%, 3위는 OLDE 패널 분야로 10%다.

생각보다 반도체 비중이 작다고 생각할 수 있지만 삼성전자에서 반도체는 뿌리가 되는 산업으로 중요한 역할을 한다. 삼성전자의 반도체는 독보적인 기술력으로 세계 메모리반도체 D램 시장 점유율 1위이며, 반도체 파운드리 시

삼성전자 기업정보

기업명	삼성전자 (005930)	배당지급	4, 5, 8, 11월	배당증가연수	0년
배당률	2.21%	배당성향	17.92%	배당성장률(5년)	0.50%
한줄평		글로벌 시장에서 잘나가는 국민기업 삼성전자			

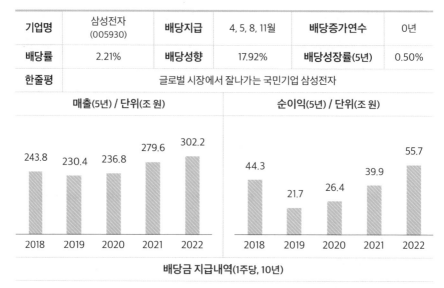

매출(5년) / 단위(조 원)

순이익(5년) / 단위(조 원)

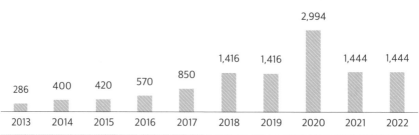

배당금 지급내역(1주당, 10년)

기준일: 2023.10.20

장에서는 TSMC 다음으로 2위를 차지하고 있다.

스마트폰 시장에서는 폴더블폰을 선보이며 2022년 점유율 80%까지 차지하는 멋진 성과를 보였다. 현재 점유율이 낮아지고 있지만 반대로 폴더블폰 수요가 증가하면서 매출에 좋은 영향을 미치고 있다. 반면에 배당 측면으로 2021년, 2022년 2년 연속 1주당 배당금 1,444원을 지급하면서 배당금을 동결했으며 최근 5년간 배당성장률이 1%가 되지 않는 저조한 성적을 보인다. 삼성전자는 성장과 배당, 두 마리 토끼를 잡기 위한 노력이 필요한 시점이다.

2) SK텔레콤

우리 삶에서 스마트폰은 이제 없어서는 안 될 존재가 됐지만 인터넷이 안 되는 스마트폰은 시계에 불가하다. SK텔레콤은 우리가 자유롭게 인터넷을 검색하고 재미있는 동영상을 시청할 수 있게 도와주는 고마운 존재다.

사업 부문은 크게 무선통신과 유선통신으로 구분되며 이동전화, 무선데이터, 정보통신사업이 무선통신 분야이고 전화, 초고속 인터넷, 데이터 및 통신망 임대 서비스가 유선통신에 해당한다. 매출 비중으로 보면 무선통신이 유선통신보다 3배 정도 크다. 생각해보면 휴대폰 비용으로 우리가 매달 지출하는 돈은 SK텔레콤의 매출이며 SK텔레콤의 건강한 현금 흐름의 원천이다.

앞으로 AI, 클라우드, 자율주행 등 4차 산업혁명이라 불리는 모든 것에서 통신이 빠질 수 없으며 SK텔레콤은 도심항공모빌리티(UAM) 분야에 큰 관심을 갖고 다양한 사업을 추진하고 있다.

2015년부터 6년간 배당금이 동결됐지만 최근 2년간 큰 폭으로 인상했다. 배당성향이 높아 추가 인상이 가능할지 지켜보는 게 투자 포인트다.

3) CJ제일제당

CJ제일제당 하면 국내 1위 식품회사로 '백설 하얀설탕'과 '비비고 만두'를

SK텔레콤 기업정보

기업명	SK텔레콤 (017670)	배당지급	4, 5, 8, 11월	배당증가연수	2년
배당률	6.84%	배당성향	79.33%	배당성장률(5년)	14.00%
한줄평		배당 많이 주는 예쁜 통신기업			

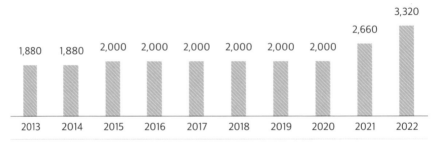

매출(5년) / 단위(조 원)

순이익(5년) / 단위(조 원)

배당금 지급내역(1주당, 10년)

기준일: 2023.10.20

떠올리는 사람이 많다. 식품 매출이 3분의 1 정도로 많은 비중을 차지하지만 물류(운송, 하역, 건설 등), 바이오(핵산, 아미노산 등), Feed&Care(배합사료, 축산물 등) 사업 부문이 더 있으며 연계성을 갖고 있다. 최근 K-푸드 열풍으로 비비고 브랜드가 세계로 확장해가는 모습은 과거 코카콜라를 연상시킨다. CJ제일제당은 글로벌 트렌드인 1인가구 증가와 간편식을 찾는 소비자의 니즈에 맞춰 영토를 넓히고 있으며, 비비고 브랜드는 전 세계 냉장고로 파고들고 있다.

배당 측면에서는 최근 3년간 배당금을 늘려왔지만 10년 동안 두 번의 배당금 동결이 있었다.

CJ제일제당 기업정보

기업명	CJ제일제당 (097950)	배당지급	4, 5, 8, 12월	배당증가연수	3년
배당률	2.02%	배당성향	14.80%	배당성장률(5년)	12.00%
한줄평	K-푸드 열풍에 비비고 만두를 들고 글로벌 시장으로 확장 중				

매출(5년) / 단위(조 원)

- 2018: 18.7
- 2019: 22.4
- 2020: 24.2
- 2021: 26.3
- 2022: 30.1

순이익(5년) / 단위(조 원)

- 2018: 0.9
- 2019: 0.2
- 2020: 0.8
- 2021: 0.9
- 2022: 0.8

배당금 지급내역(1주당, 10년)

- 2013: 1,800
- 2014: 2,000
- 2015: 2,500
- 2016: 2,500
- 2017: 3,000
- 2018: 3,500
- 2019: 3,500
- 2020: 4,000
- 2021: 5,000
- 2022: 5,500

기준일: 2023.10.20

아직 불안한 국내 1위 배당기업들

국내 대표 기업으로 반도체 1위 삼성전자, 통신 1위 SK텔레콤, 식품 1위 CJ제일제당을 살펴봤다. 장기적인 관점으로 배당기업에 투자할 때 중요한 투자 포인트 한 가지를 선택하라면 나는 주저 없이 배당성장률이라고 말한다. 얼마나 오랜 기간 매년 배당금을 늘려왔는지는 그 기업이 얼마나 돈을 꾸준히 잘 벌고 주주에게 배당금을 잘 배분해줬는지 단번에 알 수 있는 척도다.

그런데 안타깝게도 지금까지 소개한 국내 대표 기업 세 곳은 배당성장률 측면에서 좋은 점수를 받지 못한다. 국내 기업정보 배당지급 내역을 살펴보면, 삼성전자는 2018년 1주당 배당금 1,416원이었는데 2022년 1,444원으로 특별배당 제외하면 28원(2%) 증가했다. SK텔레콤은 2015년부터 2020년까지 6년간 1주당 배당금 2,000원으로 동결됐다.

그래도 가장 꾸준히 배당성장을 보인 기업은 CJ제일제당으로 2018년 1주당 배당금 3,500원에서 2022년 5,500원으로 연평균 배당성장률 12%를 보여줬다. 국내 배당기업과 반대로 미국의 배당기업 중에는 25년 연속 혹은 50년 연속 배당금을 인상해온 기업이 많다.

존슨앤존슨이 61년째 배당금을 매년 증가했는데 관심을 갖지 않을 이유가 없지 않은가? 심지어 배당 왕족주와 귀족주의 배당성장률을 체크해보면 배당성장률 편차가 크지 않은 것을 알 수 있다. 그만큼 변동성이 적은 것이고 안정적인 배당을 받을 수 있는 조건이 형성돼 있다는 이야기다.

당신이라면 애국심을 갖고 불안한 국내 배당기업을 선택할 것인가, 아니면 수십 년째 배당금을 늘려온 믿음직한 미국 배당기업을 선택하겠는가? 확률적인 사고가 필요한 순간이다!

원고를 수정하는 지금 한국 은행주들이 분기배당을 시작한다는 소식이 전해졌다. 앞으로 한국 배당기업들이 분기배당에 동참하길 바라는 마음으로 응원해본다.

> • 국내 분기배당 기업 TOP 5: 삼성전자, SK텔레콤, CJ제일제당, 한온시스템, 효성ITX
> • 미국 배당기업에 비해 다소 불안한 한국 배당기업

DAY | 13

적은 돈으로 쉽게 시작하는 ETF 투자

유튜브 '수페TV' 채널에서 관련 영상 함께 보기

● 투자에는 언제나 위험이 존재한다. 분산투자는 이런 투자 위험성을 최소화할 수 있는데, 내가 생각하는 분산투자에서 유의할 점을 한번 정리해보고 이를 주식투자에도 적용해보자.

- _____
- _____
- _____
- _____
- _____
- _____
- _____

적은 돈으로 큰 투자

해가 뜨면 필연적으로 그림자가 생기듯이 투자로 발생된 수익 이면에는 언제나 리스크가 존재한다. 배당을 많이 줘서 투자했는데 주가가 하락해 오히려 손실이 발생할 수 있고, 믿었던 기업이 배신하는 경우도 더러 있다.

미국 통신기업 AT&T는 36년 동안 안정적인 배당을 지급하는 귀족주로 유명했지만 2021년 5월 워너미디어 분사와 배당 삭감 소식을 전해 투자자에게 아쉬움을 전했다. 투자에서 리스크는 빼놓을 수 없는 존재지만 줄이는 방법이 있다. 미래 전망이 좋다고 판단된 기업이 10개라면 그중에 하나가 아닌 10개 모두에 투자하는 것이다. 무식해 보이지만 수학적 확률을 이용한 투자는 우리를 승자로 만들어준다. 즉 분산투자를 통해 리스크를 줄이는 방식으로, 10개 중 2개가 하락하고 8개가 오르면 성공하는 간단한 산수다. 수익률에 따라 다르겠지만 분산투자만큼 좋은 대안은 찾기 힘들다.

그런데 10개 기업을 매수하려면 얼마의 돈이 필요할까? ASML홀딩 1주에 600달러이고 브로드컴 1주에 876달러다(기준일: 2023년 10월 20일). 2개 기업을 1주씩만 매수해도 200만 원 정도의 돈이 필요하며, 이런 기업 10개를 매수한다면 적어도 800만 원 이상은 있어야 한다. 매달 적립식으로 투자를 생각한 사람이라면 등골이 빠지는 투자가 될 것이다.

이래서 분산투자는 부자들만 가능한 투자라고 생각하는 사람이 많지만 우리에게는 또 다른 대안이 있다. 그것은 바로 상장지수펀드(ETF, Exchange Traded Fund)로 투자하는 것이다. 대표적인 예로 미국 S&P500 지수를 추종하는 IVV ETF가 있다. IVV는 뉴욕증권거래소에 상장된 우량기업 500개를 모아놓은 것으로, IVV 1주를 매수하면 500개의 기업에 투자한 효과를 발휘할 수 있으며, 1주 가격이 430달러로, 50만 원대로 매수할 수 있다.

조금 더 적은 가격으로 시작하고 싶다면 SPLG ETF가 있다. 이는 동일한 S&P500 지수를 추종하기 때문에 수익률은 동일하게 움직이며, 1주당 가격은 50달러로 6만 원대로 구매 가능하다. 6만 원으로 애플과 테슬라 같은 성장기업부터 코카콜라와 로우스 같은 배당기업까지 500개나 되는 회사에 투자할 수 있으니 얼마나 좋은 투자인가? 적은 돈으로 큰 투자를 할 수 있다는 것이 ETF 투자의 가장 큰 장점이다.

ETF 투자 전에 꼭 확인해야 할 다섯 가지

미국에 상장된 ETF는 총 3,283개이며 지금도 새로운 ETF가 계속 상장되고 있다. 투자 분야로 보면 주식, 채권, 원자재 등 다양하게 있으며, 잘만 찾으면 내 입맛에 맞는 ETF를 선택할 수 있다. 주식 ETF 중에서도 혁신, 성장, 배당, 테마 등 세분화되며 지금 우리에게 필요한 것은 배당 ETF다. 넓은 ETF 시장에서 길을 잃지 않으려면 투자 전에 꼭 확인해봐야 할 다섯 가지 항목이 있으니 하나씩 살펴보자.

첫 번째는 ETF의 '상장일'이다. 우리에게 생일이 있듯이 ETF도 처음 상장한 날이 있다. ETF 상장 이후 경제 흐름을 살펴보면 기업이 어떻게 살아왔는지 짐작할 수 있다. 앞에서 잠깐 소개한 S&P500 지수 추종 ETF인 IVV의 상장일을 보면 2000년 5월 15일이다.

2000년은 주식시장에서 암흑기로 10년에 한 번꼴로 찾아오는 경제위기가 발생한 시기다. 그 당시 닷컴버블이 발생해 IT 기업들을 중심으로 주가가 엄청나게 하락했다. IVV는 그 힘든 시기에 등장한 ETF이며 상장 이후 2002년 9월까지 40% 폭락했다. 2008년에는 부동산 중심으로 리먼 사태가 발생했고, 최근 2020년에는 팬데믹으로 역시나 힘든 시기를 겪었다.

IVV는 그런 힘든 시기를 세 번이나 겪고도 상장폐지되지 않고 살아남았다. 어떤 이유에서든 간에 투자자들이 IVV를 꾸준히 거래했다는 뜻이니, 앞으로 또 다른 경제위기가 찾아와도 IVV ETF는 살아남을 가능성이 높다. 그렇기 때문에 상장한 지 오래된 ETF는 경제위기를 극복한 경험치를 인정해줘야 한다. 그것을 확인하기 위해 ETF의 상장일을 체크하자.

두 번째는 ETF에 투자하면 내기 싫어도 줘야 하는 '총보수'다. 기업에 직접 투자한다면 운용비를 지불할 필요가 없지만 ETF는 다양한 기업을 모아서 관리해주기 때문에 비용이 발생할 수밖에 없다.

실제 ETF를 가지고 이야기해보자. S&P500 지수를 추종하는 ETF는 총 4개로 SPY, VOO, IVV, SPLG가 있다. 총보수를 살펴보면 SPY 0.09%이고 나머지는 0.03%다. 그렇다면 같은 지수를 추종하는 ETF인데 군이 총보수가 비싼 SPY ETF에 투자할 필요가 있을까? 같은 지수를 추종한다는 말은 수익률과 배당률 모두 동일하다는 이야기다. 운용사에 따라 오차율과 괴리율로 조금씩 차이는 있겠지만 근본적으로 사용하는 지수는 동일하다. 그렇다면 우리는 총보수가 저렴한 VOO, IVV, SPLG 중에 선택하면 된다. 그런데 얼마 전 SPLG가 총보수를 0.03%에서 0.02%로 내렸다. 투자자를 유혹하기 위한 운용사의 대담한 행동이다. 운용사들이 가격 경쟁을 한다면 우리는 그중에 저렴한 총보수를 내놓는 ETF에 투자하며 이득을 챙기면 그만이다. 현재로서는 SPLG가 가장 저렴한 S&P500 지수 추종 ETF다.

총보수는 매도할 때 따로 지불하는 것인지 종종 묻는 사람이 있다. 간단히 말하면 총보수는 별도로 지불하는 형태가 아니다. 단가에 녹아 있기 때문에 매일 날일로 단가에 적용되며 따로 신경 쓰지 않아도 된다. 추가로 보통 일반 ETF의 총보수는 0.03~0.30% 정도이고 테마 혹은 레버리지 ETF 같은 경우에는 0.5~0.9% 정도인 것을 알고 있자.

세 번째는 ETF의 '자산 규모'다. 자산 규모가 크다는 것은 그만큼 인기 있는 상품이라는 뜻이다. 반대로 자산 규모가 작다면 총보수가 높거나 투자 매력이 낮은 것이다. 여러 ETF를 비교한다면 고려해야 할 것이 하나 더 있다. 사례를 들어보면 월배당 ETF인 DIA와 JEPI의 자산 규모를 살펴보면 DIA는 310억 달러이고, JEPI는 288억 달러다(기준일: 2023년 7월 30일). 자산 규모로 보면 DIA ETF가 더 크기 때문에 좋고 안전해 보인다.

하지만 상장일을 살펴보면 DIA 1998년, JEPI 2020년이다. 어떤 차이인지 알겠는가? DIA ETF는 25년 동안 자산이 310억 달러가 된 것이고, JEPI ETF는 3년 동안 288억 달러가 된 것이다. DIA에게는 8배나 많은 시간이 있었지만 자산 규모는 8배 많지가 않다. 심지어 얼마 지나지 않아 자산 규모는 추월당할 것이다. 이렇기 때문에 다양한 ETF를 비교할 때는 상장일을 함께 체크해야 한다. 단독으로 하나의 ETF를 검토할 때는 자산 규모가 최소 5억 달러 이상인지 확인하자.

네 번째는 가장 중요한 부분으로 ETF가 담고 있는 '투자 기업'이다. ETF 투자는 결국 그 속에 어떤 기업을 품고 있는지에 따라 수익과 배당이 결정된다. "투자자들이 ETF를 많이 매수했을 때 주가가 올라가고 갑자기 매도가 쏟아지면 ETF 주가가 폭락하나요?"라고 묻는 사람들이 있다. 답부터 말하면 '그렇지 않다.' ETF는 담고 있는 기업의 주가 변동에 따라 움직이지 ETF 매매에 따라 움직이지 않는다. 파는 사람이 많으면 ETF 운용사에서 그만큼 매수한다. 반대로 매수자가 많으면 ETF 운용사에서 또다시 매도한다.

이처럼 운용사에서는 투자 기업을 모아놓은 지수와 동일하게 움직이기 위해 노력하고 실제로 지수를 추종한다. 그렇기 때문에 ETF를 볼 때 투자하고 있는 기업이 어떻게 구성되어 있는지, 비중은 얼마나 되는지가 중요하다.

S&P500 지수를 추종하는 IVV ETF를 보면 투자기업은 500개이고, 시가총액 가중 방식으로 500개 기업 중에 시가총액이 높은 순서대로 비중이 크다. 실제 투자기업의 비중을 보면 애플 7.1%, 마이크로소프트 6.7%, 아마존 3.3%, 엔비디아 3.0% 등이 있다. IVV ETF에 투자하면서 애플을 별도 기업으로 투자하고 있다면 일부 중복이 일어나는 것이니 알고 투자해야 한다.

마지막 다섯 번째는 '과거 성적'이다. ETF의 대표적인 성적은 연평균 수익률과 배당률이다. 과거 수익이 미래를 보장해주지 않지만 운영을 어떻게 해왔고, 앞으로 어떻게 진행될지 예상할 수 있는 토대가 된다.

예를 들어 IVV가 과거 10년간 연평균 수익률이 11.8%라면 앞으로도 그럴 가능성이 크다. 과거 10년간 배당률을 살펴보면 1.3~2.5% 사이의 배당률을 지급해왔기 때문에 앞으로도 같은 구간에서 지급할 가능성이 크다.

이렇게 과거 데이터를 가지고 미래 수익률을 예상해볼 수 있다. 이 책에서 소개하는 시뮬레이션 결과 또한 모두 과거 데이터를 기반으로 만들었으며, 미래의 희망적인 배당금 청사진을 제공한다.

ETF 투자 전에 지금까지 이야기한 다섯 가지 항목(상장일, 총보수, 자산 규모, 투자기업, 과거성적)을 점검하는 건 선택이 아닌 필수다. 매수하고 나서 찾아보면 이미 늦은 것이니, 꼭 매수 전에 비교하고 내게 맞는 종목을 찾아서 투자하자.

다음 장에서 배당투자자에게 필요한 미국 ETF를 하나씩 소개해보겠다.

• ETF 투자 전 꼭 확인해야 할 다섯 가지: 상장일, 총보수, 자산 규모, 투자 기업, 과거 성적

미국 대표 S&P500 ETF

유튜브 '수페TV' 채널에서 관련 영상 함께 보기

● 다음은 S&P500 상위 50개 기업이다. 생소한 기업에 동그라미를 치고, 산업 분야나 주가, 주요 상품 등을 분석해보자. (기준일: 2023년 11월 1일)

애플	일라이릴리	쉐브론	액센추어	인텔
마이크로소프트	엑슨모빌	애브비	린드	월트디즈니
아마존	JP모건	코스트코홀세일	넷플릭스	웰스파고
엔비디아	비자	어도비	뱅크오브아메리카	코노코필립스
알파벳A	존슨앤존슨	월마트	화이자(파이저)	버라이즌 커뮤니케이션스
메타플랫폼	P&G	펩시코	써모피셔사이언티픽	암젠
알파벳C	브로드컴	코카콜라	컴캐스트	필립모리스인터내셔널
버크셔헤서웨이	마스터카드	시스코시스템스	애보트래보라토리	인튜이트
테슬라	홈디포	세일즈포스	오라클	IBM
유나이티드헬스그룹	머크	맥도날드	어드밴스드마이크로디바이시스	텍사스인스트루먼트

S&P500을 추종하는 미국 대표 ETF

미국에 상장된 ETF 중에 자산 규모 TOP 3를 차지하고 있는 ETF는 모두 S&P500 지수를 추종하는 종목이다(1위: SPY $398, 2위: IVV $348, 3위: VOO $327, 기준일: 2023년 10월 20일). 앞에서 IVV를 얘기하며 S&P500에 대해 간단히 설명했지만 조금 더 자세히 살펴보자.

S&P500 지수를 추종하는 ETF 3개의 자산 규모를 합하면 1조 730달러로 원화로 1423조 원에 달하는 금액이다. 감을 잡기가 어려울 수 있는데 국내 시가총액 1위인 삼성전자 3개를 합한 것보다 많다. SPY, IVV, VOO, 각 ETF가 삼성전자 이상의 자산 규모를 가지고 있으니 미국 국가대표 ETF의 자격을 갖췄다고 볼 수 있다.

S&P500은 한국의 코스피처럼 미국을 대표하는 지수로 기업 규모, 유동성, 산업 대표성을 감안해 선정된 기업 500개로 구성돼 있다(S&P500 구성: 공업주 400종목, 금융주 40종목, 공공주 40종목, 운수주 20종목).

비중이 높은 TOP 20 기업을 살펴보면 성장주와 가치주가 함께 섞여 있는 것을 알 수 있다. 시가총액이 큰 빅테크 기업이 상위권을 차지하고 있지만, 존슨앤존슨과 P&G 같은 배당 왕족주도 당당하게 한자리 차지하고 있다.

여기서 질문! 시가총액 상위 20개 기업 중에 배당을 지급하는 기업은 몇 개일까? 정답은 14개다! 1, 2위를 차지하는 애플과 마이크로소프트를 비롯해 비자와 마스터카드도 배당을 지급한다. 이제부터 성장 기업이라고 배당금을 지급하지 않을 것이라는 고정관념은 버리고, 성장과 배당이라는 두 마리 토끼를 잡는 멋진 투자자가 되자.

S&P500 지수 추종 ETF의 대표는 SPY ETF로 일명 '스파이'라고 부른다. ETF의 시작을 알린 SPY는 1993년에 상장해 가장 오래된 역사를 갖고 있으며 그만큼 자산 규모도 가장 크다. 그런데 이런 역사를 가졌고 사람들이 많이 거론한다는 이유만으로 S&P500 ETF 중에 SPY를 선택하는 것은 좋지 않다.

앞에서 소개한 'ETF 투자 전 꼭 확인해야 할 다섯 가지'의 기준에 맞춰서 S&P500 지수를 추종하는 ETF 4개(SPY, IVV, VOO, SPLG) 중에 어떤 ETF가 좋은지 살펴보자. 다섯 가지 항목을 다시 언급해보면 ① 상장일, ② 총보수, ③ 자산 규모, ④ 투자 기업, ⑤ 과거 성적이다. 4개 ETF 모두 S&P500 지수를 추종하는 ETF이기 때문에 투자 기업과 과거 성적은 동일하며, 상장일은 신경 쓰지 않아도 된다.

그렇다면 총보수와 자산 규모, 두 가지를 확인하면 된다. 자산 규모가 가장 적은 ETF는 SPLG로 197억 달러다. 너무 적다고 생각할 수 있지만 원화로 26조 원이 넘는 자산으로 우리가 투자하기에 손색없는 규모다.

그럼 단 한 가지만 비교하면 된다는 결론에 도달하게 되는데, 그건 결국 총보수다. SPY ETF의 총보수는 0.09%로 다른 3개 ETF보다 3배나 높다. 군이 돈을 더 지불하며 투자할 필요 없지 않은가? SPLG는 SPY와 동일한 운용사이며 SPY의 미니 버전이다. SPLG가 있기 때문에 SPY는 군이 총보수를 내리지

S&P500 TOP 20 기업

순위	기업명	순위	기업명	순위	기업명	순위	기업명
1	애플	6	테슬라	11	유나이티드헬스	16	P&G
2	마이크로소프트	7	메타플랫폼	12	일라이릴리	17	브로드컴
3	아마존	8	알파벳C	13	JP모건	18	마스터카드
4	엔비디아	9	버크셔헤서웨이	14	존슨앤존슨	19	홈디포
5	알파벳A	10	엑슨모빌	15	비자	20	쉐브론

기준일: 2023.10.20

않는 것이 아닐까 싶다. 그럼에도 아직도 SPY를 모아가는 투자자가 많은데 주변에 그런 친구가 있다면 '비싸게 매수하고 있다'고 꼭 이야기해주길 바란다.

결론적으로 IVV, VOO, SPLG, 3개 ETF 중에 선택하면 되는데 앞에서 이야기했듯이 SPLG가 총보수를 0.03%에서 0.02%로 내렸다. 2023년 10월 20일 기준으로 S&P500 지수를 추종하는 ETF 중에 SPLG가 가장 저렴한 ETF다. 앞으로 운용사별 총보수와 관련해 치열한 경쟁이 시작될 것으로 보이니 투자하는 시점에 꼭 다시 확인해보길 바란다.

추가로 SPLG는 1주당 가격이 낮기 때문에 적립식으로 모아가기 좋은 종목이다. 혹은 신뢰하는 운용사가 뱅가드라면 VOO를 선택해도 괜찮다. 추가로 나스닥100 지수를 추종하는 QQQ ETF 또한 SPLG처럼 QQQM 이라는 미니 버전이 있다. 상장한 지 오래 안 됐지만 QQQ와 같은 지수를 추종하니 총보수만 확인하면 된다. QQQ의 총보수는 0.20%이고 QQQM의 총보수는 0.15%로 QQQM이 0.05% 더 저렴하다. 그러므로 나스닥100 지수 추종 ETF

S&P500 적립식 투자(총자산&배당금)

항목	SPY	IVV	VOO	SPLG
운용사	스테이트 스트리트	블랙록	뱅가드	스테이트 스트리트
자산 규모	$397.62B	$347.98B	$327.16B	$19.71B
상장일	1993.01.22	2000.05.15	2010.09.07	2005.11.08
총보수	0.09%	0.03%	0.03%	0.02%
투자 기업 수	505	503	505	505
배당지급	분기배당			
특징	가장 오래된 ETF	수수료 따라서 내린 ETF	수수료 0.03%로 낮춘 장본인 ETF	SPY 미니 버전
배당률	1.55%	1.58%	1.61%	1.60%
배당성장률 (5년)	5.35%	5.77%	6.10%	4.46%
수익률 (5년)	10.92%	10.97%	10.96%	11.12%

투자를 고려하고 있다면 QQQ아닌 QQQM을 선택하자!

10만 원으로 자산 26억 원 + 배당금 683만 원 만드는 방법

과거 IT 버블(2000년), 리먼 사태(2008년), 팬데믹(2020년) 등 경제위기가 반복적으로 발생했음에도 불구하고 미국 주식시장은 우상향을 그려왔다. 장기적인 관점에서 투자를 지속한다면 우리의 자산은 복리로 불어날 수밖에 없다는 말이다.

심플하고 강력한 투자 결과지만 이런 투자를 10년, 20년 지속하는 개인 투자자는 생각보다 드물다. 그래서 투자가 어려운 것인데 꾸준히 실천할 수 있도록 적은 돈으로 시작해보는 것은 어떨까? S&P500에 10만 원씩 매달 꾸준히 투자한다면 배당금이 얼마나 되고 총자산은 얼마나 불어나는지 계산해보자. 시뮬레이션을 돌려보면 장기투자의 원동력이 되기 때문에 이런 데이터를 자주 접하길 권장한다.

계산을 위해 필요한 세 가지 데이터를 정리해보면, 최근 5년간 S&P500은 수익률 연평균 11.0% 상승했고 배당성장률은 6.0%이며 현재 배당률은 1.5%다. 결과를 보자! 지금부터 매달 10만 원씩 꾸준히 투자한다면 10년 뒤 배당금이 연 21만 원밖에 안 된다고 속상할 수 있다. 월로 환산하면 2만 원도 안 되는 돈이니 삼겹살도 사 먹기 힘든 돈이다.

10년간 무엇을 했나 허탈할 수 있지만 총자산을 생각해보자. 10년 뒤 총자산은 2,000만 원, 20년 뒤 9,000만 원, 30년 뒤 2억 8,000만 원, 40년 뒤 8억 7,000만 원, 50년 뒤 26억 2,000만 원이 된다. 10만 원의 작은 물방울이 영원히 깨지지 않을 것 같은 바위를 50년간 끊임없이 내려치니 26억 원이라는 구

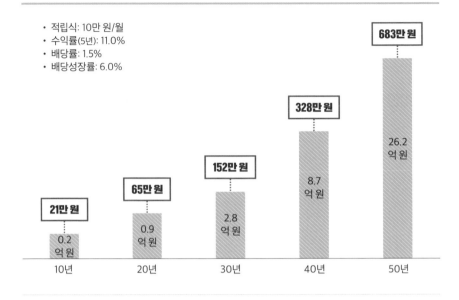

S&P500 적립식 투자(총자산&배당금)

- 적립식: 10만 원/월
- 수익률(5년): 11.0%
- 배당률: 1.5%
- 배당성장률: 6.0%

	10년	20년	30년	40년	50년
배당금	21만 원	65만 원	152만 원	328만 원	683만 원
총자산	0.2억 원	0.9억 원	2.8억 원	8.7억 원	26.2억 원

멍이 생겼다.

이처럼 복리효과는 시간이라는 무기가 장착되면 물로 바위를 뚫는 효과를 발휘한다. 배당금도 50년이 지나면 683만 원까지 증가하며 시간이 갈수록 복리의 마법은 우리가 생각하는 이상의 숫자를 보여준다. 그렇기 때문에 투자는 복리로 불어날 수 있는 자산을 기반으로 오랜 시간 가져가야 한다.

매일 달리기를 하면 건강에 도움되는 것은 알지만 실천하기 힘들듯 건강한 투자도 마찬가지다. 하지만 습관으로 자리 잡으면 그 무엇보다 경제적으로 건강한 삶을 살 수 있게 되니 복리투자를 내 것으로 만들어보자.

적립식 투자는 월 10만 원이 아닌 20만 원, 50만 원, 100만 원으로 늘려도 된다. 투자자 개인의 소득과 소비에 따라 전략을 세우면 된다. 엑셀로 배당소득세를 제외하고 받은 배당금을 재투자하는 로직을 짜고 복리 계산기를 만들면 좋겠지만, 생각보다 이런 작업은 귀찮고 어렵다. 그래서 지금 간단히 계산할 수 있는 방법을 알려주겠다.

앞에서는 월 10만 원으로 계산했으니 월 20만 원 적립식 투자를 한다면 곱하기 2를 하면 된다. 끝! 정말 간단하지 않은가? 예를 들어 월 20만 원씩 S&P500에 적립식 투자를 한다면 10년 뒤 총자산 4,000만 원(2,000만 원×2)이고 배당금은 42만 원(21만 원×2)이 된다. 30년 뒤에는 총자산 5억 6,000만 원(2.8억 원×2)에 배당금 304만 원(152만 원×2)이 된다. 30만 원이면 3배, 50만 원이면 5배를 곱하면 된다. 같은 복리의 마법이 일어나기 때문에 그래프 비율이 같은 배수로 움직인다.

나의 투자 가능 금액을 고려해 배수를 높여 계산하면 그만이다. 설레는 마음으로 지금 내가 매달 투자할 수 있는 금액을 생각하고, 바로 스마트폰 계산기로 곱하기를 해보자. 실천만 한다면 그 숫자는 당신의 미래가 될 것이다!

- S&P500 ETF: SPY, IVV, VOO, SPLG
- 총보수를 고려해 SPY는 제외하고 IVV, VOO, SPLG 중에 선택하며 현재 총보수가 가장 저렴한 ETF는 SPLG(0.02%)다.
- 월 10만 원으로 놀라운 복리투자를 경험해보자!

내 연봉보다
빠르게 성장하는 배당 ETF

유튜브 '수페TV' 채널에서 관련 영상 함께 보기

체크리스트

● 작년보다 올해 소득이 얼마나 늘었는가? 최근 5년간 나의 연소득 인상률을 체크해보자. 매년 인상된 소득과 아래 기업의 배당성장률을 비교해 나의 소득 인상률은 어느 기업의 배당성장과 비슷한 수준인지 알아보자.

연도	2019년	2020년	2021년	2022년	2023년
소득(월)					
급여 인상률					

기업명	월마트	코카콜라	P&G	맥도날드	스타벅스
배당인상률 (5년 평균)	1.9%	3.4%	5.6%	8.5%	10.9%

내일이 기대되는 배당성장 ETF

밝은 미래를 생각하며 투자한다면 배당성장률만큼 중요한 지표가 있을까? 과거 배당을 꾸준히 늘려온 브로드컴, 펩시, 애브비 같은 회사를 앞에서 열심히 찾았지만, 그런 기업을 모아서 한 번에 투자할 수 있다면 얼마나 좋을까?

지금부터 배당을 꾸준히 늘려온 기업을 모아서 투자하는 ETF를 소개하겠다. 대표적인 배당성장 ETF는 총 4개로 VIG, SCHD, NOBL, DGRO가 있다. 각 ETF의 특징을 살펴보고 그중에 현재 가장 매력적인 배당성장 ETF를 하나 뽑아보자.

1) VIG ETF

VIG는 뱅가드에서 운영하는 상품으로 10년 이상 연속으로 배당을 늘려온 기업 316곳에 투자하는 ETF다. 기업을 선별하는 과정 중에 배당률 상위 25%에 포함된 회사를 제외하는데, 이는 고배당의 함정을 피하고 현재 배당률보다 지속적인 배당성장에 포커스를 맞춘 것임을 알 수 있다.

게다가 고배당을 제외하고 연속적인 배당 증가에 집중했기 때문에 전체 배당률이 다소 낮을 수 있다. 심지어 배당을 지급하는 성장 기업도 포함되어 있다. 대표적인 성장 기업으로 마이크로소프트(MSFT)와 애플(AAPL)이 있으며, 2개 기업 모두 10년 넘게 배당을 늘려온 회사다.

섹터로 나눠보면 기술 23%, 금융 18%, 헬스케어 18% 순으로 배당뿐만 아니라 성장의 모습도 갖고 있다. 현재 배당률은 2.06%이고 5년 평균 배당성장

VIG ETF 기본정보

종목명	VIG	배당지급	3, 6, 9, 12월	총보수	0.06%
배당률	2.06%	자산 규모	$68.81B	배당성장률(5년)	9.52%

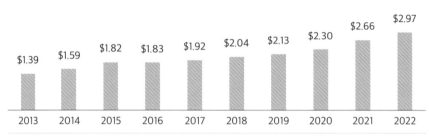

투자 기업 TOP 5

배당금 지급내역(1주당, 10년)

기준일: 2023.10.20

률은 9.52%이며 같은 기간 연평균 수익률은 10.2%으로 낮은 배당률을 수익률로 보상해준다.

2) SCHD ETF

SCHD는 찰스 슈왑에서 운영하는 상품으로 10년 이상 연속으로 배당을 늘려온 기업 100곳에 투자하는 ETF다. VIG과 동일한 것 같지만 SCHD는 현재 배당률이 높은 순서로 나열해 그중에서 채무 부담과 수익성을 고려해 투자 기업을 선별한다.

대표적인 기업으로 암젠(AMGN), 애브비(ABBV), 브로드컴(AVGO)이 있으

SCHD ETF 배당내역

종목명	SCHD	배당지급	3, 6, 9, 12월	총보수	0.06%
배당률	3.78%	자산 규모	$47.47B	배당성장률(5년)	13.69%

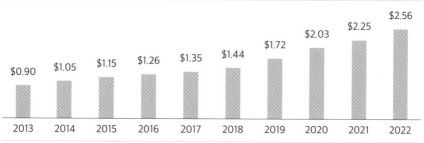

투자 기업 TOP 5

AMGN	CVX	ABBV	AVGO	MRK
4.7%	4.2%	4.2%	4.1%	3.9%

배당금 지급내역(1주당, 10년)

2013	2014	2015	2016	2017	2018	2019	2020	2021	2022
$0.90	$1.05	$1.15	$1.26	$1.35	$1.44	$1.72	$2.03	$2.25	$2.56

기준일: 2023.10.20

며, 3개 기업 모두 배당성장률이 높은 회사다. 섹터로 나눠보면 산업 18%, 헬스케어 17%, 금융 16% 순으로 배당성장에 포커스를 맞춘 모습이다. 현재 배당률은 3.78%이고 5년 평균 배당성장률은 13.69%다. 같은 기간 연평균 수익률은 10.4%로 배당과 성장 모두 갖춘 ETF다.

3) DGRO ETF

DGRO는 블랙록에서 운영하는 상품으로 5년 이상 연속으로 배당을 늘려온 기업 447곳에 투자하는 ETF다. 배당성장에 투자하는 ETF이지만 회사가 벌어들인 수익의 75% 이하로 배당을 지급하는 기업을 선별한다. 배당만큼 중

DGRO ETF 배당내역

종목명	DGRO	배당지급	3, 6, 9, 12월	총보수	0.08%
배당률	2.31%	자산 규모	$23.10B	배당성장률(5년)	10.64%

투자 기업 TOP 5

헬스케어 20%
금융 18%
기술 16%

3.1% MSFT
3.0% XOM
2.9% JPM
2.9% AAPL
2.8% JNJ

배당금 지급내역(1주당, 10년)

$0.26 2014
$0.65 2015
$0.66 2016
$0.71 2017
$0.81 2018
$0.93 2019
$1.03 2020
$1.07 2021
$1.17 2022

기준일: 2023.10.20

요한 것이 회사 자체의 성장이기 때문이다.

대표적으로 마이크로소프트(MSFT)와 엑슨모빌(XOM)이 있으며 배당과 성장기업이 함께 포진되어 있는 것을 알 수 있다. 섹터로 나눠보면 헬스케어 20%, 금융 18%, 기술 16% 순으로 배당뿐만 아니라 성장의 모습도 갖고 있다.

현재 배당률은 2.31%이고 5년 평균 배당성장률은 10.64%다. 같은 기간 연평균 수익률은 9.3%로 배당과 성장의 고른 밸런스를 보여준다.

4) NOBL ETF

NOBL는 프로셰어즈에서 운영하는 상품으로 25년 이상 연속으로 배당을

NOBL ETF 배당내역

종목명	NOBL	배당지급	3, 6, 9, 12월	총보수	0.35%
배당률	3.62%	자산 규모	$10.78B	배당성장률(5년)	6.03%

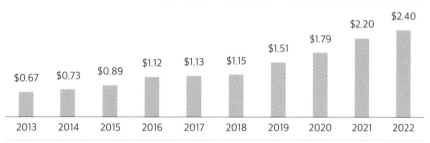

투자 기업 TOP 5

산업 24%
경기방어 22%
헬스케어 12%

AFL 1.9% / GD 1.9% / XOM 1.8% / CB 1.8% / CVX 1.8%

배당금 지급내역(1주당, 10년)

2013	2014	2015	2016	2017	2018	2019	2020	2021	2022
$0.67	$0.73	$0.89	$1.12	$1.13	$1.15	$1.51	$1.79	$2.20	$2.40

기준일: 2023.10.20

늘려온 배당 귀족에 해당되는 기업 67곳에 투자하는 ETF다. 대표적인 기업으로 제네럴다이나믹(GD)과 엑슨모빌(XOM)이 있으며, 2개 기업 모두 든든한 배당기업이다.

섹터로 나눠보면 산업 24%, 경기방어 22%, 헬스케어 12% 순으로 신뢰도 높은 배당기업에 포커스를 맞춘 모습이다. 현재 배당률은 3.62%이고 5년 평균 배당성장률은 6.03%다. 같은 기간 연평균 수익률은 8.5%으로 안정적인 배당과 수익을 갖춘 ETF다.

배당성장 ETF 4개를 살펴보면서 어느 ETF가 마음에 들었는가? 같은 지수를 추종하는 ETF가 아닌 경우에는 각 ETF에서 TOP 5를 차지하고 있는 투자

배당성장 ETF

항목	VIG	SCHD	DGRO	NOBL
운용사	뱅가드	찰스 슈왑	블랙록	프로셰어즈
자산 규모	$68.81B	$47.47B	$23.10B	$10.78B
상장일	2006.04.21	2011.10.20	2014.06.10	2013.10.19
총보수	0.06%	0.06%	0.08%	0.35%
투자 기업 수	316	100	447	67
배당지급	분기배당			
특징	배당성장 10년↑ 배당률 상위 25% 제외	배당성장 10년↑ 채무부담+수익성 고려	배당성장 5년↑ 배당성향 75%↓	배당성장 25년↑ 귀족주+왕족주
배당률	2.06%	3.78%	2.31%	3.62%
배당성장률(5년)	9.52%	13.69%	10.64%	6.03%
수익률(5년)	10.2%	10.4%	9.3%	8.5%

기준일: 2023.10.20

기업과 섹터의 비중을 보고 ETF의 성격을 파악하는 것이 중요하다.

그리고 괜찮은 ETF를 찾았다면 상장한지 얼마나 오래됐는지 자산 규모는 큰지 총보수는 저렴한지 등 배당성장 ETF 표의 내용을 점검한다. 앞에서 본 개별 ETF 내용은 속을 들여다본 것이라면 배당성장 ETF 표는 겉모습이다. 겉과 속을 모두 잘 둘러보고 내게 맞는 종목을 선택하자.

내게 맞는 배당성장 ETF를 찾아라

아직 어떤 ETF를 선택해야 할지 모르겠는가? 배당을 오랫동안 늘려온 기업에 신뢰를 느낀다면 NOBL, 높은 배당성장률을 중요시한다면 SCHD, 배당 기업뿐만 아니라 성장기업도 함께 가져가고 싶다면 VIG와 DGRO를 고려하면 된다.

투자에는 정답이 없다. 각자 투자성향에 맞게 결정하면 된다. 가장 중요한 것은 내게 맞는 종목을 찾고 흔들리지 않는 마음으로 장기간 투자해 복리효과를 누리는 것이다.

숫자를 좋아하는 나는 가장 높은 수익을 안겨줄 가능성이 높은 종목에 투자한다. 그럼 계산해보자! 과거 데이터를 기반으로 계산하기 위해 사용할 친구들은 배당률, 배당성장률, 주가 상승률이다. 지금부터 매달 100만 원씩 4개 ETF에 투자하면 10년 뒤 얼마의 배당금을 받고, 자산은 얼마나 증가할까?

10년간 투자된 원금은 ETF별로 1억 2,000만 원이다. 분기마다 받는 배당금은 재투자했을 때 배당소득세를 제외하고 실제로 계좌에 들어오는 배당금 기준으로 계산했다. 가장 많은 분기 배당금이 지급되는 순으로 SCHD는 216만 원, NOBL은 141만 원, DGRO는 105만 원, VIG는 90만 원이다.

쉽게 비교하기 위해 월배당으로 환산하면 SCHD는 72만 원, NOBL은 47만 원, DGRO는 35만 원, VIG는 30만 원이다. 배당률과 배당성장률 모두 높았던 SCHD의 배당금이 가장 높은 것은 당연한 결과다.

충격적인 것은 SCHD의 배당금 증가 속도다. 시간이 지날수록 다른 ETF와의 격차가 벌어진다. 꾸준히 투자해 20년이 지나면 월배당 기준으로 SCHD는 413만 원, NOBL은 159만 원, DGRO는 152 만 원, VIG는 116만 원이다.

SCHD와 VIG는 10년 차에 배당금 차이가 2.4배였는데 20년 차에는 3배 넘게 차이가 난다. 둘의 배당금 증가 속도는 국가대표와 일반인의 수영 시합처럼 시작부터 결과가 나와 있는 시합이다. 물론 지금까지의 배당성장률을 유지한다는 전제가 있어야 하기에 장담할 수는 없지만, 시뮬레이션처럼 진행될 가능성이 큰 것은 사실이다.

배당금이 의심스럽다면 주가 상승률을 체크해봐야 한다. 내게 주는 배당이 내 자산을 깎아서 지급하고 있는 것은 아닌지 계산해보자. 앞의 내용과 동

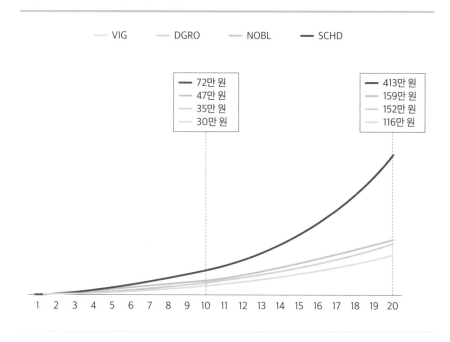

100만 원 적립식 투자, 월 배당금 시뮬레이션

— VIG   — DGRO   — NOBL   — SCHD

| 72만 원 |
| 47만 원 |
| 35만 원 |
| 30만 원 |

| 413만 원 |
| 159만 원 |
| 152만 원 |
| 116만 원 |

일하게 월 100만 원씩 적립식으로 10년간 투자했다면 각 ETF의 자산은 어떻게 변했을까?(과거 5년간 연평균 수익률 데이터 적용.)

총자산이 높은 순으로 보면 SCHD는 2억 1,142만 원, VIG는 2억 897만 원, DGRO는 1억 9,836만 원, NOBL은 1억 8,947만 원이 됐다. 비슷한 상승을 보인 것처럼 보이지만, 10년간 투자된 원금 1억 2,000만 원에서 수익률로 계산해보면 SCHD는 76%이고 NOBL은 58%다. 2개 ETF의 수익에 2,195만 원의 차이가 발생한 것이다.

4개 ETF의 연평균 수익률이 1% 정도밖에 차이가 나지 않아서 비슷한 상승을 보인 것 같지만, 복리로 쌓이는 수익률은 오래될수록 격차가 심해진다. 배당성장률도 마찬가지이므로 투자하기 전에 꼼꼼하게 따져보고 선택하자.

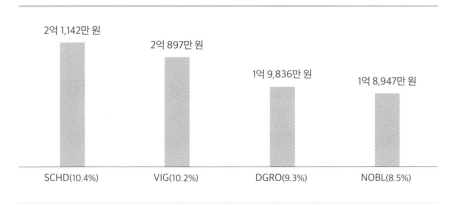

100만원 적립식 투자, 총자산 시뮬레이션

2억 1,142만 원 — SCHD(10.4%)
2억 897만 원 — VIG(10.2%)
1억 9,836만 원 — DGRO(9.3%)
1억 8,947만 원 — NOBL(8.5%)

- 배당을 오랫동안 늘려온 기업에 투자하는 ETF → NOBL
- 높은 배당성장률에 투자하는 ETF → SCHD
- 배당기업 + 성장기업에 함께 투자하는 ETF → VIG, DGRO

매달 날아오는 고지서를 배당금으로 퉁치다

유튜브 '수페TV' 채널에서 관련 영상 함께 보기

체크리스트

- 은행예금과 배당 성장주의 차이는 무엇일까? 5년 전 1억 원으로 SCHD와 예금에 5천만 원씩 투자했다고 가정해보자. 5년간의 이자수익과 배당금의 변화를 계산해보자. (은행이자: 5%, 이자성장률: 0% / SCHD 배당률: 3.78%, 배당성장률: 13.69%)

종목	1년 배당금(만 원)				
	2019년	2020년	2021년	2022년	2023년
SCHD	189				
예금	250				

(SCHD 배당금: 189→215→244→278→316, 예금 이자: 250→250→250→250→250,
이자수익과 배당금의 증가율은 복리로 계산해서 계산기에서 계산함.)

매달 배당받는 ETF

배당기업은 분기마다 배당금을 지급하는 구조가 대부분이다. 월급처럼 매달 배당금이 들어오면 현금흐름이 더 좋아질 텐데, 아쉬운 마음이 든다.

그런 우리의 니즈를 반영하듯 ETF에는 매월 배당을 지급하는 상품이 있다. 월배당 구조가 가능한 것은 운용사에서 다양한 배당기업에 투자하면서 불규칙하게 들어오는 배당금을 정리해서 매달 일정한 날에 배당금을 지급해주기 때문이다. 운용사에서 처리해야 하는 일이 많아 총보수는 조금 높을 수 있지만 매력적인 상품이다. 대표적인 월배당 ETF를 세 가지만 추려보자.

첫 번째는 'DIA'로 미국 3대 지수 중 하나이며 가장 오래된 다우존스산업지수를 추종하는 ETF다. 다우존스산업지수는 다우존스사가 선정한 미국 30개 대표기업을 표본으로 만든 지수로, 주가가 높은 기업일수록 큰 가중치를 부여하는 방식을 취하고 있다. 시가총액 가중 방식을 사용해 애플과 같은 기업의 비중이 높은 것이 일반적인데, DIA는 보험 관련 기업인 유나이티드헬스 주가가 527달러로 가장 높기 때문에 비중 또한 가장 많이 차지한다. 30개 기업을 선정하는 기준은 모호하기 때문에 신뢰가 떨어진다. 하지만 가장 오래된 지수인 만큼 과거 사례를 비교할 때 자주 등장하는 지수다.

두 번째는 'DGRW'로, 꾸준한 배당금과 수익성을 고려해 투자하는 ETF다. 총 300개 기업에 분산투자하고 있으며 기업을 선정하는 기준을 간단히 살펴보면, 시가총액 1억 달러 이상의 기업 중에서 지난 1년간 현금 배당을 지급하고 수익 성장 기대치가 좋은 기업을 선별한다. 안정적인 배당과 수익 성장이란 두 마리 토끼를 잡으려는 ETF이기 때문에 성장 측면에서 애플, 마이크로소프트, 엔비디아와 같은 빅테크 기업이 있고, 배당 측면에서 존슨앤존슨, P&G, 코카콜라와 같은 왕족주가 포함된 것이 인상적인 ETF다.

세 번째는 'SPHD'로, 배당률 높은 기업에 투자하는 ETF다. 투자 기업 선정 기준을 보면 S&P500에 포함된 기업 중에서 지난 1년간 배당률이 높은 기업 75개를 선별해, 그중에서 변동성이 낮은 50개 기업에 투자한다. 대표적인 기업으로 담배회사인 알트리아, 통신회사인 버라이즌과 AT&T, 리츠기업으로 리얼티인컴이 포함되어 있다. 잦은 주가의 움직임이 스트레스로 다가오는 투자자에게는 좋은 대안이 되는 ETF다.

월배당 ETF 3개(DIA, DGRW, SPHD)는 모두 다른 성향을 갖고 있기 때문에 무엇이 좋다고 말하기 힘들지만, 언제나 그렇듯 투자성향에 따라 구분할 수 있다. 우량한 기업에 투자하면서 매달 안정적인 배당구조를 원한다면 DIA ETF, 배당뿐만 아니라 주가 상승으로 발생한 시세차익도 고려한다면 DGRW ETF, 높은 배당금이 필요하다면 SPHD ETF가 좋다.

월배당 ETF

항목	DIA	DGRW	SPHD
운용사	스테이트 스트리트	위즈덤트리	인베스코
자산 규모	$27.99B	$8.37B	$2.88B
상장일	1998.01.14	2013.05.22	2012.10.18
총보수	0.16%	0.28%	0.30%
투자 기업 수	30	300	50
배당지급	월배당		
특징	다우존스	배당+성장	고배당
배당률	2.02%	1.94%	4.76%
배당성장률(5년)	5.48%	7.17%	2.57%
수익률(5년)	7.76%	10.91%	3.10%

기준일: 2023.10.20

월배당 ETF에게 통신비 5만 원 떠넘기기

이제 DIA, DGRW, SPHD의 배당률을 알고 있으니 얼마를 투자해야 통신비 5만 원을 ETF에게 떠넘길 수 있는지 계산할 수 있다. 각 ETF의 배당률을 체크해보면 DIA는 2.02%, DGRW는 1.94%, SPHD는 4.3%이므로 세후 월 5만 원이 되려면 DIA는 3,500만 원, DGRW는 3,640만 원, SPHD는 1,480만 원이 필요하다. 다시 말해 내가 1,480만 원을 SPHD에 투자하면 그 순간부터 평생 나의 통신비는 월배당 SPHD ETF가 대신 내준다는 것이다.

물론 배당률은 변동성이 존재하지만 비슷한 배당금을 지급할 가능성이 크다. 얼마나 아름다운 결과인가? 투자금액이 2배 이상 차이가 나기 때문에 배당만 생각하면 SPHD가 매력적이지만, 우리는 현명한 투자자이니 주가 또한 신경 써야 한다. 5년 전 SPHD와 DGRW에 동일하게 3,000만 원을 투자했다고 가정해보자. 어디에 투자하는 것이 가장 바람직했을까?

5년간의 투자 결과를 살펴보면, 매달 받는 배당금이 높은 순으로 SPHD가

5년 전 3,000만 원 투자 시 월배당 ETF의 총자산과 월 배당금

총자산 ▨ 월배당 ▨

	DIA	DGRW	SPHD
월배당	4.8만 원	5.0만 원	10.8만 원
총자산	4,417만 원	5,164만 원	3,502만 원

10만 8,000원, DGRW가 5만 원, DIA가 4만 8,000원이다. 역시 배당률이 높았던 SPHD가 가장 큰 금액의 배당금을 받는 것을 알 수 있다.

5년간 증가한 자산을 살펴보면, 총자산이 높은 순으로 DGRW가 5,164만 원, DIA가 4,417만 원, SPHD가 3,502만 원이다. SPHD는 월 배당금은 높지만 총자산은 5년간 502만 원밖에 증가하지 않았다. 반면 DGRW는 SPHD보다 자산이 1,662만 원 더 많이 증가했다. 왜냐하면 DGRW는 배당뿐만 아니라 성장기업도 함께 투자하기 때문에 배당은 다소 아쉬웠지만 주가 상승력이 높다.

두 가지 경우를 보면 선택의 기로에 서게 된다. 당장 배당금이 2배인 SPHD를 선택할 것이냐, 아니면 주가 상승률이 높아 자산증가 속도가 빠른 DGRW를 선택할 것이냐. 나라면 주저 없이 후자를 선택한다. 눈앞의 이익보다는 조금 더 멀지만 복리효과가 크게 작용될 수 있는 자산을 선택하는 것이 좋다.

지금 계산한 것은 과거 5년을 비교했지만, 과거와 동일한 수익률을 보여준다면 앞으로 10년이 지났을 때 SPHD의 자산은 4,773만 원이 되고 DGRW의 자산은 1억 5,298만 원이 된다. 자산 규모가 2배 이상 벌어지게 된다. 심지어 10년 뒤에 높아진 자산으로 SPHD를 매수해도 괜찮은 전략이 될 것이다.

DIA는 총자산과 배당금 모두 중간을 차지하기 때문에 특색이 없어 보이지만 양극단이 싫은 투자자에게 좋은 선택이 될 수 있다.

또한 SPHD와 DGRW의 하락 변동성을 체크하기 위해 상장 이후 2개 ETF가 가장 크게 하락한 시점을 봤더니 둘 다 코로나19 시점인 2020년 3월이었다. 여기서 재미있는 사실이 밝혀지는데, 높은 배당과 저변동성을 추구했던 SPHD가 -30.9% 하락해 DGRW의 -19.3%보다 크게 하락했다는 것이다.

각자 투자하고 있는 기업의 움직임에 따라 변동성이 좌우되겠지만 10%이상 차이가 난 것은 무엇 때문일까? 각 섹터의 비중도 다르겠지만 무엇보다 투자하고 있는 기업의 숫자의 차이 때문일 것으로 판단된다. SPHD는 50개 기

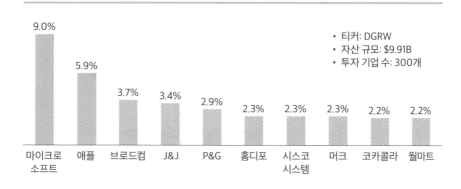

DGRW ETF TOP 10 기업

- 티커: DGRW
- 자산 규모: $9.91B
- 투자 기업 수: 300개

9.0% 마이크로소프트
5.9% 애플
3.7% 브로드컴
3.4% J&J
2.9% P&G
2.3% 홈디포
2.3% 시스코 시스템
2.3% 머크
2.2% 코카콜라
2.2% 월마트

기준일: 2023.10.20

업에 투자하고 있지만 DGRW는 300개 기업에 투자하는 ETF로 6배나 많은 기업을 담고 있다. 그만큼 하락 시에 분산투자 효과를 발휘할 수 있었다. 또한 DGRW ETF가 담고 있는 기업 중 TOP 10을 살펴보면 쟁쟁한 기업들이 많이 포진되었다. 그래서 당장의 배당금보다 조금 더 먼 미래의 자산을 생각하며, 과거의 데이터를 기반으로 계산하고 확률 높은 투자를 해야 한다.

대표적인 월배당 ETF 3개를 이야기했지만 더 자세히 살펴보면 상품이 수도 없이 많다. 채권으로 넘어가면 미국 국채에 투자하는 ETF로 기간에 따라 장기채(TLT), 중기채(IEF), 단기채(SHY)가 있고, 우선주로 넘어가면 PFF ETF가 있다. 모두 매력적으로 보이지만 매달 배당을 지급한다는 매력 뒤에는 낮은 배당성장률과 주가 하락이라는 악마가 숨어 있을 수 있으니 투자 전에 과거 성적표를 확인하는 습관이 필요하다.

- 우량기업에 투자하는 월배당 ETF → DIA
- 배당과 성장 두 마리 토끼 잡는 월배당 ETF → DGRW
- 높은 배당률 월배당 ETF → SPHD

DAY | 17

ETF
종합 선물 세트

유튜브 '수페TV' 채널에서 관련 영상 함께 보기

● 1억 원이란 자산을 모으려면 얼마의 시간이 필요할까? 1년 안에 모은다면 매달 833만 원이 필요하다. 너무 큰돈이다! 배당주에 투자해 5% 배당을 받으면 500만 원은 덜 모아도 된다. 3, 5, 8, 10년의 시간을 가지고 동일한 방법으로 계산해보자. 연수가 늘어날수록 배당금도 증가할 것이다. 추가로 수익까지 발생하면 얼마나 더 빨리 1억 원을 모을 수 있을지 상상해보자.

목표: 1억 원

투자기간	투자금액 (월 납입금액)	연 배당금 (배당률 5%, 배당성장률 10% 적용)
1년(12개월)	833만 원	500만 원
3년(36개월)	만 원	만 원
5년(60개월)	만 원	만 원
8년(96개월)	만 원	만 원
10년(120개월)	만 원	만 원

(월 납입금액: 3년 278만 원, 5년 167만 원, 8년 104만 원, 10년 83만 원
연 배당금: 3년 575만 원, 5년 666만 원, 8년 833만 원, 10년 978만 원)

돈 많이 주는 어려운 ETF

배당투자를 생각하고 다양한 ETF를 찾아 공부하다 보면 유독 배당률이 높은 상품들을 만나게 된다. 대표적으로 JEPI, QYLD, XYLD가 있는데, 배당률이 9~12% 정도다.

인생에 공짜는 없듯이 배당률이 높으면 의심부터 하자. 기업 입장에서 10% 넘는 배당률을 유지하면서 지속적인 배당금 지급이란 쉬운 일이 아니다. 그래서 이를 보완하기 위해 자산운용사에서 커버드콜(covered call) 전략을 사용한다. 커버드콜은 주식을 매수한 상태에서 그 주식을 기초로 파생된 콜옵션을 매도하는 방식이다. 쉽게 이야기하면 주식이 하락할 때 콜옵션을 매도해 하락을 커버하기 때문에 커버드콜이라고 부른다. 주식이 매일 오르기만 하거나 매일 하락만 하지 않듯이 상승과 하락으로 발생된 변동성에서 수익을 챙기는 구조다.

이는 매우 좋은 전략으로 보이지만 단점이 존재한다. 대세 상승장이 오면 주식으로 발생된 수익을 콜옵션으로 매도해 수익을 갉아먹게 된다. 증시는 오르는데 내 종목만 소외되는 경험을 하게 되는 것이다.

장점과 단점이 확실한 커버드콜 방식의 ETF는 배당률이 높기 때문에 당장 소득이 없어서 배당금으로 소비를 해야 하는 투자자에게 어울린다. 보통의 배당투자는 기업의 성장을 기초로 수익과 배당을 함께 나눠 갖는 구조라면, 커버드콜 투자는 기업의 이익보다는 기술적으로 수익을 만들어내는 구조다. 즉 성장형 투자가 아닌 수익형 투자 방식이다.

JEPI, QYLD, XYLD의 특징을 간단히 살펴보면, JEPI는 액티브 ETF로 JP모건의 베테랑 운영자가 직접 기업을 선정하고 변경도 자유롭게 할 수 있다. 반면에 QYLD와 XYLD는 정해진 룰을 통해 기계적인 거래를 반복하는 패시브 ETF다. 3개 ETF 모두 월배당을 지급하고 있으며, 상장일은 QYLD, XYLD는 2013년이고 JEPI는 2020년인데, 자산 규모는 $294.7억 달러로 JEPI가 압도적으로 크다(기준일: 2023년 10월 20일). 그 말은 JEPI에 투자한 사람이 많다는 것이고 3년 동안의 운영 결과를 봐도 지금까지 잘하고 있다.

JP모건에서는 JEPI가 잘되니까 추가로 JEPQ를 2022년 5월에 상장했다. 둘의 차이는 투자 기업의 기준이 되는 지수로, JEPI는 S&P500, JEPQ는 나스닥100을 기준으로 커버드콜 전략을 수행한다.

증시는 함부로 예측하는 것이 아니라고 하지만, 앞으로 주식시장이 한동안 횡보하거나 하락할 것으로 판단된다면 커버드콜에 투자해 현금흐름을 만드는 것도 괜찮은 방법이다. 다양한 종목과 투자 전략을 알고 있으면, 상황에 따라 어떻게 대처할지 더 현명한 선택을 할 수 있게 된다.

커버드콜 전략의 고배당 ETF

항목	XYLD	QYLD	JEPI	JEPQ
운용사	미래에셋		JP모건	
자산 규모	$2.87B	$7.76B	$29.47B	$6.03B
상장일	2013.06.24	2013.12.12	2020.05.20	2022.05.03
총보수	0.6%	0.6%	0.35%	0.35%
투자 기업 수	506	103	120	82
배당지급	월배당			
특징	S&P500 커버드콜	나스닥100 커버드콜	S&P500 커버드콜	나스닥100 커버드콜
배당률	11.41%	12.19%	9.93%	12.03%
운영	패시브		액티브	

기준일: 2023.10.20

JEPI에 1억 원 투자하기

커버드콜 방식의 ETF 4개 중에 자산 규모가 가장 크고 총보수도 저렴한 JEPI ETF에 1억 원을 투자하면 배당금은 얼마가 될까? 현재 배당률은 9.93%(기준일: 2023년 10월 20일)로 상당히 높으며 매달 월급처럼 돈을 받는 구조다.

쉽게 계산해보면, 1억 원을 투자하면 매달 82만 7,500원의 배당금이 지급된다. 배당소득세 15%를 제외하고 실제로 계좌에 들어오는 돈은 70만 3,375원이 된다.(2억 원 투자 → 월 배당금: 140만 6,750원, 3억 원 투자 → 월 배당금: 211만 125원.) 매달 생활비 200만 원이 필요한 사람이라면 JEPI ETF에 3억 원을 투자하면 생활비를 충당할 수 있게 된다.

그러나 투자는 언제나 100%란 없고 단순한 계산과 이론이 현실이 되기는 어렵기 때문에 JEPI가 갖고 있는 리스크가 무엇인지 체크해봐야 한다. 실제로 과거 2년 동안 배당금을 얼마나 균일하게 매달 지급했는지 체크해보자. 배당률은 매수 단가를 배당금으로 나눈 값이기 때문에 얼마에 매수했냐가 중요하다. 2021년 1월에 1억 원을 투자한 사람과 2022년 1월에 1억 원을 투자한 사람의 투자금은 얼마나 차이가 날까?

2년 동안 월 배당금이 가장 적었을 때는 39만 6,000원이고 가장 많았을 때는 83만 9,000원이다. 2배 넘게 차이가 난다. 이렇게 굴곡이 크다면 JEPI ETF를 통해 매달 배당금을 수령해 생활하기에는 어려움이 있다.

저변동 고배당 종목으로 알고 있었는데 충격받았는가? 안타깝게도 JEPI ETF의 특징 중에 저변동이라는 말은 배당금을 뜻하는 게 아니라 주가 변동성이 낮으며 저평가 기업이라는 뜻이다. 배당금은 전혀 다른 이야기다. 그리고

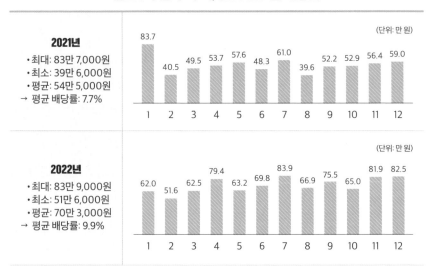

연초 1억 원 투자 시, JEPI ETF 월 배당금

2021년
- 최대: 83만 7,000원
- 최소: 39만 6,000원
- 평균: 54만 5,000원
→ 평균 배당률: 7.7%

(단위: 만 원)

1	2	3	4	5	6	7	8	9	10	11	12
83.7	40.5	49.5	53.7	57.6	48.3	61.0	39.6	52.2	52.9	56.4	59.0

2022년
- 최대: 83만 9,000원
- 최소: 51만 6,000원
- 평균: 70만 3,000원
→ 평균 배당률: 9.9%

(단위: 만 원)

1	2	3	4	5	6	7	8	9	10	11	12
62.0	51.6	62.5	79.4	63.2	69.8	83.9	66.9	75.5	65.0	81.9	82.5

커버드콜 방식을 활용하기 때문에 편차가 발생할 수밖에 없다.

앞서 배당률이 9.97%라고 했는데 그보다 적은 배당률을 보여주는 이유는 무엇일까? 보통 현재 배당률은 과거 1년 동안의 배당금을 현재 단가로 나눈 값이다. 이것을 TTM이라고 표시하며 Trailing Twelve Months의 약자다. JEPI는 과거 1년 동안(2022년 11월~2023년 10월) 배당금 지급액이 5.23달러였고 현재 단가는 52.5달러이기 때문에 9.97%가 된다.

이는 과거 1년 동안 주가는 내려오고 배당금은 꾸준히 잘 줬기 때문에 일어난 결과다. 2021년과 2022년 1월에 매수했을 때 배당률을 보면 7.7%과 9.9%로 2.2%의 차이가 발생했다. 배당률이 다양하고 최근 1년간 배당률이 높다는 것은 배당성장이 이뤄졌다는 것일까? 정확한 비교를 위해 1주당 배당금을 체크해보자.

2020년 7월부터 시작된 배당금은 1주당 0.49달러였고 2023년 7월 지급된 배당금은 1주당 0.36달러였다. 오히려 1주당 배당금이 0.13달러 줄었다. 소수점이라 숫자가 작아 보이지만 배당금이 26.5% 감소한 것이다.

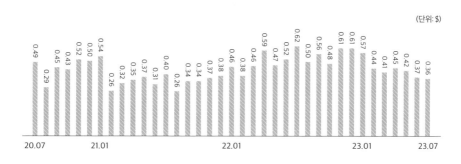

JEPI ETF 1주당 배당금 지급내역

(단위: $)

0.49 0.29 0.45 0.43 0.52 0.50 0.54 0.26 0.32 0.35 0.37 0.31 0.40 0.26 0.34 0.34 0.37 0.38 0.46 0.38 0.46 0.59 0.47 0.52 0.62 0.50 0.56 0.48 0.61 0.61 0.57 0.44 0.41 0.45 0.42 0.37 0.36

20.07   21.01   22.01   23.01   23.07

중간에 배당금이 증가한 부분도 존재하고 1년 단위로 합산해서 계산하면 배당금이 늘었다고 생각할 수 있다. 하지만 3년밖에 되지 않은 JEPI ETF를 보고 배당성장 하는 ETF라고 주장하기에는 아직 부족한 것이 많다. 게다가 배당금을 지급하는 방식이 주식 연계 채권을 활용해 고배당을 유지하는 형태기 때문에 더욱이 배당금이 성장하는 ETF가 아닌 수익을 고려한 고배당 ETF로 생각해야 한다.

그럼에도 불구하고 3년간 높은 배당금을 지급하고 주가방어 또한 잘하고 있는 모습을 보였기에 수익형 투자로 적합한 모습이다. 은퇴를 준비하며 JEPI에 관심을 갖고 있다면 월 배당금 편차를 커버해줄 수 있는 안정적인 배당기업에 함께 투자하는 게 좋다. 앞서 소개한 배당 왕족주에 속한 기업이나 리얼티인컴과 같은 월배당 리츠기업에 투자하는 것도 괜찮은 보완 전략이 될 것이다.

미국 부동산 한 번에 투자하기

미국을 대표하는 리츠 ETF 3대장은 VNQ, SCHH, XLRE다. 다 같은 리츠라고 생각할 수 있지만 3개 ETF는 특징이 다르기 때문에 비교하고 접근해야한다.

우선 상장일을 보면 VNQ가 2004년에 상장해 가장 오래됐으며 자산 규모또한 VNQ가 290억 달러로 가장 크다. 총보수를 살펴보면 모두 낮은 편이지만 SCHH가 0.07%로 가장 저렴하다.

각 ETF가 담고 있는 기업은 어떤 곳들인지 살펴보자. 다음 표를 보면 3개 ETF 모두 TOP 7 기업이 모두 같은 것을 알 수 있는데, 이것을 보고 다 같은 ETF라고 생각하면 큰일난다. 투자 기업의 비중을 보면 분명히 다른 것이 존재한다. VNQ ETF에서 1위를 차지하고 있는 물류 인프라 기업 프로로지스

리츠 ETF

항목	VNQ	SCHH	XLRE
운용사	뱅가드	찰스 슈왑	스테이트 스트리트
자산 규모	$29.00B	$5.56B	$4.22B
상장일	2004.09.23	2011.01.13	2015.10.07
총보수	0.12%	0.07%	0.10%
투자 기업 수	165	127	32
배당지급		분기배당	
특징	분산투자	저렴한 총보수	집중투자
배당률	4.96%	3.60%	4.05%
배당성장률(5년)	-1.38%	-0.02%	2.59%
수익률(5년)	2.30%	-0.53%	4.10%

기준일: 2023.10.20

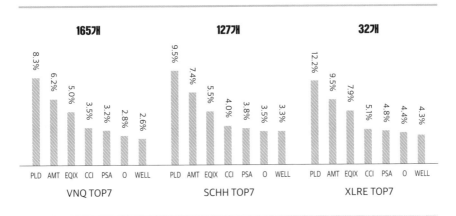

미국 리츠 ETF 3대장

165개 — VNQ TOP7: PLD 8.3%, AMT 6.2%, EQIX 5.0%, CCI 3.5%, PSA 3.2%, O 2.8%, WELL 2.6%

127개 — SCHH TOP7: PLD 9.5%, AMT 7.4%, EQIX 5.5%, CCI 4.0%, PSA 3.8%, O 3.5%, WELL 3.3%

32개 — XLRE TOP7: PLD 12.2%, AMT 9.5%, EQIX 7.9%, CCI 5.1%, PSA 4.8%, O 4.4%, WELL 4.3%

(PLD)의 비중은 8.3%인데 XLRE에서 프로로지스(PLD)의 비중은 12.2%다.

같은 기업인데 2개 ETF에서 비중이 다른 것은 투자하고 있는 기업의 수가 다르기 때문이다. VNQ가 담고 있는 기업의 수는 165개이고 XLRE는 32개다. 투자 기업 수가 5배 이상 차이가 나며, 기업 수가 적으면 시가총액에 따라 개별 기업의 비중이 올라가게 되어 있다.

내가 투자하고 싶은 리츠기업의 비중을 높이고 싶다면 XLRE처럼 개별 기업의 비중이 높은 ETF를 선택하는 것이 좋다. 반대로 분산투자 효과를 극대화하고 싶다면 VNQ처럼 많은 리츠기업을 품고 있는 ETF를 선택하면 된다.

예를 들어, 앞에서 소개한 미국을 대표하는 리츠기업 5개(프로로지스, 아메리칸타워, 이퀴닉스, 리얼티인컴, 웰타워)에 한 번에 투자하고 싶은데 최대한 비중을 높이고 싶다면 어디에 투자해야 할까? 정답은 XLRE ETF로, 5개 기업의 비중이 38.3%다. VNQ는 24.9%, SCHH는 29.2%으로 상대적으로 XLRE가 비중이 가장 높다.

미국에 상장된 리츠 ETF 중에 규모가 가장 큰 ETF가 VNQ다. 따라서 분산투자 효과를 높이기 위해 165개 리츠기업에 투자하는 VNQ를 선택할 수 있다. 보통 부동산 투자라고 생각하면 상가와 오피스텔을 많이 떠올리지만 주거와 상업 외에도 특수 목적 리츠와 산업용 리츠까지 광범위한 부동산 자산이 VNQ에 포함돼 있다.

VNQ의 최근 5년간 연평균 수익률을 보면 2.3%로 만족스러운 숫자는 아니다. 수익률만 생각한다면 리츠 ETF는 투자 가치기 떨어질 수 있다. 하지만 자산배분 차원에서 주식과 다른 성향을 갖고 있는 부동산을 ETF의 형태로 투자하는 것은 좋은 헷지가 된다.

평소에 티가 잘 나지 않지만 주식시장이 힘들 때 버팀목이 되어줄 안정적인 종목이니 자산배분 차원에서 리츠 ETF를 투자에 참고하자.

손이 안 가는 채권 투자

혹시 지금 채권에 투자하고 있는가? 안타깝게도 채권에 투자하는 개인투자자는 드물다. 왜냐하면 수익률을 보면 성장주 투자가 더 매력적이고 배당률을 보면 다른 배당기업 혹은 ETF가 더 매력적이기 때문이다. 그럼에도 불구하고 나는 채권투자는 필수라고 말한다.

우리가 실비보험과 암보험에 가입하는 이유는 나중에 혹시 모를 위험에 대비하기 위해서다. 이와 마찬가지로 채권은 위기 상황을 미리 대비하기 위해 자산의 일부로 가지고 있는 것이 좋다. 과거 채권과 주식의 흐름을 살펴보면, 2016년 글로벌 경기둔화 우려로 주식시장이 하락했을 때 채권은 상승했다. 2019년 미·중 무역전쟁 때도 주식과 채권은 반대로 움직였다.

주식시장이 갑자기 하락하는 시점에 우리는 대부분 현금이 없다. 그렇기 때문에 미리 현금과 같은 자산을 만들어놓는 것이 좋은데, 그 자산이 채권이라면 오히려 주식이 하락할 때 반등하기 때문에 더 좋은 조건에서 수익을 챙기고, 그 수익금으로 더 많은 기회를 잡을 수 있게 된다. 100% 주식에 몰빵한 투자자라면 위기는 그대로 위기가 될 뿐이지만 채권을 준비한 투자자에게는 위기가 곧 기회가 되고, 같이 넘어져도 더 빠르게 일어나 뛰어갈 수 있다.

이제 채권에 관심이 생겼는가? 조금 더 자세히 살펴보자.

채권은 기간에 따라 단기, 중기, 장기 채권으로 구분하며, 발행하는 곳에 따라서 회사채, 국채 등으로 나뉜다. 개인 투자자는 채권을 직접 거래하기 어렵기 때문에 ETF를 통해서 투자하는 것이 좋다.

미국에서 자산 규모가 큰 대표 채권 ETF 세 가지를 살펴보면 TLT, LQD, BND가 있다. TLT는 미국채로 장기채권에 해당하고, LQD는 회사채로 중기채권이다. 미국채와 회사채 함께 투자하고 싶은 투자자를 위해 두 개를 섞어 놓은 종합채권이 BND이다. 세 가지 채권 ETF에서 가장 중요하게 봐야 할 것은 기간이다. 기간이 짧을수록 변동성이 적고 기간이 길수록 변동성이 크다.

쉽게 생각해서 친구에게 돈을 빌려준다고 가정해보자. 1년 안에 갚는다는 약속과 10년 뒤에 갚는다는 약속은 엄연히 리스크의 크기가 다르다. 친구를

주식과 채권의 관계

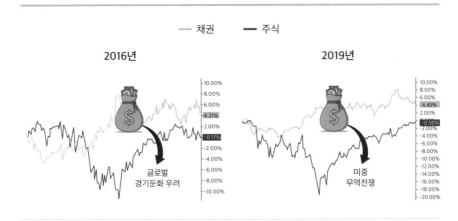

— 채권　　— 주식

미국 채권 ETF

항목	TLT	LQD	BND
운용사	블랙록	블랙록	뱅가드
자산 규모	$38.00B	$27.34B	$94.11B
상장일	2002.07.22	2002.07.22	2007.04.03
총보수	0.15%	0.14%	0.03%
투자 채권 수	38	2,633	17,699
배당지급	월배당		
국채(장기)	국채(장기)	회사채(중기)	종합채권(중기)
배당률	3.84%	4.31%	3.16%
배당성장률(5년)	0.29%	1.42%	-6.66%
수익률(5년)	-4.11%	0.38%	-0.14%
듀레이션	17.52	8.59	6.21

기준일: 2023.10.20

믿는 것도 중요하지만 기간이 길어질수록 리스크가 크다. 그 리스크는 채권 ETF에서는 변동성이고, 이는 주가의 움직임을 크게 만든다. 즉 장기채권이 위험하지만 수익률이 높을 수 있고, 단기채권은 안정적이지만 고구마같이 답답할 수 있다.

이런 기간을 보기 편하게 숫자로 표현한 것이 듀레이션(Duration)이다. 채권에 투자한 원금을 회수하는 데 걸리는 시간을 듀레이션이라고 하며, 숫자가 크면 클수록 우리가 감내해야 할 변동성이 높아진다. 또한 채권의 변동성은 주가와 반대로 움직이는 성향이 높기 때문에 주식투자의 헷지 상품으로 채권을 선택한다면 중기채권과 장기채권 중에서 고르는 것이 좋다.

- 커버드콜 고배당 ETF: XYLD, QYLD, JEPI, JEPQ
- 리츠 ETF: VNQ, SCHH, XLRE
- 채권 ETF: TLT(장기 국채), LQD(중기 회사채), BND(중기 국채+회사채)

DAY | 18

한국에서 투자할 수 있는
미국 배당 ETF

유튜브 '수페TV' 채널에서 관련 영상 함께 보기

체크리스트

● 파이어족을 꿈꾸는가? 나는 얼마의 투자금과 배당률이면 이룰 수 있는지 확인해보자. 아래 표에서 나의 월 지출액을 찾아 경제적 자유 목표를 세우자. 예를 들어 월 지출액이 200만 원이라면 투자금 3억 원에 배당률 10% 혹은 투자금 5억 원 배당률 6%를 설정할 수 있다. (배당소득세 징수 후 실제 계좌에 들어오는 배당금 계산)

투자금: 3억 원

배당률	4%	6%	8%	10%	12%
월 지출액	85만 원	128만 원	170만 원	213만 원	255만 원

투자금: 5억 원

배당률	4%	6%	8%	10%	12%
월 지출액	142만 원	213만 원	283만 원	354만 원	425만 원

투자금: 8억 원

배당률	4%	6%	8%	10%	12%
월 지출액	227만 원	340만 원	453만 원	567만 원	680만 원

투자금: 10억 원

배당률	4%	6%	8%	10%	12%
월 지출액	283만 원	425만 원	567만 원	708만 원	850만 원

국내 상장 미국 배당 ETF

세계 시장을 대표하는 미국을 기준으로 다양한 종목을 소개하고 있는데, 이런 매력적인 종목이 한국에는 없을까? 다행히 있다! 글로벌 ETF 시장이 성장하는 동안 국내 ETF시장도 함께 성장했으며, 2013년 국내 상장된 ETF는 146개였는데 2023년 733개까지 증가했다. 순자산도 4배 이상 성장하며 100조 원이 됐고, 국내 투자 상품도 많아졌지만 미국에 상장된 ETF를 벤치마킹해 가져온 것도 증가했다.

대표적인 상품으로 미국 지수를 추종하는 S&P500이 있으며, 국내 운용사 여러 곳에서 동일한 지수를 추종하는 ETF를 출시했다. 종목명 앞에 KODEX, TIGER, ACE, SOL 등 브랜드명이 붙고 뒤에 추종하는 지수 S&P500이 오는 순서로 된 동일 상품이 많아졌다(KODEX: 삼성자산운용, TIGER: 미래에셋자산운용, ACE: 한국투자신탁운용, SOL: 신한자산운용).

지금까지 소개한 미국 ETF 중에서 국내 버전으로 상장된 종목을 살펴보면 IVV, DIA, SCHD, NOBL, VNQ가 있다. 추가로 VNQ는 TIGER미국MSCI리츠(합성H)와 동일한 지수를 추종했었는데 최근에 변경되면서 일부 기업과 비중이 조금 달라졌다.

그래도 여전히 비슷한 부분이 많으니 VNQ의 국내 버전이라고 봐도 무방하다. 국내 상장된 해외 ETF를 투자하는 방법으로 일반계좌에서 투자해도 좋지만 연금저축펀드로 투자하면 절세효과를 누릴 수 있다. 관련된 내용은 뒤에서 자세히 다뤄볼 테니 지금은 매칭되는 ETF가 무엇인지 표를 통해 알아

국내상장 미국 벤치마킹 ETF

구분	추종지수	미국	한국
S&P500	같음	SPY, IVV, VOO, SPLG	TIGER 미국S&P500 ACE 미국S&P500 KBSTAR 미국S&P500
다우존스30	같음	DIA	TIGER 미국다우존스30
배당성장	같음	SCHD	TIGER 미국배당다우존스 ACE 미국배당다우존스 SOL 미국배당다우존스
배당 귀족주	같음	NOBL	TIGER 미국S&P500배당귀족
리츠	비슷	VNQ	TIGER 미국MSCI리츠(합성 H)

두자.

국내 ETF 수수료의 비밀

SPY 대신 우리는 SPLG를 선택한 이유는 모든 것이 같은데 총보수가 다르기 때문이었다. 그럼 국내 상장된 S&P500 ETF는 무엇을 봐야 할까? 당연히 동일하게 총보수를 비교하면 된다. 그런데 국내 ETF에는 한 가지 숨겨진 비밀이 있다. 운용사에서 이야기하는 총보수가 끝이 아니라는 것이다.

국내 대표 S&P500 ETF 3개 운용사를 살펴보자. 각 운용사의 총보수는 2023년 9월 27일 기준으로 TIGER 0.07%, ACE 0.07%, KBSTAR 0.02%다. 심지어 KBSTAR는 미국에 상장된 VOO, IVV, SPLG 총보수 0.03%보다 더 저렴하다. 국내로 가져오는 것만으로도 추가 비용이 발생하고 환율에 대한 관리도 필요할 텐데 상식적으로 이해가 되지 않는 부분이다.

총보수는 저렴해 보이지만 숨겨진 두 가지 비용을 알아야 한다. 하나는 기

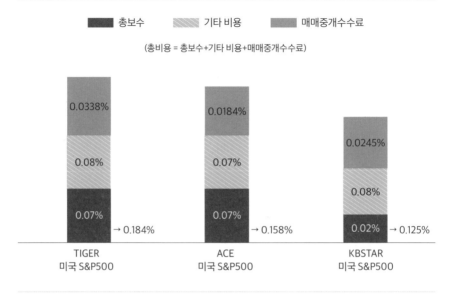

국내 S&P500 총비용 비교

■ 총보수　▨ 기타 비용　▨ 매매중개수수료

(총비용 = 총보수+기타 비용+매매중개수수료)

TIGER
미국 S&P500
- 0.0338%
- 0.08%
- 0.07%
- → 0.184%

ACE
미국 S&P500
- 0.0184%
- 0.07%
- 0.07%
- → 0.158%

KBSTAR
미국 S&P500
- 0.0245%
- 0.08%
- 0.02%
- → 0.125%

출처: 금융투자협회
기준일: 2023.9.27

타 비용이고 다른 하나는 매매중개수수료다. 두 가지의 총비용을 계산하면 TIGER 0.184%, ACE 0.158%, BKSTAR 0.125%다(기준일 2023년 09월 27일).

　가장 저렴했던 KBSART의 총보수 0.02%가 다른 비용이 더해지면서 0.125%까지 올라간다. 해외 ETF를 벤치마킹해 국내로 들여오면서 추가 비용이 발생하는 것은 당연한 일이다. 이해할 수 있는 부분인데 국내 ETF는 안타깝게도 총보수를 광고 전면에 내세우며 실제로 투자자가 지불하는 비용에 대한 내용은 말하지 않는 것이 안타깝다. 그래도 우리는 현명한 투자자니까 내가 지불해야 하는 총비용을 금융투자협회에서 찾아보고 투자에 참고하자.

치열한 국내 ETF 수수료 전쟁

최근 치열했던 국내 ETF 수수료 전쟁을 간단히 살펴보자. 배당투자자가 증가하면서 배당성장률의 중요성을 알고 투자하는 사람들이 많아졌다. 자연스럽게 배당성장률에 강점을 갖고 있는 SCHD ETF가 인기를 끌었으며, 2021년 10월 한국투자신탁운용에서 한국판 SCHD 'ACE 미국배당다우존스'를 출시했다. 그런데 총비용이 높고 많이 알려지지 않아 빛을 못 보고 있었다.

그러다 2022년 11월 신한자산운용에서 'SOL 미국배당다우존스'를 들고 나왔다. 기존 SCHD는 분기배당이고 ACE 미국배당다우존스도 마찬가지였는데 SOL은 월배당 지급을 강조하며 이목을 끌기 시작했다. 총비용도 낮았으며 연금저축으로 투자가 가능하다는 이유로 순자산 증가 속도가 가팔랐다. 현재 자산은 3천억 원에 가까우며 한국판 SCHD에 대한 인기는 규모로 증명됐다.

국내상장 SCHD ETF투자 시장이 어느 정도 형성되니까 미래에셋자산운용에서도 'TIGER 미국배당다우존스'를 출시했으며 총보수를 0.03%로 낮추면서 등장했다. 초기 상장 규모가 컸기 때문에 총비용에 대한 강점을 가져갔다. 대단지 아파트의 관리비가 나홀로 아파트의 관리비보다 상대적으로 저렴하듯이 비슷한 구조로 한국판 SCHD 시장에 들어온 것이다.

이와 함께 TIGER는 +3% 프리미엄과 +7% 프리미엄 상품을 동시 출시하며 고배당에 목마른 투자자에게 좋은 선택지를 추가해줬다. 위기를 느낀 신한자산운용은 총보수를 0.05%에서 0.03%로 동일하게 내렸다. 여기서 한 발 더 나아가, 한국투자신탁운용은 과감하게 0.06%에서 0.01%로 총보수를 내리면서 거의 무료에 가까운 비용을 제시했고, 분기배당을 월배당으로 변경했다.

며칠 지나지 않아 미래에셋자산운용은 총보수를 0.03%에서 0.01%로 동일

국내 SCHD ETF

항목	ACE 미국배당다우존스	SOL 미국배당다우존스	TIGER 미국배당다우존스
운용사	한국투자신탁운용	신한자산운용	미래에셋자산운용
자산 규모	1,552억 원	2,993억 원	2,930억 원
상장일	2021.10.21	2022.11.15	2023.06.20
배당지급	월배당		
추종지수	다우존스 미국 배당 100 인덱스(SCHD)		
총보수	0.01%	0.01%	0.01%

기준일: 2023.10.20

하게 내렸고, 이 글을 쓰고 있는 지금 신한자산운용에서도 0.01%로 총보수를 내리기로 결정했다. 국내 ETF시장은 투자자를 유치하기 위한 치열한 경쟁이 벌어지고 있다.

운용사들에게는 미안하지만, 그들이 치열하게 싸울수록 우리는 저렴한 비용으로 건강한 투자를 할 수 있게 된다. 한국판 SCHD ETF의 총비용은 아직도 변경될 가능성이 높으며, 총보수 외에 기타 비용과 매매중개수수료는 매달 바뀌기 때문에 모니터링이 필요하다. 〈수페TV〉 유튜브 채널에서 SCHD뿐만 아니라 국내 ETF의 총비용 변경에 대한 내용을 주기적으로 업로드하고 있으니 관심 있는 투자자는 참고하자.

국내 상장 미국 월배당 ETF

국내 ETF가 증가하면서 다양한 상품이 나오고 투자자에게 사랑받는 테마가 등장했는데, 바로 월배당 ETF다. 분배금을 분기로 지급하는 것이 당연했던

국내 상장 미국 월배당 ETF

구분	테마	종목명
주식	S&P500	SOL 미국S&P500
	배당성장(SCHD)	ACE 미국배당다우존스 SOL 미국배당다우존스 TIGER 미국배당다우존스
	다우존스	TIGER 미국다우존스30
	배당 귀족주	TIGER 미국S&P500배당귀족
리츠	미국MSCI	TIGER 미국MSCI리츠(합성 H)
	다우존스	KODEX 다우존스미국리츠(H)

S&P500 지수 추종 ETF가 국내로 넘어오면서 월배당으로 탈바꿈한 것이다. 그건 바로 'SOL 미국S&P500'으로 획기적인 기획이 눈에 들어오는 신한자산운용의 작품이다. 이것은 즉각적인 수익을 좋아하는 개인투자자의 니즈를 정확히 파악한 상품이다.

몇 달 지나지 않아 SHCD의 국내 버전인 'SOL 미국배당다우존스' 또한 분기배당으로 선보이면서 월배당 하면 SOL을 떠올리게 했다. 추가로 기존에 분기배당을 지급했던 TIGER 미국MSCI리츠(합성 H)도 월배당으로 변경했다. 현재 국내 상장 미국 월배당 ETF 8종목은 위의 표와 같다. 앞으로도 계속 월배당 상품이 증가할 것으로 보인다.

- 국내 상장 미국 배당 ETF 종류: S&P500, 다우존스30, SCHD, NOBL, VNQ
- 국내 ETF 총비용 = 총보수 + 기타 비용 + 매매중개수수료

한국을 대표하는
고배당 ETF 세 가지

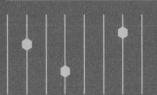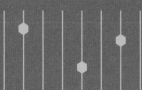

유튜브 '수페TV' 채널에서 관련 영상 함께 보기

체크리스트

● 한국의 대표 기업은 삼성전자다. 삼성전자는 당연히 배당을 지급하고 있으며 배당률은 2% 정도 된다.
국내 배당기업 중에 2% 이상 배당을 지급하는 회사를 알고 있다면 생각나는 기업을 적어보자.

- _____
- _____
- _____
- _____
- _____
- _____
- _____

국내 배당 ETF

코로나 이후 주식 투자자가 증가하면서 국내 배당기업에 관심을 갖는 사람도 늘어났다. 특히 '국민주식'이라고 할 수 있는 삼성전자에 투자하면서 배당을 받아본 투자자라면 배당에 대한 매력을 느꼈을 것이다. 자연스럽게 삼성전자 우선주를 알게 되고 배당률이 높은 SK텔레콤과 신한지주 같은 기업도 공부하게 되는 것이 순서다.

이처럼 다양한 기업을 한번에 투자하고 싶은 바람에 맞춰 자산운용사에서는 투자자의 입맛에 맞는 배당 ETF를 선보이고 있다. 국내 배당 ETF 몇 가지를 살펴보자.

1) ARIRANG 고배당주

아리랑 고배당주는 한화자산운용에서 2012년 8월에 출시한 ETF로 10년 넘는 역사를 갖고 있다. 배당률 6%대로 높은 편이고, 투자 기업 TOP 5를 보면 기업은행(5.4%), 우리금융지주(5.2%), KB금융(5.1%), 하나금융지주(4.9%), BNK금융지주(4.8%)다. 5개 모두 금융주이며 TOP 10 안에 금융기업이 아닌 회사로는 HD현대와 SK텔레콤이 있다.

최근 5년 동안 배당금 지급 내역을 확인해보면 꾸준히 잘 성장하다가 2020년 코로나19로 인해 배당삭감한 기업들이 많아지면서 ARIRANG 고배당주 ETF 또한 배당을 11% 삭감했다. 다행히 2021년 대부분의 기업이 회복하면서 1주당 배당금이 120원 인상됐고, 배당성장률 26%로 큰 성과를 보였

ARIRANG 고배당주 ETF

종목	투자기업 TOP 10 비중	배당내역(5년)
ARIRANG 고배당주		

기준일: 2023.7.23

다. 2022년에도 15% 배당성장하며 좋은 모습을 보였다.

2) KBSTAR 고배당

KBSTAR 고배당은 케이비자산운용에서 2017년 출시한 ETF로, 특이한 점은 삼성전자의 비중이 26.2%로 4분의 1 이상을 차지하고 있다는 것이다. 이런 구성은 삼성전자에 투자하면서 다른 배당기업을 함께 담고 싶은 투자자에게 좋은 선택지가 된다. 다음으로 높은 비중을 차지하는 기업은 포스코(5.5%), 현대차(5.4%), 기아(5.3%), KB금융(4.6%) 순이며, 제조기업과 함께 TOP10 기업 안에 금융기업이 5개가 포함된 ETF다.

KBSTAR 고배당 ETF 배당내역

종목	투자기업 TOP 10 비중	배당내역(5년)
KBSTAR 고배당		

기준일: 2023.7.23

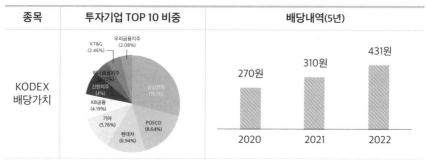

KODEX 배당가치 ETF 배당내역

종목	투자기업 TOP 10 비중	배당내역(5년)
KODEX 배당가치	KT&G (2.46%), 우리금융지주 (2.08%), 하나금융지주 (3.72%), 신한지주 (4%), KB금융 (4.19%), 기아 (5.76%), 현대차 (6.94%), POSCO (8.64%), 삼성전자 (15.1%)	2020: 270원, 2021: 310원, 2022: 431원

기준일: 2023.7.23

3) KODEX 배당가치

KODEX 배당가치는 삼성자산운용에서 2019년에 출시한 ETF으로, 상대적으로 배당 역사가 짧다. 앞에서 소개한 KBSTAR와 비슷한 종목 구성을 가지고 있다. 다른 부분을 체크해보면 KBSTAR에서 삼성전자 비중이 26.2%였는데 KODEX는 15.1%로 낮아졌다. 나머지 TOP10 기업을 봐도 포스코, 현대차, 기아, KB금융 순으로 같은 기업이 포진된 것을 알 수 있다.

KBSTAR와 종목 비중이 다르기 때문에 비슷한 움직임 속에서 주가 변동성이 다르게 작용한다. 쉽게 생각해서, 2개 ETF 중에서 투자를 고려 중이라면 삼성전자 비중을 얼마나 가져갈 것인지에 따라 선택하면 된다.

팬데믹 때 국내 배당 ETF에 투자했다면 어떻게 됐을까?

2020년 발생한 팬데믹은 기업의 위기대처 능력을 확인할 수 있는 기회였고 ETF 또한 얼마나 건강한 기업을 담고 있는지 점검할 수 있는 시간이었다. 국내 대표하는 배당 ETF 3개 중 어떤 ETF가 매력적일까? 지금부터 2020년 1월로 거슬러 올라가 팬데믹으로 증시가 무너지기 전에 3개 ETF에 1억 원씩 투자했다고 가정해보겠다. 혹독한 시간을 보낸 3년 후, 과연 지금은 얼마의 배당금을 받고 있을지 시뮬레이션을 돌려보자.

2020년 1월 2일 종가는 ARIRANG 고배당주 1만 550원, KBSTAR 고배당 1만 210원, KODEX 배당가치 1만 575원이었다. 각 ETF에 1억 원씩 투자했다면 ARIRANG 고배당주 9,479주, KBSTAR 고배당 9,794주, KODEX 배당가치 9,456주를 매수하게 된다.

보유 주식 수를 확인했으니 이제 1주당 얼마의 배당금을 지급하고 있는지 살펴보자. 2022년 말 기준으로 지급된 배당금은 ARIRANG 고배당주 645만 원, KBSTAR 고배당 504만 원, KODEX 배당가치 408만 원이다.

처음부터 배당률이 높았던 ARIRANG 고배당주가 3년이 지나도 역시 높은 배당금을 지급했다. 하지만 나머지 2개 ETF는 삼성전자를 포함하고 있기 때문에 ARIRANG 고배당주보다 주가 상승 폭이 컸을 가능성이 크다.

국내 배당 ETF 배당금 및 총자산 증가 현황

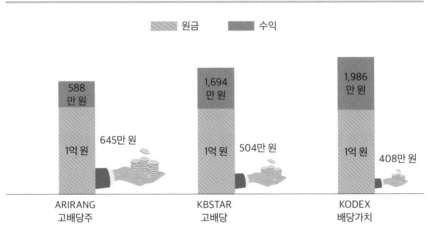

기간: 2020.1.1~2023.7.30

주가 상승률을 보면, ARIRANG 고배당주 5.9%, KBSTAR 고배당 16.9%, KODEX 배당가치 19.9%였다(기간: 2020. 1. 2~2023. 7. 30). 연 배당금 408만 원으로 가장 작았던 KODEX배당가치 종목이 높은 주가 상승으로 총자산이 약 1,986만 원 증가했다. 반면 연 배당금이 645만 원으로 가장 많았던 ARIRANG 고배당주는 낮은 주가 상승으로 588만 원의 총자산이 증가했다.

배당금으로 보면 ARIRANG 고배당주가 좋아 보이고 총자산으로 보면 KODEX 배당가치가 매력적으로 보인다. 과연 어떤 종목을 선택하는 것이 괜찮은 투자일까? 정답은 상황에 따라 다르다!

이미 삼성전자 같은 성장기업에 투자하고 있는 사람이라면 굳이 배당투자에서 총자산을 늘리려고 노력하기보다 배당에 집중하는 것이 좋다. 반대로 배당과 성장의 고른 배분이 필요한 투자자라면 또 다른 선택지가 필요하다. 결국 지금 내 상황을 정확히 파악하고 투자기간을 고려해 내게 필요한 전략을 설계하는 것이 중요하다.

- 금융주 중심의 배당률이 높은 ETF → ARIRANG 고배당주
- 삼성전자 비중이 높은 배당 ETF →·KBSTAR 고배당
- 위의 2개를 섞어놓은 것 같은 ETF → KODEX 배당가치

배당 종목 총정리

축하한다! 이제 당신은 건강한 배당투자를 위해 필요한 신선한 재료를 모두 확인했다. 이 재료는 어떻게 활용하느냐에 따라 분식이 될 수 있고 호텔 고급 요리도 가능하다. 고수는 장비를 탓하지 않듯이 어떤 증권사를 이용할지는 중요하지 않으며, 나의 배당 포트폴리오를 어떤 재료로 채워 넣을지가 관건이다. 지금까지의 재료(배당종목)를 다시 정리했으니 20일 차부터 시작되는 실전 투자에 활용해보자.

배당 왕족주

순번	기업명	티커	섹터	시가총액	배당률
1	존슨앤존슨	JNJ	헬스케어	$368.42B	3.11%
2	프록터&갬블	PG	경기방어	$348.94B	2.54%
3	펩시코	PEP	경기방어	$219.98B	3.16%
4	애브비	ABBV	헬스케어	$258.10B	4.05%
5	로우스	LOW	경기순환	$109.94B	2.31%

배당 귀족주

순번	기업명	티커	섹터	시가총액	배당률
1	엑슨모빌	XOM	에너지	$440.20B	3.28%
2	맥도날드	MCD	경기순환	$188.10B	2.59%
3	넥스트에라에너지	NEE	유틸리티	$105.15B	3.60%
4	S&P글로벌	SPGI	금융	$111.38B	1.03%
5	메드트로닉	MDT	헬스케어	$96.73B	3.80%

배당 성장주

순번	기업명	티커	섹터	시가총액	배당률
1	유나이티드헬스	UNH	헬스케어	$488.19B	1.43%
2	브로드컴	AVGO	기술	$352.32B	2.16%
3	ASML홀딩	ASML	기술	$228.64B	1.08%
4	MSCI	MSCI	금융	$38.73B	1.13%
5	트랙터 서플라이	TSCO	경기순환	$21.25B	2.11%

미국 리츠주

순번	기업명	티커	섹터	시가총액	배당률
1	프로로지스	PLD	물류센터	96.15B	3.40%
2	아메리칸타워	AMT	통신타워	74.63B	4.05%
3	이퀴닉스	EQIX	데이터센터	66.02B	1.93%
4	리얼티인컴	O	리테일	35.07B	6.22%
5	웰타워	WELL	헬스케어	43.52B	2.91%

한국 분기 배당주

순번	기업명	티커	섹터	시가총액	배당률
1	삼성전자	005930	기술	410.7조 원	2.21%
2	SK텔레콤	017670	통신	10.9조 원	6.84%
3	CJ제일제당	097950	경기방어	4.1조 원	2.02%

미국 배당 ETF

순번	분야	티커
1	S&P500(미국 전체)	SPY, IVV, VOO, SPLG
2	배당성장	VIG, SCHD, DGRO, NOBL
3	월배당	DIA, DGRW, SPHD
4	커버드콜 고배당	XYLD, QYLD, JEPI, JEPQ
5	리츠	VNQ, SCHH, XLRE
6	채권	TLT, LQD, BND

한국 상장 ETF

순번	분야	티커
1	국내 S&P500	TIGER 미국S&P500 ACE 미국S&P500 KBSTAR 미국S&P500
2	국내 SCHD	TIGER 미국배당다우존스 ACE 미국배당다우존스 SOL 미국배당다우존스
3	국내 배당 ETF	ARIRANG 고배당주 KBSTAR 고배당 KODEX 배당가치

1분 만에 결정하고
1년 동안 불안한가?

유튜브 '수페TV' 채널에서 관련 영상 함께 보기

체크리스트

● 배당 종목 총정리 내용을 보고 테마별로 투자공부 하고 싶은 관심종목을 하나씩 선택해보자.

테마	관심 종목	선택 이유
배당 왕족주		
배당 귀족주		
배당 성장주		
미국 리츠주		
한국 분기배당주		
미국 배당 ETF		
한국 상장 ETF		

배당주 매수 타이밍

지금까지 배당기업과 ETF를 다양하게 검토하고 많은 종목을 확인했다. 투자하고 싶은 기업 혹은 ETF가 있는가? 투자는 실전이다. 아무리 좋은 기업도 비싸게 사면 내게는 나쁜 기업이 된다. 더욱이 배당주는 싸게 살수록 배당률이 올라가기 때문에 신중하게 투자해야 한다(배당률 = 배당금/주가).

나는 최대한 싸게 좋은 종목을 매수하려고 다양하게 테스트를 해봤다. 몇가지 나열해보면 미국 기준금리 결정하는 FOMC 일정에 맞춰 매수하기, 매주 금요일에 매수하기, 기술적 분석을 통한 보조지표 RIS와 MFI 과매도 구간에 매수하기, 이동평균선 확인하고 매수하기, 매물대 차트 활용해 매수하기, 거래량과 캔들 차트를 활용해 매수하기, 배당락일 과대 낙폭에 매수하기 등 정말 많은 방법과 기준으로 매수 타이밍을 연구했다.

그중에 지금까지 잘 활용하고 있는 배당주 매수 전략 세 가지를 이야기해보겠다. 메모해둔 종목을 생각하며 실전투자에 적용해보자.

1) 20일 이동평균선

이동평균선은 주식 차트에서 볼 수 있는 선으로 일정 기간 주가가 움직인 값을 평균 내서 선으로 연결한 것이다. 20일 이동평균선은 1개월의 시간을 나타내는데 30일이 아닌 20일인 것은 주식 거래가 되지 않는 주말을 제외했기 때문이다. 그래서 5일(1주), 20일(한달), 60일(분기), 120일(반기), 240일(년)을 나타내는 이동평균선이 존재한다.

우리가 20일 이동평균선을 보는 이유는 매달 적립식 투자를 한다면 한 달 중 저렴한 구간에 매수해야 성공적인 매수 타이밍이라고 할 수 있기 때문이다. 20일 이동평균선 밑에서 매수한다면 한 달 평균 단가보다 저렴하게 매수했기 때문에 만족스러운 매수라고 볼 수 있다. 아주 간단하지만 그 무엇보다 강력한 적립식 투자 방식이다.

간혹 한 달 내내 20일 이동평균선 밑으로 내려오지 않는 경우가 발생할 수 있는데, 그럴 때는 해당월이 지나기 전 말일에 매수하고 넘어가는 것이 좋다. 꾸준히 우상향하는 상승장에는 지금이 저렴한 것이고 이번 달보다 다음 달이 더 비싸기 때문이다.

SPLG ETF(S&P500 지수 추종)의 차트를 보면, 노란색 선으로 표시된 것이 20일 이동평균선이다. 증권사마다 색상이 다를 수 있으니 왼쪽 상단에 20이라고 적힌 숫자와 색상을 함께 확인하자. 노란색 선보다 내려간 구간에서 매수한다면 한 달 평균보다 낮은 가격에 매수할 수 있는 기회다.

2023년 상반기에는 빨간색 동그라미처럼 자주 기회가 있었지만 6월 이후

SPLG ETF 20일 이동평균선 차트

자료: 키움증권

에는 20일 이동평균선보다 내려온 날이 없었다. 이럴 때는 앞에서 말했듯이 해당 월의 말일을 넘기지 않고 매수하고 넘어간다. 이런 식으로 나만의 적립식 투자를 위한 매수 기준을 설정하면 주변의 이야기는 더 이상 나를 힘들게 하지 않으며, 그들의 조언은 참고사항이 된다.

2) 배당률 지지선

투자하고 싶은 배당종목을 찾았다면 해당 종목의 배당률이 어떻게 변화돼 왔는지 먼저 파악해야 한다. 예를 들어 애브비(ABBV)를 살펴보면 최근 5년간 배당률이 낮을 때는 3.0%였고 높을 때는 6.8%였다. 참고로 배당기업으로서 이 정도 배당률 편차는 상당히 넓은 편이다.

애브비(ABBV)의 배당률 범위는 3.0~6.8%가 되며, 배당률이 3%대로 내려가면 반대로 주가 상승이 높았다는 이야기로 배당 매력이 낮아진다. 배당투자자 입장에서는 애브비(ABBV)의 투자 매력이 내려갔기 때문에 매수보다 매도 포지션을 취하는 투자자가 많아질 수밖에 없다. 즉 배당률이 낮아질 때는 조

최근 5년간 애브비 배당률 차트

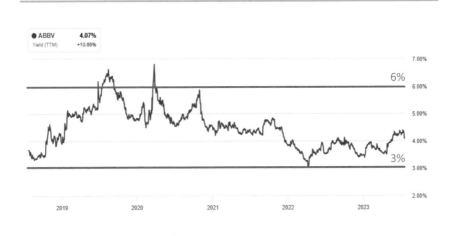

자료: 시킹알파

심해야 할 구간이다.

반대로 배당률이 6%를 넘어가면 매수 포지션을 취하는 것이 좋다. 실제로 배당률 6.5% 이상 됐을 때 매수세가 들어오면서 지지선으로 작용됐고 저가에 매수할 수 있는 기회였다. 이런 기회는 자주 나타날까? 그렇지 않다.

배당률 양끝단은 특별한 이슈가 있는 경우에 도달하기 때문에 주기적인 모니터링이 필요하다. 배당률 6.8% 최고점을 기록할 때를 살펴보면 2020년 상반기로 코로나19로 모든 종목이 하락하는 시점이었다. 이렇듯 배당률 상한선은 주가 저점에서 비중을 높이려는 목적으로 활용하고 하한선은 수익 실현을 위해 매도 타이밍을 고려해야 할 때 확인하자.

3) RSI + MFI

RSI(Relative Strength Index, 상대강도지수)와 MFI(Money Flow Index, 자금흐름지수)는 기술적 분석으로 사용되는 보조 지표로 배당기업뿐만 아니라 대부분의 기업에 적용된다.

RSI는 가격 상승과 하락의 압력을 상대적 강도로 나타낸 지표다. 0~100까지 표시되며, 50을 기준으로 숫자가 높아지면 양의 모멘텀을 갖고 상승 압력을 받아 우상향을 연상시킨다. 매일 상승하는 기업이 없듯이 상승 모멘텀을 계속 받아 70이 넘어가면 과매수 구간으로 간주하고, 반대로 30 이하로 내려가면 과매도 구간이 된다.

여기서 매수 타이밍으로 볼 수 있는 구간은 30 이하다. 하락의 끝자락 부분이 RSI 30 이하로 내려가는 순간들이기 때문에 기업에 큰 문제가 없다면 언제 그랬냐는 듯이 다시 반등하게 된다.

MFI는 주식 거래에 관련된 자금의 동원력을 표현한 모멘텀 지표로, RSI와 밀접한 관련이 있다. RSI는 가격만 가지고 상대 강도를 측정했다면 MFI는 거래량을 포함해 상대강도를 나타낸 지표다. MFI의 과매수 구간은 80 이상 이고 과매도 구간은 20 이하다. 매수 타이밍으로는 20 밑으로 내려오는 순간이 된다.

정리하면, RSI 30, MFI 20 밑으로 내려오면 주가가 많이 하락한 시점으로, 매수하기에 매력적인 구간이 된다. 사례를 통해 살펴보자.

2023년 1월 20일 존슨앤존슨(JNJ)는 RSI 29, MFI 22를 기록했다. MFI 과매도 구간인 20 이하는 아니지만 거의 과매도 구간에 돌입했으며, 존슨앤존슨 주가는 153달러 저점을 찍었다. 2023년 5월 30일 펩시(PEP) RSI 28, MFI 8을 기록했다. 2개 지표 모두 과매도 구간에 돌입했으며, 단기 바닥이었던 160달러 대에 돌입한 순간이었다.

존슨앤존슨과 펩시 둘 다 저점을 찍고 다행히 반등했지만 실제로 투자 대상 기업이 주가 하락과 함께 보조지표(RSI, MFI)가 과매도 구간에 돌입하면 해당 기업에 큰 악재가 있는 것은 아닌지, 매출과 이익에 문제가 제기될 상황인지 꼭 점검하고 투자를 고려해야 한다.

2022년 9월 리얼티인컴의 차트를 보면 보조지표(RSI, MFI)가 처참하게 하

보조지표 RSI, MFI 과매도 사례

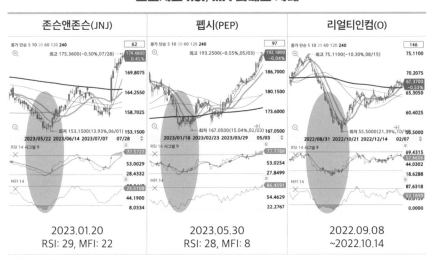

자료: 키움증권

락한 모습을 보였다. 그 당시 은행기업 파산과 상업용 부동산의 공실률 증가로 리츠기업 전체에 좋지 못한 상황이 벌어졌고 리얼티인컴도 피해갈 수 없었다. 고금리가 유지되고 추가적인 금리 인상이 예상되는 시점에서 리츠기업에 대한 전망은 최악을 향해 가고 있었다.

대부분 상업용 오피스 리츠의 문제였기에 리테일 투자를 하고 있는 리얼티인컴에 큰 문제가 되지 않는 대외적인 이슈였다. 하지만 금방 해결될 악재가 아니기에 이럴때는 조금은 더 보수적으로 접근하는 것이 좋다.

다행히 2022년 10월 반등이 나왔지만, 한 달이 넘는 기간 동안 계속된 하락은 그 누구도 예측할 수 없는 것이었다. 안타깝게도 그후 다시 하락했지만 보조지표는 말 그대로 보조로 활용하고 직접적인 이슈에 대한 해답은 본질에 해당되는 기업과 산업 전망에서 찾아야 함을 명심하자.

정리하면, 적립식 투자자는 20일 이동평균선을 기준으로 밑으로 내려가는 순간 매수를 고려하고 배당률 지지선으로 비중 축소와 확대를 생각한다. 마지막으로 기업에 문제가 없는데 대외적인 이슈로 인해 주가 급락이 나왔을 때 보조지표(과매도: RSI 30↓, MFI 20↓)를 활용해 저점을 확인한다. RSI, MFI, 배당률 지지선은 함께 모니터링하면서 추세를 파악하는 것이 좋다.

투자 실패로 피로 물든 계좌

처음 주식계좌를 개설하고 흥분되는 마음으로 투자를 시작했을 때를 생각해보자. 주변에 많은 사람이 함께 투자를 시작했을 것이다. 초반에는 계좌가 빨간색으로 물들어가는 것을 보며 곧 부자가 될 것 같은 마음이다.

그런데 시간이 지날수록 빨간색의 아군은 사라지고 점점 파란색의 적군이 계좌를 점유하기 시작한다. 적군에게 자산을 모두 내어줄 수 없기에 굳은 다짐과 함께 손절이란 고통의 절차를 밟는다. 다시 찾아온 평온과 가벼워진 계좌에 빨간색 꽃이 소소하게 피어났다. 평화가 지루해진 장군은 예전의 명성을 찾기 위해 다시 전쟁을 준비하지만, 과거를 되풀이하듯 같은 결과를 맞이한다. 그렇게 계좌는 점점 가벼워지고, 바람에 날리는 먼지가 되어간다.

지금까지 주식 실패의 흐름을 나열해봤다. 도대체 무엇을 잘못한 것일까? 전쟁에서 대부분의 패잔병은 잘 모르고 투자한 성장 기업과 혁신 기업일 것이다. 반대로 든든하게 계좌를 붉게 밝혀주는 병사는 배당기업이다.

다음 전쟁을 준비한다면 성장이 아닌 배당이란 병사를 늘려야 하는 것이 맞다. 그런데 대부분의 투자자는 전세 역전을 꿈꾸며 패잔병을 기용한다. 결과는 역시나 같다. 낮은 확률로 강력한 용병을 기용해 전쟁에서 이길 확률도 있지만 그것은 용병을 선별할 수 있는 능력과 전략이 있어야 가능한 일이다. 내가 그런 능력이 있는 사람인지 진지하게 생각해보자.

그렇지 않다면 이길 확률이 높은 배당투자를 선택하는 것도 방법이 된다. 조금 지루한 전쟁이 될 수 있지만 전쟁에는 승자와 패자가 존재하기에 누가 이기느냐는 생사가 걸린 중요한 문제다.

지금 본인의 계좌를 확인해보라. 빨간색 용병과 파란색 패잔병 중에 그동안 어디에 더 많은 지원과 관심을 가졌는가? 잘못된 선택은 잘못된 결과를 낳는 법이다. 과거와 다른 꽃길이 펼쳐진 결과를 원한다면 지금까지의 전략은 미련 없이 버려야 한다. 같은 전략은 같은 결과의 반복일 뿐이다. 지금부터 새로운 전략이 필요하다. 빨간색 용병을 키우고 패잔병 대신에 내 계좌의 성벽을 높여줄 병사를 찾아야 한다.

그 충성스러운 병사는 앞에서 소개한 배당기업과 ETF다. 견고한 투자 전략으로 피로 물든 계좌를 꽃이 피는 새로운 양질의 땅으로 탈바꿈해야 한다.

매수 버튼 1분, 불안함 1년

전설적인 투자자 피터 린치의 명언 중에 "투자할 때 최소한 냉장고 고를 때만큼의 시간과 노력을 기울여라"라는 말이 있다. 우리는 신발 하나를 사더라도 단돈 1,000원이라도 저렴하면서 내게 맞는 신발을 찾기 위해 몇 시간을 소비하면서 내 소중한 자산 수백 수천만 원을 투자할 때는 몇 분도 걸리지 않는 경우가 많다. 매수 버튼은 1분 만에 눌러놓고 가격이 오르고 내리는 것은 1년 내내 불안한 마음으로 쳐다본다.

무언가 잘못됐다고 생각되지 않는가? 매수 버튼을 누르는 데 걸리는 1분이라는 시간을 한 시간으로 늘리고 종목을 탐구하는 시간을 갖는다면 우리의 계좌는 조금 더 견고해진다. 그렇다고 시간을 무조건 늘린다고 좋은 것은 아니지만 1분 만에 선택한 결정보다 60배 더 많이 고민한 선택이 더 나은 결과를 낳을 가능성이 크다.

열심히 공부해 찾아낸 좋은 종목을 하나씩 채워 나가면 우리의 계좌는 유기농 음식을 먹고 자란 건강한 황소로 가득 차게 될 것이다. 지금부터 건강하고 튼실한 황소로 가득한 농장을 몇 개 소개할 테니 투자 포트폴리오를 구축하는 데 도움이 되길 바란다.

배당주 매수 타이밍 세 가지

1) 20일 이동평균선 이하 (적립식투자)

2) 배당률 지지선 터치

3) 보조지표: RSI 30 이하, MFI 20 이하

DAY | 21

시간을 벌어주는
나만의 즐겨찾기 다섯 가지

유튜브 '수페TV' 채널에서 관련 영상 함께 보기

● 주식투자는 사고(매수) 파는(매도) 행위를 통해 1차적 수익이 발생되고 보유하고 있는 동안 배당금이 입금
되면서 2차 수익이 발생한다. 모두 싸게 사면 수익이 올라가는 구조를 갖고 있기 때문에 최대한 낮은 단
가에 매수하는 것이 중요하다. 아래 나열된 10개 항목 중에 주식을 싸게 사기 위해 꼭 봐야 할 항목은 무
엇인지 체크해보자.

☐ 과거 수익률 ☐ 일평균 거래량 ☐ 차트 보조지표

☐ 현재 단가 ☐ CEO 마인드 ☐ 수페TV 영상

☐ 이동평균선 ☐ 지인 조언 ☐ 대주주 지분

☐ 배당률

고기 잡는 방법

숨쉬는 것이 자연스러운 행동이듯 무인도에서 혼자 생활하는 것이 아니라면 돈을 사용하는 것 또한 필수다. 그렇다면 돈을 평생 벌어야 한다는 이야기인데, 내 몸이 아닌 내 돈이 일하게 만드는 것이 중요하다.

그 방법은 배당투자로, 지금의 상황에 맞게 좋은 종목을 선별해 소개하는 것이 이 책의 역할이지만, '평생'이라는 시간은 리스크를 발생시킨다. 그래서 고기를 잡아주는 것도 좋지만 고기 잡는 방법을 알려줘야 평생 굶어 죽지 않게 된다.

특히 미국주식에 투자할 때는 내가 원하는 정보를 어디서 어떻게 찾아봐야 할지 막막하다. 나 또한 원하는 정보를 얻기 위해 100개가 넘는 사이트를 검색하고 검색하고 또 검색했다. 유료 사이트도 활용해봤지만 무료로 볼 수 있는 사이트로도 좋은 종목을 발굴하고 내게 필요한 정보를 얻을 수 있었다.

지금부터 현명한 배당투자를 위해 꼭 알아야 할 무료 사이트와 정보를 소개하겠다. 대부분 해외 사이트여서 영어로 표기된 것이 어색할 수 있지만, 나오는 단어가 반복적이라 계속 보면 적응하게 될 테니 겁먹지 말고 자주 보자.

1) 미국주식 배당 관련 정보 찾는 방법(배당률, 배당내역, 배당성장률 등)

웹사이트 '시킹알파(https://seekingalpha.com)'에 들어가면 오른쪽과 같은 화면이 나온다. 상단에 있는 ① 검색바에서 내가 찾고 싶은 종목의 티커를 입력한다. 예시로 펩시(PEP)를 입력했다. 검색된 결과를 보면 기업의 기본 정보,

금융 정보, 배당 정보 등 다양하게 나오며 원하는 정보를 찾아볼 수 있다. 우리는 ② 배당(Dividends)를 클릭하고 검색된 내용 중에 ③ 배당요약(Dividend Summary)을 확인한다.

- Div Yield(FWD): 연간 예상 배당률
- Annual Payout(FWD): 연간 예상 배당금
- Payout Ratio: 배당성향
- 5 Year Growth Rate: 최근 5년간 배당성장률
- Dividend Growth: 배당증가연수

위와 같이 배당과 관련된 기본정보 다섯 가지를 바로 확인할 수 있다. '연간 예상 배당률'은 예상 배당금을 주가로 나눈 값이기 때문에 매일 움직이는 주가에 따라 함께 변경된다는 점을 알고 있어야 한다.

미국 배당기업뿐만 아니라 ETF도 검색 가능하니 찾고 싶은 종목이 있다면 수시로 찾아보는 습관을 갖자. 여기서 한발 더 나아가 해당 종목의 배당내역을 상세하게 살펴보고 연도별 배당성장률까지 체크해보자.

시킹알파 배당 정보 항목에서 ④ 배당증가(Dividend Growth)를 클릭하면 연도별 배당금 내역을 확인할 수 있다. 최근 10년 동안 배당금이 얼마였는지 그래프로 확인할 수 있고 조금 더 밑으로 내려가면 ⑤ 배당증가이력(Dividend Growth History)이 있다. 해당 종목이 언제부터 얼마의 배당금을 지급했는지 모두 확인할 수 있으며 ⑥ 연도별 배당증가율(Annual Payout Growth, YoY)을 통해 매년 배당성장률의 편차가 어느 정도 발생했는지 확인할 수 있다.

2) 한국주식 배당내역 찾는 방법
웹사이트 '증권정보포털 세이브로(https://seibro.or.kr)'에 들어가면 다음과

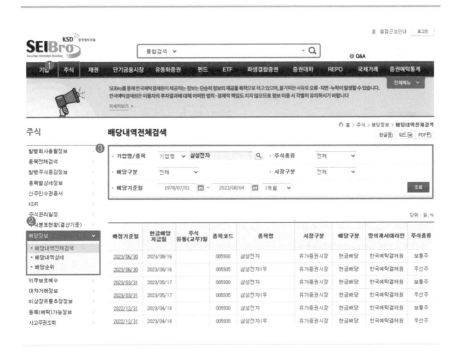

같은 화면이 나온다. 상단에 있는 ① 주식 탭을 선택하면 왼쪽에 주식 관련된 다양한 정보를 확인할 수 있는 메뉴가 나온다. 메뉴 중간에 ② 배당정보가 있고 그 안에 ③ 배당내역전체검색이 있다. 클릭하면 찾고 싶은 배당기업을 입력할 수 있는 공간이 활성화된다.

예시로 삼성전자를 검색했고 '배당기준일'은 검색 가능한 최장기간을 1978년으로 설정했다. 검색 결과는 지급일 기준으로 표시되며, 삼성전자는 1988년부터 배당을 지급한 것을 알 수 있었다. '다음에 해봐야지'라고 생각하지 말고 지금 잠깐 책을 내려놓고 분기 배당기업 SK텔레콤을 검색해보자.

3) ETF 정보 찾는 방법

웹사이트 'ETF.COM(https://etf.com)'에 들어가면 204쪽과 같은 화면이 나

Markets Monitor   My Dashboard   Tools   News   Topics   Advisor Center

Home / SCHD

 OVERVIEW   HOLDINGS   EF

SCHD Schwab U.S. Dividend Equity ETF

$68.77 -0.8 (-1.15%)
Closed
Xignite Super Quotes
[NYSEArca]

A
--

PEER TOP 20% RANK

SCHD Analysis & Insights

SCHD tracks a market-cap-weighted index of 100 dividend-paying US equities.

SCHD is a market-cap-weighted fund whose selection universe only includes firms with a 10-year history of paying dividends. Within that universe, SCHD uses fundamental screens (cash-flow to debt ratio, ROE, dividend yield, and dividend growth rate) to build its portfolio. The objective is to focus on quality companies with sustainable dividends. As such, this approach gives the fund a modest large cap tilt and excludes REITs entirely. Individual securities are capped at 4% and sectors capped at 25% of the portfolio. Its overall composition is reviewed annually, while the portfolio is rebalanced quarterly.

SCHD Summary

Issuer	Charles Schwab
Inception Date	10/20/11
Expense Ratio	0.06%
AUM	$45.50B
Index Tracked	Dow Jones U.S. Dividend 100 Index
Segment	MSCI USA IMI High Yield Dividend Index
Structure	Open-Ended Fund

SCHD Holdings

[As of 10/31/2023]

TOP 10 WEIGHT	40.96%
ALL OTHER	59.04%

SCHD Portfolio Data

WEIGHTED AVERAGE MARKET CAP	$142.89B	DISTRIBUTION YIELD	3.91%
PRICE / EARNINGS RATIO	14.62	NEXT EX-DIVIDEND DATE	12/06/23
PRICE / BOOK RATIO	3.44	NUMBER OF HOLDINGS	102

Holding	Allocation %
Verizon Communications Inc.	4.42%
Amgen Inc.	4.42%
AbbVie, Inc.	4.17%
Broadcom Inc.	4.15%
Merck & Co., Inc.	4.15%
Coca-Cola Company	4.13%
PepsiCo, Inc.	4.02%
Cisco Systems, Inc.	3.92%
Pfizer Inc.	3.82%
Chevron Corporation	3.76%

View All

SCHD Sectors

Sector	Allocation %
Health Technology	16.56%
Finance	14.77%
Consumer Non-Durables	13.00%
Electronic Technology	11.36%
Energy Minerals	8.66%
Technology Services	8.31%
Retail Trade	4.78%
Communications	4.42%
Producer Manufacturing	4.32%
Transportation	3.57%

SCHD Countries

Country	Allocation %
United States	99.97%

온다. 상단에 있는 ① 검색바에서 내가 찾고 싶은 종목의 티커를 입력한다. 예시로 배당성장 ETF 'SCHD'를 입력했다. 검색된 결과를 보면 ② ETF기본정보로 운용사(ISSUER), 총보수(EXPENSE RATIO), 자산 규모(ASSETS UNDER MANAGEMENT), 상장일(INCEPTION DATE) 등이 있다.

상단 메뉴에 'HOLDINGS'를 클릭하면 ③ 투자기업 TOP 10과 섹터 비중도 확인할 수 있으며 13일 차에 이야기했던 'ETF 투자 전 꼭 확인해야 할 다섯 가지' 모두 점검할 수 있다. 투자하고 싶은 ETF가 여러 개 있다면 비교해보고 결정하자.

4) 배당 왕족주/귀족주 데이터 다운로드 받기

웹사이트 'Sure Dividend(https://www.suredividend.com)'에 들어가면 아래와 같은 화면이 나온다. 상단에 빨간색으로 표시된 ① 확실한 배당투자 방

Sure Dividend 홈페이지

Sure Dividend
HIGH-QUALITY DIVIDEND STOCKS, LONG-TERM PLAN

❶　　The Sure Dividend Investing Method

Member's Area

Welcome to Sure Dividend

The *Sure Analysis Research Database* contains reports on more than 850
❷securities. We cover (among other securities):

- All Dividend Kings 왕족주
- All Dividend Aristocrats 귀족주
- All Dividend Champions
- **Many** REITs, MLPs, and BDCs
- Blue-Chip dividend growth stocks
- Many monthly dividend paying securities

Note: We will continue to increase the number of securities we cover going forward.

법(The Sure Dividend Investing Method)를 클릭한다. 새로운 창으로 이동하며 스크롤을 아래로 조금 내리면 ② 왕족주와 귀족주를 만나게 된다. 클릭하면 엑셀시트 모양이 보이며 다운로드 받을 것인지 물어본다. 배당 정보를 받고 싶다면 메일주소를 입력하면 끝이다. 1분도 걸리지 않아 배당 왕족주와 귀족주의 정보가 담긴 엑셀파일을 받아볼 수 있다.

5) 기업 재무제표 확인하는 방법

웹사이트 '스톡로우(https://stockrow.com/)'에 들어가면 아래와 같은 화면이 나온다. 상단에 있는 ① 검색바에서 내가 찾고 싶은 종목의 티커를 입력한다. 예시로 브로드컴(AVGO)를 선택했다. 기업의 실적을 확인하는 방법으로 두 가지가 있는데 중간에 있는 메뉴 ② 스냅샷(Snapshots), 재무제표(Financials)다. 여기서 내가 좋아하는 것은 '스냅샷'으로, 잘 모르는 기업을 공

스톡로우, 스냅샷(Snapshots)

스톡로우, 재무제표(Financials)

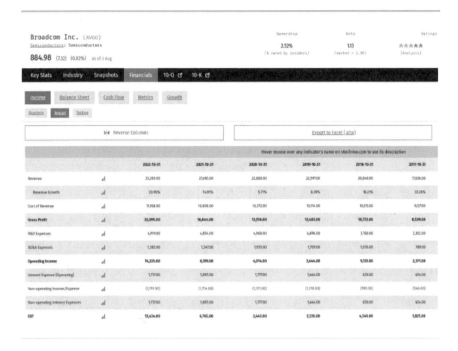

부할 때 가시적으로 기업의 상태를 빠르게 확인할 수 있다. 매출, 순이익, 부채, 주식 수 변화 등을 2개씩 묶어서 복합적으로 점검할 수 있다.

스냅샷에서 좋은 기업이라는 판단이 들었다면 기업의 속을 들여다볼 수 있는 숫자를 보기 위해 '재무제표'로 넘어간다. 분기별, 연도별 다양하게 재무 제표를 확인할 수 있다. 이 사이트의 가장 큰 장점은 10년간의 기업실적을 한 눈에 볼 수 있다는 것이니 꼼꼼하게 확인하자.

> • 시킹알파: 미국주식 배당 관련 각종 정보 확인(배당률, 배당내역, 배당성장률 등)
> • 세이브로: 한국주식 배당내역 확인
> • ETF.COM: ETF의 모든 정보 확인(운용사, 자산 규모, 총보수, 투자 기업 등)
> • 슈어 디비던드: 배당 왕족주와 귀족주 데이터 확인
> • 스톡로우: 기업 재무제표 확인(10년)

월 100만 원씩 배당주에 투자하면 벌어지는 일

유튜브 '수페TV' 채널에서 관련 영상 함께 보기

● 매달 100만 원씩 배당주에 투자를 하기로 결정했다. 나의 투자성향을 고려해 아래 보기 중 어떤 종목을 매수하고 싶은지 선택해보자.

① 현재 배당률이 2%밖에 되지 않지만 매년 20%의 배당금을 인상하는 기업

② 현재 배당률이 6%로 안정적이며 월배당을 지급하는 기업

③ 현재 배당률이 4%이고 배당성장률은 14%인 기업

보기 좋은 떡, 먹어도 볼까?

한국예탁결제원에서 조사한 해외 종목 보유현황을 살펴보면 TOP 50에서 제대로 된 배당기업은 JP모건과 리얼티인컴밖에 없다. 그럼 많은 사람이 투자하고 있는 월배당 리츠기업인 리얼티인컴은 투자해도 괜찮을까?

실제로 좋은 종목인지 앞에서 선별한 기업과 ETF를 함께 비교해보자. 비교 대상 종목으로 배당률이 1%대로 작지만 배당성장률이 높은 왕족주 로우스(LOW)와 배당성장 ETF의 대표주자인 SCHD를 선정했다. 둘의 장점이 다르기 때문에 시뮬레이션을 돌려보면 투자 선택에 도움이 될 것이다.

리얼티인컴(O)은 배당률이 6.22%로 시중은행 예적금 이자보다 높으며, 최근 5년간의 배당성장률이 3.70%로 전반적인 물가상승률을 이긴다. 게다가 매달 중순에 배당금이 들어오는 월배당 구조를 갖고 있는 보기 좋은 떡이다.

로우스(LOW)는 배당률이 2.31%로 리얼티인컴의 절반도 안 되는 수준이지

투자종목 기본정보

리얼티인컴(O)	로우스(LOW)	SCHD ETF
• 배당률: 6.22% • 배당성장률: 3.70%	• 배당률: 2.31% • 배당성장률: 19.97%	• 배당률: 3.78% • 배당성장률: 13.69%

기준일: 2023.10.20

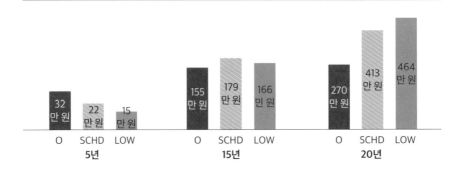

적립식 100만 원 투자, 시뮬레이션 결과(월 배당금)

만, 다행히 최근 5년간 배당성장률이 19.97%로 높다. 2배가 넘는 배당률을 따라잡으려면 몇 년이란 시간이 필요할까? 차근차근 계산해볼 테니 내게 남은 투자 시간과 비교해보길 바란다.

마지막 SCHD ETF는 리얼티인컴(O)과 로우스(LOW)의 중간쯤 되는 배당률과 배당성장률을 가지고 있다. 역시 ETF는 많은 기업에 투자하고 있기 때문에 평균적인 모습을 보이고 있다. 지금부터 3개 종목을 매달 100만 원씩 투자하고 배당금 또한 재투자한다면 배당소득세 징수 후에 실제로 내 계좌에 들어오는 돈이 얼마인지 예상되는 결과를 도출해보자.

쉽게 비교할 수 있도록 SCHD와 로우스는 분기배당이지만 월 배당금 지급을 환산했다. 처음 5년을 지켜본 결과, 투자원금은 종목별 6,000만 원이 되고 월 배당금은 리얼티인컴 32만 원, SCHD 22만 원, 로우스 15만 원이다. 배당률이 6%대로 높았던 리얼티인컴이 1위를 차지했다. SCHD와 로우스는 높은 배당성장률을 가지고 있었지만, 5년이란 시간은 복리의 마법이 작용되기엔 부족했다. 투자를 계속해서 15년 차가 됐을 때 배당금을 봤더니 리얼티인컴 156만 원, SCHD 179만 원, 로우스 166만 원이 됐다.

드디어 배당금 순위가 바뀌었는데, 배당성장률이 가장 높았던 로우스가 아닌 SCHD가 1위를 차지했다. SCHD가 리얼티인컴을 역전하기 시작하는 건 13년 차일 때, 로우스가 리얼티인컴을 역전하는 건 15년 차일 때다. 배당성장률이 중요하다고 생각했는데 아직 SCHD보다 로우스의 배당금이 적다.

배당성장률만 믿고 로우스에 투자한 사람은 실망했을 것이고 보기 좋은 떡 리얼티인컴에 투자한 사람은 맛도 좋다고 생각할 것이다. 조금만 더 참고 계속 투자를 이어가보자. 20년 뒤 월 배당금은 리얼티인컴 270만 원, SCHD 413만 원, 로우스 464만 원이 된다. 로우스가 1위를 차지했다. 리얼티인컴의 배당금보다 매달 194만 원을 더 받게 된다. 기다린 보람이 있는가?

결과만 놓고 보면 로우스에 매달 100만 원씩 20년간 투자한 것이 그 어떤 투자보다 잘한 선택이다. 하지만 과정을 보면 그렇지 않다. 로우스는 8년 차까지 월 50만 원도 되지 않은 배당금을 지급한다. 과연 나는 상대적 박탈감을 견디고 앞만 보고 달릴 수 있는가? 곰곰이 생각해봐야 한다.

3개 종목의 배당금 증가 그래프를 보면 상대적 가치의 인내심 길이를 측정

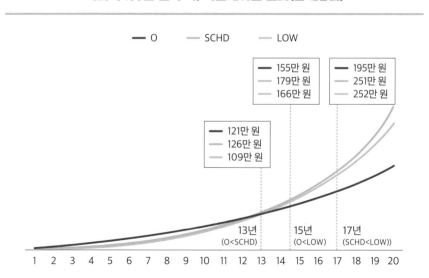

적립식 100만 원 투자, 시뮬레이션 결과(월 배당금)

해볼 수 있다. 13년 차가 됐을 때 SCHD가 리얼티인컴의 배당금을 역전한다. 즉 리얼티인컴 대신 SCHD에 투자했다면 13년이라는 인내의 시간을 통과해야 맛있는 열매가 열린다.

여기서 우리가 짚고 넘어갈 것은 투자와 시간의 개념이다. 13년 뒤 돈이 필요해 다른 목적으로 사용하거나 배당금이 13년 이내로만 필요하다면 3개 종목 중에 배당 측면에서 리얼티인컴이 가장 좋은 선택이 된다.

오래 복리효과를 누리는 것이 가장 좋지만 이론적인 이야기가 내게 적용 가능한지 나의 투자 환경을 고려하자. 15년 차가 됐을 때 로우스의 열매가 열리고 SCHD와 로우스의 경쟁이 시작된다. 로우스가 SCHD를 역전하는 순간은 17년 차로 꽤 오래 걸린다. 20년이라는 시간을 놓고 본다면 로우스는 3년을 제외한 모든 시간 동안 상대적 박탈감에 투자를 계속해도 되는지 고통의 시간을 보낼 것이다. 심지어 주변 지인들이 이 사실을 알고 있다면 미련하다는 이야기를 듣게 되고, 투자하고 있다는 사실을 밝히지 못하는 날이 늘어난다.

당연히 기업에 대한 신뢰와 밝은 미래를 보고 투자했지만 확답할 수 없는 것이 투자이고, 리스크는 언제나 존재하기에 긴 시간은 두려움의 대상이 된다. 좋은 말로 복리효과를 예쁜 포장지에 담아 선물할 수 있지만 현실을 외면하면 결승점에 도달할 수 없기에 정면으로 부딪혀야 한다.

혹독한 20년을 이야기했으니 그다음은 어떻게 되는지 살펴보자. 30년으로 시간을 확장하면 상대적 배당가치로 1위를 차지하는 구간은 리얼티인컴 13년, SCHD 4년, 로우스 13년이 된다. 배당성장률이 가장 높았던 로우스는 17년 차부터 그동안 받은 고통이 치유되기 시작하는데 그 속도는 엄청나다.

30년 차가 됐을 때 3개 종목의 월 배당금은 리얼티인컴 719만 원, SCHD 2,040만 원, 로우스 3,424만 원이 된다. 30년 뒤 물가상승률을 반영해야 하지만 월 3,000만 원이라는 숫자는 정말 대단한 성장이다.

투자 시간과 배당가치

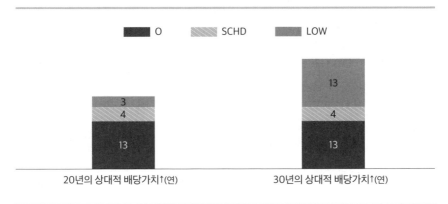

- O
- SCHD
- LOW

20년의 상대적 배당가치↑(연)

30년의 상대적 배당가치↑(연)

보기 좋은 떡이라고 생각했던 리얼티인컴을 SCHD ETF와 로우스를 함께 놓고 비교하니 장기적인 관점에서 맛도 좋은 떡은 아니었다. 떡은 방앗간에서 따뜻할 때 먹는 것이 가장 맛있듯이 리얼티인컴도 매달 배당이 필요한 투자자에게 매월 입금되는 따뜻한 6% 배당률이 맛있는 것이다. 그래서 은퇴해 별도의 수익이 없는 투자자에게 적합한 종목이다.

하지만 배당금까지 재투자하면서 20년 이상의 장기적인 관점으로 투자 계획을 세우고 있다면, 시간의 고통을 이겨내는 투자를 해야 한다. 나는 얼마의 기간을 가지고 투자할 것인지 계획을 세우고 종목을 바라보자. 그래야 내게 어울리는 옷이 무엇인지 알게 된다.

- 한국인 보유 비중 높은 배당기업 → 리얼티인컴
- 왕족주 배당성장률 높은 기업 → 로우스
- 배당성장률 높은 ETF → SCHD ETF

DAY | 23

브랜드 가치 높은 배당기업에 투자하라

유튜브 '수페TV' 채널에서 관련 영상 함께 보기

체크리스트

- 미국에서는 배당금을 지급하는 회사가 상당히 많다. 이익을 나눠주는 것을 당연하게 생각하며 주주 친화적인 모습을 보인다. 아래 기업 중에서 배당금을 지급하는 회사가 15개다. 내가 알고 있는 기업을 모두 동그라미로 체크해보자.

애플	마이크로소프트	엔비디아	아마존	테슬라
월마트	스타벅스	버크셔헤서웨이	3M	존슨앤존슨
맥도날드	나이키	보잉	메타플랫폼	P&G
도미노피자	구글	켈로그	크로거	블랙락

(배당금을 지급하지 않는 기업: 아마존, 테슬라, 버크셔헤서웨이, 메타플랫폼, 구글)

세계 1위의 브랜드 배당기업

모든 투자는 불안하다. 그래서 투자라는 작은 나무가 걱정과 악재라는 물을 마시면 공포가 자란다. 걱정이 풍년이 되면 열매가 열리기도 전에 다른 나무로 교체하는 어리석은 행동을 하게 되는 경우가 종종 있다.

이런 바보 같은 행동을 하지 않으려면 내가 투자하고 있는 기업을 조금 더 깊이 알고 이해하고 분석할 줄 알아야 한다. 초보 투자자라면 처음 듣는 이름의 모르는 기업을 알려고 머리 싸매고 노력하는 것보다 이미 알고 있는 유명한 기업을 공부하는 것이 좋다.

우리가 평소에 자주 접하는 세계적으로 유명한 제품 혹은 서비스의 브랜드를 생각해보자. 스마트폰은 애플, 대형마트는 월마트, 커피는 스타벅스, 카드는 비자, 탄산음료는 코카콜라가 떠오른다. 앞의 단어를 말함과 동시에 뒤에 기업명이 바로 떠올랐는가? 그것이 바로 브랜드의 힘이고, 그 가치는 자연스럽게 기업의 매출로 이어진다.

그 외에 다양한 기업이 있지만 지금 나열한 기업은 배당을 지급하는 회사들이다. 모르는 기업이 망하는 것을 눈치채고 투자금을 회수하는 것보다, 애플과 월마트가 실적이 좋지 못하고 사람들의 관심에서 멀어지는 것을 느끼고 대처하는 것이 더 쉽고 빠르다(실제로 배당기업이 상장폐지될 가능성은 낮지만 말이다). 눈에 잘 보이고, 심지어 내가 소비하는 기업에 투자한다면 불안한 마음도 줄고, 열매가 열리기 전에 뿌리를 뽑는 당혹스러운 행동도 하지 않게 된다.

각 분야에서 브랜드 가치가 높은 배당기업을 살펴보면 그림과 같다.

스마트폰 → 애플

대형마트 → 월마트

통신 → 버라이즌

인테리어 → 홈디포

커피 → 스타벅스

카드 → 비자

음료 → 코카콜라

헬스케어 → J&J

담배 → 알트리아

스포츠 → 나이키

펜시/문구 → 3M

비행기 → 보잉

은행 → JP모건

햄버거 → 맥도날드

시리얼 → 켈로그

피자 → 도미노피자

케첩 → 하인즈

초콜릿 → 허쉬

문서 → 마이크로소프트

주방용품 → P&G

브랜드 가치가 높은 20개 배당기업에 모두 투자하면 좋겠지만, 우리가 투자할 수 있는 돈은 한정적이다. 그럼 우리의 소중한 돈을 어디에 투자하면 좋을까? 현명한 투자자는 리스크를 줄이기 위해 다양한 분야로 나눠서 투자한다.

20개 배당기업의 분야를 나눠보면 필수소비재 8개, 소비순환재 6개, 기술 3개, 금융 1개, 산업 1개, 헬스케어 1개로 총 7개 분야다. 조금 더 심플하게 이중에 다시 5개 기업을 추려보자. 각자 좋아하는 기업과 미래 전망을 좋게 보는 회사가 다를 것이다.

여기서는 내게 어울리는 기업을 선택하는 것이 중요하다. 다른 사람의 말을 듣고 선택한 기업 혹은 내게 피부로 와닿지 않는 회사는 장기투자하기 힘

브랜드 가치 높은 배당기업 분야별 구분

필수소비재

P&G
알트리아
3M
월마트
코카콜라
크래프트하인즈
켈로그
허쉬

소비순환재

스타벅스
홈디포
나이키
도미노피자
맥도날드

기술

애플
마이크로소프트
비자
버라이즌

금융

JP모건

산업

보잉

헬스케어

J&J

들기 때문이다.

아직도 어떤 기업을 선택해야 할지 모르겠다면 한 가지만 생각하자. 우리가 주기적으로 쓴 돈을 받아서 매출로 바꾸는 기업을 선택해보자. 내가 주로 사용하는 것은 P&G의 페브리즈와 오랄비의 칫솔, 코카콜라의 제로콜라, 스타벅스의 아메리카노, 애플의 아이폰, 존슨앤존슨의 타이레놀이다. 이것으로 투자할 5개 기업이 선택됐다.

5개 기업의 현재 배당률과 과거 5년 평균 배당성장률을 체크해보면 코카콜라 배당률이 3.37%로 가장 높고 배당성장률은 스타벅스가 10.97%로 가장 높다. 5개 기업의 평균을 계산해보면 배당률은 2.40%이고 배당성장률은 6.52%다.

다소 작은 숫자라서 실망할 수 있지만 50년 이상 배당금을 늘려온 기업이 3개나 포함된 든든한 포트폴리오다(P&G, 코카콜라, 존슨앤존슨). 그만큼 배당

세계 1위 브랜드 배당기업 포트폴리오

종목명	섹터	티커	비중	배당률(%)	배당성장률 (%, 5년)	배당지급 (월)
P&G	경기방어	PG	20%	2.54	5.63	
애플	기술	AAPL	20%	0.56	6.69	2, 5, 8, 11
스타벅스	소비순환	SBUX	20%	2.42	10.97	
존슨앤존슨	헬스케어	JNJ	20%	3.11	5.92	3, 6, 9, 12
코카콜라	경기방어	KO	20%	3.37	3.40	4, 7, 10, 12
평균				2.40	6.52	-

기준일: 2023.10.20

지속성이 강한 기업이며 과거 IT 버블, 리먼 사태, 팬데믹을 이겨낸 신뢰해도 되는 기업임을 잊지 말아야 한다.

잃지 않는 투자를 생각한다면 오랜 시간 배당금을 늘려온 주주 친화적인 기업을 선택하는 것이 좋다. 그런 의미에서 브랜드 가치가 높은 기업을 선별해 투자하는 것은 안정적인 배당투자 전략이라고 할 수 있다. 혹시 투자 중간에 사용하는 브랜드의 제품과 서비스를 교체하거나 단종되는 일이 발생한다면, 기업 가치가 훼손되고 있는 것은 아닌지 점검해야 한다. 브랜드 기업에 투자하는 가장 큰 이유는 직접 체험하고 평가할 수 있기 때문이라는 걸 기억하자.

세계 1위 브랜드 배당기업 포트폴리오를 구축했으니 이제 얼마의 배당금을 받게 되는지 계산해보자. 총 1억 원을 투자했다고 가정하면 각 기업에 2,000만 원의 투자금이 들어가게 된다. 배당금 지급월을 구분하면 2, 5, 8, 11월에는 P&G, 애플, 스타벅스에서 배당금이 지급되며 평균 배당률 1.84%로 계산하면 분기마다 세후 23만 5,000원이 된다. 3, 6, 9, 12월에는 존슨앤존슨에서 세후 13만 2,000원의 배당금이 지급된다.

코카콜라 배당지급 월이 조금 특이한데 4, 7, 10월에는 1일에 지급되고 12월에는 15일에 배당금이 나온다. 나중에 배당금으로 생활하게 되면 배당금

세계 1위 브랜드 배당기업 1년 차 배당금

(단위: 만 원)

1월	2월	3월	4월	5월	6월	7월	8월	9월	10월	11월	12월
	23.5			23.5			23.5			23.5	
		13.2			13.2			13.2			27.5
			14.3			14.3			14.3		

연 배당금: 204만 원

이 지급되는 월뿐만 아니라 몇 일인지까지 알고 있어야 한다. 월배당 구조를 만들었는데 그것이 월초와 월말이라면 거의 두 달 만에 배당을 받게 될 수 있기 때문이다.

코카콜라 배당률은 3.37%로 분기마다 세후 13만 3,000원이 지급된다. 12월에는 존슨앤존슨과 코카콜라 배당이 함께 지급되므로 배당금이 27만 5,000원이 된다. 처음 1년 동안 5개 기업에서 받는 배당금 총액은 세후 204만 원이 된다.

연 배당금 204만 원이 적다고 생각할 수 있지만 배당성장률 6.52%를 적용해 미래 연간 배당금을 산출해보면 5년 차에 283만 원, 10년 차에 427만 원, 15년 차에 644만 원, 20년 차에 971만 원이 된다.

배당금 재투자로 진행했을 때 계산이며 내가 매달 받고 싶은 배당금액에 도달하면 그때부터 배당금을 사용하자. 그전에는 꾸준히 재투자로 복리효과를 가속화하는 게 좋다. 추가로 브랜드 가치가 높은 기업은 배당뿐만 아니라 성장도 함께 하기 때문에 자산 증식에도 도움이 된다. 다소 배당금이 약하다는 생각이 들 수 있지만 애플과 같은 기업의 10년 뒤를 생각하면 우리의 예상보다 더 큰 업적을 이룰 가능성이 높다.

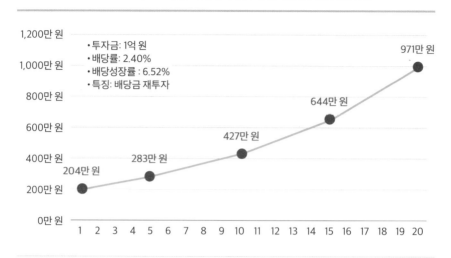

세계 1위 브랜드 배당기업 포트폴리오, 예상 연간 배당금

- 투자금: 1억 원
- 배당률: 2.40%
- 배당성장률 : 6.52%
- 특징: 배당금 재투자

204만 원
283만 원
427만 원
644만 원
971만 원

목표하는 배당금이 있는가? 예를 들어, 월 배당금 50만 원이 목표라면 15년 차에 연간 총배당금 644만 원이 되면서 월 배당금 54만 원으로 미션에 성공하게 된다. 15년 차부터는 배당금을 사용한다면 그 뒤로 배당금은 정체될까? 그렇지는 않다! 배당성장률만큼 배당금은 꾸준히 증가한다. 하지만 기존에 배당금을 재투자하면서 수량을 늘렸던 것만큼 드라마틱한 곡선을 그리지 않기 때문에 배당금 사용은 신중하게 결정하자.

• 세계 1위 브랜드 배당기업: P&G, 애플, 스타벅스, 존슨앤존슨, 코카콜라

DAY | 24

1억 원으로 미리 보는
고배당 vs 배당성장

유튜브 '수페TV' 채널에서 관련 영상 함께 보기

체크리스트

● 우리의 투자자산은 높은 수익률과 긴 시간이 만나 기하급수적으로 커지는 구조다. 복리효과의 핵심인 투자기간이 얼마나 될지 점검해보자. 예상되는 삶의 주기를 생각해 근로소득이 발생하는 구간과 그렇지 않는 구간을 색칠해보자. 추가로 근로소득 구간에는 얼마의 돈을 투자할 수 있는지 금액을 산정해보자.

(예를 들어 50세라면 근로소득 구간 20년, Only 소비 구간 30년, 투자금액 1~10년 차: 150만 원 11~20년 차: 100만 원)

근로소득 구간

5년	10년	15년	20년	25년	30년↑

Only 소비 구간

5년	10년	15년	20년	25년	30년↑

연차별 투자금액(만 원)

Only 소비 구간

생활비(월):   만 원

마음 한편에 고배당주

주식투자로 계좌에 입금되는 배당금을 처음 확인하는 순간 뿌듯한 마음과 함께 이렇게 작은 돈이 언제 내 월급만큼 자라날지 답답한 마음이 공존한다. 현재 배당금이 작지만 미래 배당성장이 기대되는 기업과 ETF로 호기롭게 포트폴리오를 구축했는가? 그럼 마음 한편에는 고배당 종목으로 갈아타라는 유혹이 계속될 것이다.

이는 배당투자자가 많이 하는 고민으로 고배당주와 배당 성장주 중 어떤 길을 선택해야 하는지 복잡한 마음이다. 나 또한 이런 고민을 자주 하는데, 그때마다 시뮬레이션을 돌려보며 내게 정말 필요한 종목이 무엇인지 점검하는 시간을 갖는다. 올바른 선택에 도움될 수 있도록 고배당과 배당성장 포트폴리오, 두 가지를 구성해 비교해보겠다. 각자 상황에 따라 내게 맞는 포트폴리오 구성이 무엇인지 생각해보자.

고배당 + 배당성장 포트폴리오

먼저 당부하자면, 여기서 선별한 기업과 ETF 종목들은 비교를 위한 예시일 뿐이다. 그대로 따라 하기보다, 참고해서 자신에게 맞는 투자 전략을 세우길 바란다.

포트폴리오 종목은 총 6개이며, 양쪽 모두 장기채권 TLT ETF가 동일하게 10%의 비중으로 포함되고 나머지 5개 종목이 다르게 구성된다. 고배당 포트폴리오를 먼저 보면, 왕족주에서 가장 높은 배당률을 자랑하는 알트리아(MO)를 시작으로 애브비(ABBV), 엑슨모빌(XOM), 리얼티인컴(O)을 담았다.

각 기업의 비중은 20%로 정했으며, 남은 10%는 커버드콜 방식을 활용한 고배당 ETF로 JEPI를 선택했다. 배당 변동성이 높은 JEPI는 일부로 낮은 비중을 취했으며, 이렇게 고배당 포트폴리오는 6개 종목으로 구성한다.

표를 보면 각 종목의 배당률과 배당성장률 그리고 배당금 지급월을 확인할 수 있다. 고배당 포트폴리오의 전체 배당률 평균은 5.92%이고 최근 5년간 연평균 배당성장률의 평균은 4.56%다.

배당성장 포트폴리오는 분산투자 효과를 높이기 위해 ETF의 비중을 50%로 설정했다. 10년 이상 배당을 꾸준히 늘려온 기업에 투자하는 SCHD를 선택했으며 나머지 배당성장 기업으로 ASML홀딩(ASML), 로우스(LOW), 펩시(PEP), 프로로지스(PLD), 장기채권 TLT ETF를 담았다.

SCHD 비중이 50%로 높다고 생각할 수 있지만 ETF 안에는 100개 기업이 담겨 있으며, 개별 기업으로 보면 1개 기업은 평균적으로 0.5%의 비중을 차지

고배당 포트폴리오

종목명	섹터	티커	비중	배당률(%)	배당성장률 (%, 5년)	배당지급 (월)
JEPI ETF	고배당	JEPI	10%	9.93	-	매달
알트리아	경기방어	MO	20%	9.18	5.85	1, 4, 7, 10
애브비	헬스케어	ABBV	20%	4.05	10.52	2, 5, 8, 11
엑슨모빌	에너지	XOM	20%	3.28	2.74	3, 6, 9, 12
리얼티인컴	리츠	O	20%	6.22	3.70	매달
TLT ETF	장기채권	TLT	10%	3.84	-	매달
평균				5.92	4.56	-

배당성장 포트폴리오

종목명	섹터	티커	비중	배당률(%)	배당성장률 (%, 5년)	배당지급 (월)
SCHD ETF	배당성장	SCHD	50%	3.78	13.69	3, 6, 9, 12
ASML홀딩	기술	ASML	10%	1.08	29.95	2, 5, 8, 11
로우스	경기순환	LOW	10%	2.31	19.97	2, 5, 8, 11
펩시	경기방어	PEP	10%	3.16	6.87	1, 3, 6, 9
프로로지스	리츠	PLD	10%	3.40	12.58	3, 6, 9, 12
TLT ETF	장기채권	TLT	10%	3.84	-	매달
평균				3.27	13.78	-

한다. 실제로 계산해보면 SCHD ETF에서 가장 높은 비중을 차지한 기업이 암젠(AMGN)으로 4.7%다.

SCHD 포트폴리오 비중 50%에서 4.7%를 차지하므로 전체 포트폴리오에서는 2.35%에 해당한다. 개별기업 10%씩 투자한 것에 비하면 절대 크지 않은 숫자이며, SCHD ETF 50%의 비중이 그리 높지 않다는 걸 알 수 있다.

이렇게 배당성장 포트폴리오는 6개 종목으로 구성된다. 표를 보면 각 종목의 배당률과 배당성장률 그리고 배당금 지급월을 확인할 수 있다. 배당성장 포트폴리오의 전체 배당률 평균은 3.27%이고, 최근 5년간 연평균 배당성장률의 평균은 13.78%다.

1억 원 투자 고배당 vs 배당성장

포트폴리오를 구성했으니 이제 1억 원을 투자했을 때 배당금이 얼마나 지급되는지 계산을 해보자. 고배당 포트폴리오는 배당률 5.92%로 세후 연 배당

고배당 포트폴리오 배당금

(단위: 만 원)

1월	2월	3월	4월	5월	6월	7월	8월	9월	10월	11월	12월
39.0			39.0			39.0			39.0		
	17.2			17.2			17.2			17.2	
		13.9			13.9			13.9			13.9

Altria / abbvie / ExxonMobil

JEPI TLT 18.6 × 12개월

연 배당금: 504만 원

금 503만 원이고 배당지급 월이 12개월 모두 채워진 포트폴리오이기 때문에 매달 배당금을 받을 수 있다.

실제로 지급되는 배당금을 보면, 1, 4, 7, 10월 알트리아(MO)로부터 39만 원, 2, 5, 8, 11월 애브비(ABBV)로부터 17만 2,000원, 3, 6, 9, 12월 엑슨모빌(XOM)로부터 13만 9,000원을 받는다.

여기서 끝이 아니다! JEPI, TLT, 리얼티인컴으로부터 매달 18만 6,000원을 받는다. 배당금이 적은 달에는 32만 5,000원, 많은 달에는 57만 6,000원이 지급된다. 고배당 포트폴리오는 처음부터 만족스러운 배당금을 받으며 시작할 수 있다는 장점이 있다.

반면 배당성장 포트폴리오는 배당률 3.27%로 세후 연 배당금 278만 원이다. 1, 3, 6, 9월 펩시(PEP)로부터 6만 7,000원, 2, 5, 8, 11월 ASML홀딩(ASML), 로우스(LOW)로부터 7만 2,000원을 받고, 3, 6, 9, 12월 프로로지스(PLD), SCHD로부터 47만 4,000원, 매달 TLT로부터 2만 7,000원을 받는다.

배당금이 적은 달에는 9만 4,000원, 많은 달에는 50만 1,000원이 지급된다. 배당금 편차가 상당히 큰 것을 알 수 있다. 고배당 포트폴리오에 비해 처음 시작이 만족스럽지 못할 것이다. 1억 원을 투자했는데, 생각보다 적은 배당금

배당성장 포트폴리오 배당금

(단위: 만 원)

1월	2월	3월	4월	5월	6월	7월	8월	9월	10월	11월	12월
6.7		6.7			6.7			6.7			
	7.2 ASML			7.2	LOWE'S		7.2			7.2	
PROLOGIS	47.4		SCHD		47.4			47.4			47.4
			TLT	2.7 × 12개월							

연 배당금: 278만 원

때문에 포기하고 싶은 마음이 생길지도 모른다. 이래도 배당성장 포트폴리오 투자를 유지해야 할까?

미래의 나에게 보내는 선물

배당성장 포트폴리오의 연 배당금은 278만 원으로 고배당 포트폴리오의 절반 수준밖에 되지 않는다. 배당성장 포트폴리오를 그만두고 싶겠지만 조금만 참고 앞으로 배당금이 얼마나 불어날지 계산해보자. 배당성장 포트폴리오의 평균 배당성장률은 13.78%로 고배당보다 3배 이상 높지만 2배나 벌어져 있는 배당금이 얼마의 시간으로 메꿔지게 될지, 내가 견뎌야 할 시간과 내 인내심의 무게를 저울에 달아보자.

비교하기 쉽게 월 평균 배당금으로 환산해보면, 1년 차 세후 배당금으로 고배당 포트폴리오의 배당금은 월 42만 원, 배당성장 포트폴리오의 배당금은 월 23만 원이다. 추가 투자 없이 1억 원의 원금과 배당금만 재투자했다고 하면

10년 뒤 고배당은 96만 원, 배당성장은 92만 원이 된다. 아직 역전하지 못했다.

시뮬레이션을 더 길게 돌려보면 12년 차가 됐을 때 역전이 된다. 금액은 고배당 115만 원, 배당성장 125만 원이다.

나의 인내심 무게는 12년보다 무거운가? 그렇지 않다면 배당성장 투자보다 고배당투자에 집중하는 게 좋다. 10년 이내에 배당금을 사용해야 하는 투자자라면 더욱더 그렇다. 배당성장을 놓치고 싶지 않다면 두 가지 포트폴리오를 섞어서 운영하는 것도 방법이다. 반대로 나의 인내심 무게가 12년보다 무겁다면 계속 투자를 이어가면 된다.

그렇게 20년 차까지 꾸준히 지켜내면 고배당 239만 원, 배당성장 426만 원으로 차이는 더 벌어진다. 30년 차가 되면 어떻게 될까? 배당금이 2배 이상 차이 나며, 금액이 기하급수적으로 커진다(20년 뒤 426만 원은 지금의 돈의 가치와 다르기 때문에 물가 상승을 고려해야 한다).

지금까지 배당금에 대한 이야기를 했는데 총자산은 얼마나 늘어났을까? 매년 8%의 수익이 발생했다면 20년 뒤 총자산은 약 5억 원으로 증가한다. 고

고배당 vs 배당성장 배당금 시뮬레이션(월 배당금)

— 고배당   — 배당성장

| — 42만 원 |
| — 23만 원 |

| — 96만 원 |
| — 92만 원 |

| — 115만 원 |
| — 125만 원 |

| — 239만 원 |
| — 426만 원 |

12년

1 2 3 4 5 6 7 8 9 10 11 12 13 14 15 16 17 18 19 20

배당투자의 경우 주가 상승력은 상대적으로 작을 수 있으며 6%를 적용해도 총자산은 3억 3,000만 원이 된다. 고배당과 배당성장 포트폴리오 인내심의 무게를 고려해 나는 어떤 투자를 원하는지 고민해보자.

투자 선택의 기준을 설정하기 위해 고배당과 배당성장 종목을 나눠서 포트폴리오를 구성했다. 2개 포트폴리오에서 인내심의 기준은 12년이며, 나의 투자 열정과 성향을 고려해 내게 맞는 투자 전략을 구성해야 한다.

종목을 선택해 투자를 시작했다면, 과거의 성적을 유지하는지 아니면 더 발전하고 있는지 분기마다 기업의 실적을 체크하자. 유지하면 시뮬레이션 결과와 비슷한 값이 나올 것이다. 그렇지 않다면 전혀 다른 숫자의 배당금이 설정되기 때문에 꾸준한 모니터링이 필요하다. 나만의 강력한 배당 포트폴리오를 구축해 경제적 자유를 이뤄보자!

- 고배당 포트폴리오: JEPI, 알트리아, 애브비, 엑슨모빌, 리얼티인컴, TLT
- 배당성장 포트폴리오: SCHD, ASML홀딩, 로우스, 펩시, 프로로지스, TLT

도대체 얼마나 모아야 경제적 자유일까?

유튜브 '수페TV' 채널에서 관련 영상 함께 보기

● 경제적 자유를 위해 우리가 꼭 확인해야 할 것은 숨만 쉬어도 빠져나가는 고정비다. 3일 차 체크리스트에서 확인한 전체 지출내역에서 고정비를 별도로 계산해보자. 매달 지출되는 고정비를 모두 더하면 얼마의 자산이 있어야 최소 생활을 할 수 있는지 가늠해볼 수 있게 된다.

교통비		관리비		기타 1	
통신비		보험료		기타 2	
가스비		구독료		기타 3	
	합계				

경제적 자유로 가는 길

24시간을 온전히 나의 것으로 만들기 위해서는 하루 동안 소비하는 모든 비용을 충당할 돈이 있으면 된다. 그런 하루가 쌓여서 한 달이 되고, 1년이 되고, 평생이 되면 그것이 경제적으로 자유로워지는 것이다.

얼마의 돈이 있어야 배당투자로 경제적 자유를 이룰 수 있을까? 내 소비금액이 월 300만 원이라고 할 때 배당률 5%를 적용해 계산해보면 8억 5,000만원이라는 터무니없는 숫자가 나온다. 여기서 포기하지 말고 우리가 생각해야 할 것은 누구나 시작은 서툴고 작다는 것이다. 서툰 칼질은 연습으로 극복하고 맛없던 요리는 계속 연구하고 도전하면서 결국 나만의 레시피를 찾고 멋진 요리를 맛있게 만들게 된다. 모든 것에 같은 원리가 작용하며 가장 어려운 것은 시작이다. 투자도 어렵게 생각하지 말고 서툴지만 시작하면 된다.

작은 시작이 물줄기가 되어 강으로 이어지고, 결국 바다로 흘러갈 것이다. 가벼운 마음으로 투자를 시작할 수 있도록 내 소비를 충당하는 투자 전략 5단계를 소개해보겠다. 원화 자산을 활용하기 위해 12일 차에 이야기했던 국내 분기배당 기업 삼성전자, SK텔레콤, CJ제일제당 중 배당률이 높은 SK텔레콤을 선택했다. 배당률이 6.84%로 경이로운 수준이다. SK텔레콤에게서 배당금을 받아 투자금액별 소비 충당 5단계 미션을 실행해보자.

1단계: 자기계발을 위한 '책값'

SK텔레콤에 500만 원을 투자하면 4, 5, 8, 11월에 분기 배당금으로 세후

7만 2,300원이 입금된다. 월로 환산하면 2만 4,100원으로 매달 책 한 권을 구매하고 오디오북 구독료를 지불할 수 있는 금액이다. 500만 원 투자로 책을 매달 평생동안 공짜로 받는다면 얼마나 남는 장사인가?

만약에 교보문고에서 '500만 원을 예치해놓으면 평생 책을 무료로 지급한다'는 마케팅을 한다면 당신은 참여하지 않겠는가? 나는 당장 참여할 것이다. 500만 원을 투자해 책을 읽으며 나를 발전시켜 더 가치 있는 사람으로 거듭나보자.

2단계: 내가 아플 때를 대비한 '실비보험료'

금액을 높여서 1,000만 원을 투자했다고 가정해보자. 그럼 매달 받는 배당금은 4만 8,200원이 된다. 이 금액은 매달 빠져나가는 실비보험료를 지불할 수 있는 돈이다. 사람마다 금액이 조금씩 다를 수 있지만, 아프지도 않은데 혹시 몰라서 매달 지불했던 찜찜한 보험료를 내가 아닌 SK텔레콤이 대신 내주는 것이다.

건강이 최우선이니 아프지 않는 것이 중요하지만 아플 때 돈 걱정을 줄일 수 있는 실비보험을 1,000만 원으로 해결하자.

3단계: 매달 소리 없이 빠져나가는 '관리비'

나의 소비를 하나씩 배당금으로 충당하다 보면 배당투자가 재미있어지고, 더 많은 돈을 투자종목에 맡기고 싶은 마음이 든다. 특히 매달 소리 없이 빠져나가는 관리비 같은 경우 말일이 되면 어김없이 내 돈을 빼앗아 간다.

이 금액은 SK텔레콤에 3,000만 원을 투자하면 해결할 수 있으며 월 배당금으로 14만 4,700원을 받을 수 있다. 관리비를 지불하고 남는 돈이 있다면 휴대폰 비용도 함께 처리하자.

4단계: 자동차 밥 주는 '주유비'

기름값이 올랐다는 기사를 접하면 한숨부터 나오는가? 그와 동시에 자동차 계기판을 봤는데 주유 게이지가 깜박이고 있으면 손해 본 것 같은 마음이다. 매일 자가용으로 출퇴근하는 사람은 주유비 할인을 받기 위해 새로운 카드를 만들고 주유비 지원되는 차량에 관심을 갖는다. 이제 전기차를 고려하는 사람들도 증가하고 있는데, 그렇다고 공짜로 차를 타고 다니는 것이 아니기 때문에 항상 차량 유지비에 대한 고민이 많다.

이 문제를 해결해줄 비책이 바로 배당투자다. SK텔레콤에 5,000만 원을 투자하면 월 24만 1,100원의 배당금을 받을 수 있다. 주유비는 편차가 크기 때문에 각자 본인의 고정 주유비를 고려해 금액을 늘리고 줄여야 한다.

대중교통과 병행해 이용하는 사람이라면 5,000만 원으로 충분히 충당 가능하다. 그리고 나중에 경제적 자유를 이루고 퇴사하게 되면, 출퇴근을 하지 않아도 되기 때문에 이 돈은 자연스럽게 여가활동비로 전환된다. 그날이 빨리 오길 기대하겠다.

5단계: 건강 챙기는 '점심값'

우리가 매달 지출하는 비용 중에 큰 비중을 차지하는 것은 식비다. 식비를 줄이기 위해 집에서 건강한 식사를 직접 요리하는 경우도 있지만, 회사에서 먹는 점심식사는 어쩔 수 없이 사 먹는 경우가 많다. 나는 점심값을 줄이기 위해 굶어도 보고 편의점 간편식도 먹어봤지만 몸에 좋지 않고 동료들과 이야기하는 시간이 줄어 불편함을 느꼈다.

점심식사 비용을 SK텔레콤에게 넘기려면 얼마의 돈이 필요할까? 1억 원을 투자한다면 매달 48만 2,200원의 배당금이 지급되며, 이를 20일로 나눠보면 2만 4,110원이 된다. 물가가 많이 올랐지만 이 돈은 점심값뿐만 아니라 매일 마시는 커피값도 충당 가능한 금액이다. 1억 원이라는 돈이 부담스러운 금액

투자금액별 소비 충당 5단계

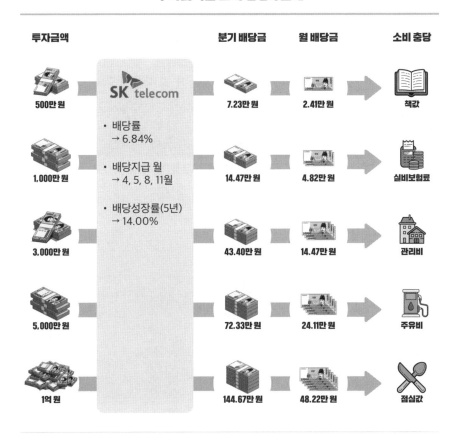

투자금액		분기 배당금	월 배당금	소비 충당
500만 원	SK telecom • 배당률 → 6.84% • 배당지급 월 → 4, 5, 8, 11월 • 배당성장률(5년) → 14.00%	7.23만 원	2.41만 원	책값
1,000만 원		14.47만 원	4.82만 원	실비보험료
3,000만 원		43.40만 원	14.47만 원	관리비
5,000만 원		72.33만 원	24.11만 원	주유비
1억 원		144.67만 원	48.22만 원	점심값

이지만, 평생 내 점심값과 커피를 공짜로 준다는데 도전해볼 만하지 않은가.

소득을 투자로, 투자를 소비로

경제적 자유라는 희미한 목표를 숫자로 계산해 하나씩 해결하는 소비충당 5단계 미션을 접해보니 이제 도전할 의지가 생겼는가? 서툴지만 확실한 한발

이 다음 발을 움직이게 하는 원동력이 된다. 빠르게 목표에 도달하기 위해 투자금액을 채우려는 노력은 자연스럽게 건강한 소비를 유도하게 된다.

배당금을 재투자해 시간을 단축하는 방법도 있지만 지치지 않고 투자를 지속하기 위해 동기부여가 필요하다. 배당금이 내 소비를 충당하는 모습을 직접 체험해보길 바란다. 이는 부자들이 돈을 굴리는 시스템으로, 소득을 바로 소비하지 않고 투자를 통해 얻는 돈을 소비하는 구조다. 나의 소비가 내 원금이 아닌 수익으로 온전히 대체되는 그날을 기대하며, 배당투자 시스템을 구축해보자.

- 1단계: 500만 원 투자, 자기계발을 위한 '책값'
- 2단계: 1,000만 원 투자, 내가 아플 때를 대비한 '실비보험료'
- 3단계: 3,000만 원 투자, 매달 소리 없이 빠져나가는 '관리비'
- 4단계: 5,000만 원 투자, 자동차 밥 주는 '주유비'
- 5단계: 1억 원 투자, 건강을 챙기는 '점심값'

DAY | 26

누구나 할 수 있지만
아무나 할 수 없는 한 가지

유튜브 '수페TV' 채널에서 관련 영상 함께 보기

- 자린고비는 누구도 원하지 않는 삶이다. 지출을 줄여 투자로 전환하면 초반에 힘들 수 있지만 새로운 물줄기가 생겨 돈의 흐름이 더욱 단단해진다. 현재 소비를 점검하고 줄일 수 있는 항목이 있는지 확인해보자. 아래 보기에서 'Yes'가 있다면 절약할 수 있는 요소다. 행동하자!

체크리스트

순번	소비 점검 항목	Yes	No
1	기계값을 제외한 통신비가 월 3만 원을 넘는다		
2	지하철로 출퇴근하는데 정기권을 사용하지 않는다		
3	출퇴근길 대중교통과 자가용 사용이 10분 이내로 큰 차이가 없다		
4	매일 커피를 사서 마신다		
5	점심 먹고 디저트까지 자주 먹는다		
6	몸에 좋지 않은 술과 담배를 즐긴다		
7	저녁모임에서 조금만 일찍 일어나면 되는데 꼭 12시 넘어서 택시를 탄다		
8	홈쇼핑을 보고 일주일에 한 번 이상 물건을 산다		
9	유통기한이 지나서 버리는 음식이 자주 있다		
10	배달음식을 한 달에 10번 이상 시켜 먹는다		

이것만은 꼭 하자

내가 직접 투자 포트폴리오를 구축하기 어렵고 힘들어서 포기하고 싶은 생각이 든다면 이것만은 꼭 읽고 실천해보자. 우선 투자할 돈이 없다면 돈부터 만들어야 하는데, 부업이나 사업이 아니라 내 소비에서 돈을 가져오는 것이 좋다. 그래야 건강한 소비와 더불어 지속적인 투자를 이어갈 수 있기 때문이다.

지금 내가 정기적으로 소비하고 있는 것을 몇 가지 이야기해보겠다. 휴대폰 비용 1만 4,000원(가족할인 3G요금제), 헬스장 1만 5,000원(아파트 헬스 및 신발보관함), 오디오북 7,435원(24개월 이용권), 커피 6만 원(일주일에 2~3번 카페 이용) 등이 있다.

같은 활동인데 나보다 비용을 많이 쓰는 사람이 있을 것이다. 매달 다 쓰지 않는 휴대폰 데이터요금제를 사용하고 있는 사람, 비싼 헬스장을 이용하는 사람, 매일 아이스아메리카노를 사서 출근하는 사람이 있을 것이다. 몇 가지만 줄여도 일주일에 1~2만 원은 소비에서 투자로 변경할 수 있다. 그 작은 금액으로 투자를 시작해보자!

투자 대상은 미국을 대표하는 지수 S&P500으로 설정하고 계산했다. S&P500 지수는 최근 5년간 연평균 수익률 11.9%를 보여준다. 과거 100년을 돌아봐도 경제위기를 여러 번 겪고도 꾸준히 우상향을 보여준 것이 미국의 성적표다. 이는 빅테크 기업의 힘이니 믿을 만한 투자가 된다.

예를 들어 매일 스타벅스에서 마시는 커피를 일주일에 세 번 집 혹은 회사 탕비실을 이용해보자. 그럼 자연스럽게 커피 세 잔의 소비를 아낄 수 있게 된

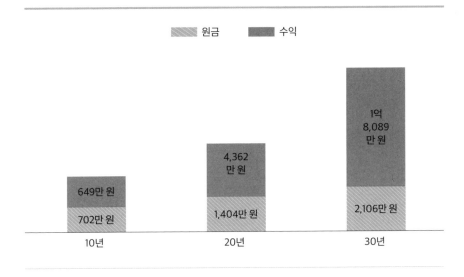

커피값으로 투자한 S&P500 총자산 변화

▨ 원금　　■ 수익

- 10년: 649만 원 / 702만 원
- 20년: 4,362만 원 / 1,404만 원
- 30년: 1억 8,089만 원 / 2,106만 원

다(4,500원 × 3잔 = 1만 3,500원).

그렇게 아낀 돈은 투자의 작은 씨앗이 되고 미국이란 토양 위에서 1만 3,500원이라는 돈은 물이 되어 나무를 자라게 해준다. 얼마나 건강하게 커가는지 숫자로 표시해보면 총자산 10년에 1,351만 원, 20년에 5,766만 원, 30년에 2억 195만 원이 된다.

단지 커피를 집에서 타 마시고 휴대폰 요금제를 바꿔서 시작한 작은 투자가 30년이 지나 2억 원이 넘는 돈이 되어 내게 찾아온다. 믿을 수 있는가? 숫자가 진실을 말해준다.

소비를 투자로 전환하고 적립식 투자 습관과 복리 효과를 누릴 수 있는 이런 투자를 많은 사람들이 행동하길 바란다. 그런 마음을 담아 2022년 1월부터 '수페 챌린지'를 시작하게 됐다. 실제로 나는 매일 마시던 스타벅스 커피를 일주일에 세 잔을 줄여서 1만 3,500원의 투자금을 만들었다.

그 돈으로 95주째 매주 금요일에 주식을 매수하고 '수페빌리지' 네이버 카페에 인증하고 있다. 동행하는 주민이 벌써 763명이 됐다. 이는 강제가 아닌 나를 위한 작은 실천이다. 어떤 증권사의 어떤 종목을 매수하든 상관없다. 진심으로 모두 부자가 됐으면 하는 마음으로 시작한 바른 투자습관을 만드는 챌린지다. 빨리 가려면 혼자 가고 멀리 가려면 함께 가야 한다는 말이 있다. 나 또한 멀리 가고 싶은 마음으로 30년을 달려갈 생각이다.

함께하는 사람 중에는 담배 끊고 투자하는 사람, 술 약속 줄이고 투자하는 사람, 노후 여행자금을 위해 투자하는 사람, 자녀 선물로 투자하는 사람 등이 있다. 목표는 모두 다르지만 뛰는 방향이 같기 때문에 우리는 지치지 않고 함께할 수 있다. 2052년까지 계속 달릴 예정이니, 동참하고 싶다면 언제든 수페빌리지에 방문해 챌린지에 참여해보자.

생각지도 못한 배당금

S&P500 지수 추종 ETF를 매주 1주씩 매수하고 크게 신경 쓰지 못하고 있었는데 생각지도 못한 문자를 받았다. 배당금이 입금된 것이다. 앞으로 배당금이 얼마나 늘어날지 궁금해져서 시뮬레이션을 다시 돌려봤다. 현재 배당률은 1.5%인데 최근 5년간 연평균 배당성장률 5.8%으로 계산했다.

그렇게 높지 않은 성장률이지만 공짜 돈이라는 생각이 들면서 입가에 미소가 번졌다. 매주 1만 3,500원을 아껴서 투자하면, 1년이면 52주니까 70만 3,000원의 원금이 생긴다. 그렇게 10년간 투자를 실행하면 세후 연 배당금 12만 원이 된다. 월로 환산하면 1만 원이다.

적다고 생각할 수 있지만, 소비로 없어질 돈을 투자로 바꾸면서 돈이 내 손에서 빠져나가는 것이 아니라 들어오는 구조가 만들어졌다. 그렇게 건강한 소

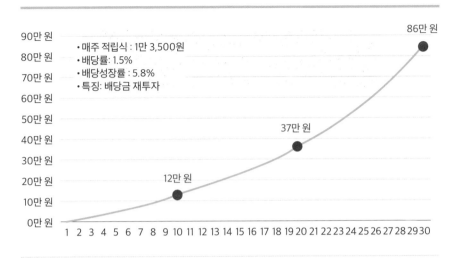

커피값으로 투자한 S&P500 연 배당금 변화

- 매주 적립식 : 1만 3,500원
- 배당률: 1.5%
- 배당성장률 : 5.8%
- 특징: 배당금 재투자

86만 원

37만 원

12만 원

비와 올바른 투자를 30년간 계속하면 연 배당금은 86만 원까지 증가한다. 배당금이 늘어난다고 생각하니 매주 투자하는 원동력이 하나 더 생겼다.

투자의 확장

소비를 줄여 투자하는 것에 재미를 들인 나는 '당근' 앱에서 물건을 팔고, 유로 TV시청을 끊고, S&P500과 함께 나스닥100과 SCHD를 추가했다. 지금은 3개 종목을 매수하는데 매주 4만 원의 원금이 들어간다.

성격이 다른 3개의 ETF에 실제로 매주 투자하면서 어떻게 변화되는지 주기적으로 공유할 예정이다. 매주 금요일에 인증하는 내용이 궁금한 사람은 수페빌리지에서 언제든 내용을 확인할 수 있다.

커피값 아껴서 연금저축 1주일 1주 매수하기
2023.10.20_95주차
SUPETV

〈 주식매매(체결)내역

712E [연금저축 CMA(비대면)] ∨

매매 내역 체결 내역

기간	2023-10-20 ~ 2023-10-20	종목	Q
매매일	종목명	체결수량	
대출일	주문구분	체결단가	
2023-10-20	TIGER 미국S&P500	1	
-	현금매수	14.515	
2023-10-20	ACE 미국나스닥100	1	
-	현금매수	15.360	
2023-10-20	TIGER 미국배당다우존스	1	
-	현금매수	10.180	

〈 주식잔고/손익

7128 [연금저축 CMA(비대면)] ∨

주식잔고 실현손익 평가손익추이 예수금

평가손익 **407,460원** 11.99% ↻

● 비용포함 닫기 ∧

주식평가금액 3,805,700원
매수원금 3,398,240원

종목명	평가손익 수익률	보유수량 평가금액
TIGER 미국S&P500	100,245 7.84%	95 1,378,925
ACE 미국나스닥100	316,630 27.71%	95 1,459,200
TIGER 미국배당다우존스	-9,415 -0.96%	95 967,575

ETF 수수료 싼 곳으로 갈아탈까?

수페 챌린지를 처음 시작할 때 국내 상장된 S&P500 ETF 중에 TIGER 수수료가 저렴했는데, 최근 확인해보니 KBSTAR 미국 S&P500가 0.04% 더 저렴하다. 종목을 변경해야 하는 것 아니냐는 질문을 많이 하는데 나는 갈아타지 않을 생각이다. 어설프게 거래해서 호가 1칸을 잘못 팔고 사면 0.04%보다 더 큰 손실이 발생되기 때문이다. 그래서 기존의 것은 그대로 모아가고 있다.

새롭게 시작하는 사람이라면 수수료를 잘 비교하고 접근하길 바란다. 총비용을 제외하고 기타비용과 매매중개 수수료는 계속 변경되기 때문에 다시 수수료가 역전되는 날이 올지도 모른다. 주기적으로 수수료에 대한 내용은 유튜브 채널에서 언급하겠지만, 그것보다 더 중요한 것은 매주 지치지 않고 계속 수량을 늘려가는 것이다.

10년 뒤에 돌아보면 어디 운용사 상품을 들고 있는지가 중요한 것이 아니라 S&P500을 샀는지 안 샀는지, 수량이 몇 개인지가 중요해진다. 우리가 신경 써야 할 것은 수수료가 아닌 수량이다. 명심하고 본질에 더 집중하는 투자를 하자.

- 소비를 줄여서 투자로 전환하는 '수페 챌린지'

결국 마주하게 될
세금의 모든 것

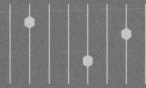

유튜브 '수페TV' 채널에서 관련 영상 함께 보기

체크리스트

● 모든 돈에는 세금이 존재한다. 내가 지불하고 있는 세금에는 어떤 것들이 있을까? 아래 질문을 보고 해당되는 부분에 'O'표시를 해보자. 내가 지불하고 있는 세금의 종류는 오른쪽과 같다.

질문	O/X	세금의 종류
근로소득이 있다.		종합소득세
사업소득이 있다.		
아파트(주택)를 소유하고 있다.		보유세(재산세, 종합부동산세)
은행 예금/적금을 가입했다.		이자소득세
주식투자로 배당을 받고 있다.		배당소득세
해외주식 수익으로 250만 원 이상 발생했다.		양도소득세

세금이라는 꼬리표

우리에게 들어오는 모든 돈에는 세금이라는 그림자가 존재한다. 처음 직장을 가졌던 2012년 연봉이 3,800만 원 정도였던 것으로 기억한다. 매달 300만 원 이상 계좌에 들어올 줄 알았는데 앞자리 숫자가 3이 아닌 2였다. 첫 월급의 기쁨과 함께 직장인의 유리지갑을 체감하고 세금이라는 무서운 존재를 처음 알게 됐다.

세금을 지불하고 들어온 돈을 저축하기 위해 예금을 가입하고 이자를 받으려고 하는데, 세금이라는 그림자는 여기에도 등장했다. 이자로 벌어들인 돈에 소득세 14%와 주민세 1.4%가 붙어 총 15.4%의 이자소득세를 지불했다.

투자의 세계로 넘어가면 어떨까? 부동산은 처음 매수할 때 취등록세를 시작으로 갖고 있으면 보유세, 매도하면 양도세를 지불한다. 주식은 국내와 해외 투자에 따라 조금 다르지만 배당금을 받으면 배당소득세, 시세차익이 발생하면 양도세를 지불한다. 예금이자와 배당소득 같은 금융소득이 2,000만 원을 넘게 되면 종합소득세 대상이 되고 사업소득 혹은 근로소득과 함께 계산해 추가로 세금을 내야 한다. 심지어 돈을 많이 벌면 벌수록 세율이 높아져 더 많은 돈을 세금으로 내야 한다.

납세의 의무는 당연한 것이지만, 소비를 줄이고 허리띠 졸라매 절약해 투자한 값진 결과를 쿨하게 세금으로 지불하기란 쉽지 않다. 그동안 투자를 하면서 고통스러운 심리적 압박을 인내해온 우리의 노력과 시간을 갈취당하는 기분이 드는 것은 사실이다. 그렇다면 최대한 세금을 덜 내야 하지 않겠는가?

지금 내 말이 와닿지 않을 수 있다. 아직 경험하지 않았기 때문이다. 배당금이 2,000만 원을 넘어가면 나와 같은 생각을 하게 될 것이다. 이 페이지 밑부분을 접어뒀다가 나중에 배당금이 많아져 세금에 대한 걱정으로 잠을 못이룰 때 다시 읽어보길 바란다.

지금은 세금이 어렵고 복잡해 보일 수 있지만, 실제 내 주머니에서 피 같은 돈이 나가는 것을 목격하면, 세금은 어렵고 쉽고의 문제가 아니라 무조건 풀어야 하는 숙제가 된다. 지금부터 천천히 준비해보자.

배당으로 발생하는 모든 세금

세금에 대한 이야기는 책 한 권으로 부족할 만큼 방대하며 직장인, 사업자, 법인 등 각자의 상황에 따라 다르기 때문에 모두 다루기 어렵다. 심지어 개정된 내용을 실시간으로 반영할 수 없기 때문에 책에서 세금을 이야기해야 할지 고민이 많았다. 하지만 세금을 배제한 투자는 상상할 수 없기에, 세금은 경제적 자유를 이루게 될 우리에게 숙명과 같은 존재다. 지금부터 배당투자 관점에서 세 가지 포인트로 세금을 풀이할 테니, 각자 상황에 맞게 활용해보길 바란다.

첫 번째는 '배당소득세'로 배당을 받게 되면 제일 먼저 지불하는 세금이다. 기본적으로 국내배당으로 지불하는 세금은 종합소득세 14%에 지방세 1.4%를 합산해 15.4%가 부과된다.

해외로 넘어가면 국내 배당소득세율 14%을 기준으로, 이보다 낮으면 추가 납부를 해야 하고 이보다 높으면 해외에서 지불한 배당소득세로 끝이다. 예를 들어 미국은 배당소득세가 15%로 국내 종합소득세 14%보다 높기 때문에 추

국가별 배당소득세

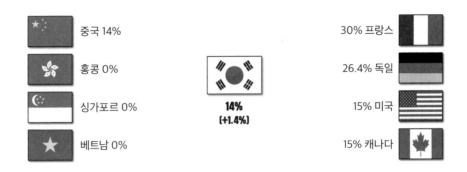

중국 14%

홍콩 0%

싱가포르 0%

베트남 0%

14%
(+1.4%)

30% 프랑스

26.4% 독일

15% 미국

15% 캐나다

가로 납부해야 할 세금이 없다.

하지만 중국은 배당소득세율이 10%이므로 추가로 4%에 해당되는 배당소득세율이 붙으며, 주민세 0.4%까지 포함해 총 4.4%가 국내에서 원천징수된다. 배당소득세가 없는 홍콩이나 싱가포르 같은 곳에 투자하면 국내에서 15.4%로 원천징수된다.

반대로 배당소득세율이 높은 국가를 보면, 아일랜드 25%, 영국 25%, 독일 26.38%, 프랑스 30%, 스위스 35%다. 배당소득세는 어떻게든 15%와 그 이상의 세금을 징수해 가기 때문에 피할 수 없다. 하지만 글로벌한 배당투자를 고려한다면 배당소득세율이 높은 국가는 피하는 것이 좋다.

두 번째로 금융소득 2,000만 원을 초과하면 걱정해야 할 '금융소득종합과세'에 대해 이야기해보자. 여기서 금융소득이란 배당금뿐만 아니라 예금이자와 채권이자처럼 금융기관에서 받은 이자가 모두 포함된다.

보통 사업자와 근로자는 벌어들이는 소득이 높아지면 세율이 높게 측정된다. 금융소득 또한 많이 받으면 더 많이 세금을 징수한다. 2,000만 원 이상의 금융소득이 발생하면 다른 소득과 합산해 6.6~49.5%의 소득세율이 적용되는 방식이다. 예를 들어 연봉이 6,000만 원인데 3,000만 원의 배당소득이 발생했다면 금융소득종합과세 대상이 된다. 2,000만 원에서 초과된 1,000만 원을 연봉 6,000만 원과 합산해서 7,000만 원의 소득으로 간주하고 소득세율을 적용한다.

다행히 과세표준 5,000만 원 초과부터 8,800만 원까지 세율이 24%로, 6,000만 원과 동일한 과세 구간이므로 크게 문제가 되지 않는다. 하지만 배당금이 3,000만 원이 아니라 6,000만 원이라면 연봉과 합산해 총 1억 원으로 계산되며, 과세표준 24%에서 35%로 11% 상승한다.

이럴 때 세금 폭탄을 맞는다고 말하는데, 세금을 이렇게 내려면 배당금이 3,000만 원에서 6,000만 원으로 늘어야 한다. 월 배당금으로 치면 250만 원에서 500만 원으로 늘어야 하는 것이다. 그런데 이런 일은 쉽게 일어나지 않으며, 금융소득종합과세로 인해 세금 폭탄을 받게 되는 경우는 드물다. 잘 모를 때는 리스크지만, 알고 대응하면 전략이 된다. 내 근로소득과 사업소득이 얼마이고, 배당금으로 발생된 금융소득을 어디까지 맞춰야 하는지 계산해놓자!

세 번째는 퇴사하고 지역가입자가 되야 관심 갖는 '건강보험료'에 대한 이야기다. 4대 보험이 되는 회사를 다니고 있다면 자동으로 직장가입자에 가입된다. 보험금은 본인과 회사가 절반씩 지불하는 형태로 부담이 적으며 월급에서 제외하고 나오기 때문에 매달 얼마를 내고 있는지 잘 모른다.

하지만 사업을 하거나 프리랜서라면 지역가입자로 분류된다. 이때 보험료는 누구와 절반씩 내는 것이 아니라 본인이 100% 부담해야 한다. 나 또한 퇴사하고 소속감에서 해방될 때 건강보험료 때문에 깜짝 놀랐었다.

직장가입자는 소득으로 보험료가 산정되지만 지역가입자는 소득 외에 자산까지 보험료 계산에 포함되기 때문에 아파트와 자동차 모두 점수로 환산해 보험료를 산정한다. 그렇기 때문에 고정된 내 자산과 내가 벌어들인 소득에 따라 건강보험료는 크게 달라질 수 있다.

자산을 갑자기 처분할 수 없으니 내 소득에 따라 건강보험료가 어떻게 달

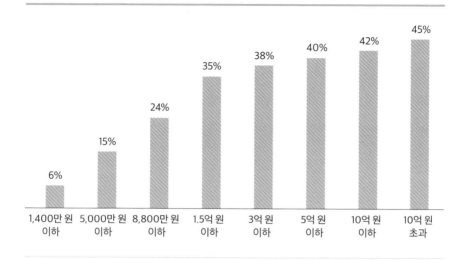

라지는지 체크해야 한다. 건보료 계산하는 방법은 국민건강보험 홈페이지 메인화면에서 '건보료 계산기'를 이용하면 쉽게 확인할 수 있다.

지금까지 이야기한 배당소득세, 금융소득종합과세, 건강보험료는 배당금으로 발생된 금융소득 때문에 필연적으로 지불하는 세금이다. 미국주식에 투자한다면 배당소득세 15%는 시세차익으로 발생한 양도세 22%보다 적을 수 있다.

하지만 수십억 원이 되는 돈을 운영하면 높은 배당금으로 금융소득종합과세 대상이 되어 세율이 높아지는 것보다 양도세 22%가 적게 느껴지는 순간이 온다. 소득세율 최대 49.5%까지 올라가는 것을 멍하니 바라보는 투자자는 없지 않은가. 그래서 일정금액 이상의 돈을 굴리는 부자들은 배당보다 성장에 집중해 투자하는 경우도 있다.

배당소득세 15%와 양도세 22%는 투자하는 우리에게 평생 따라다니는 꼬리표 같은 존재다. 어떻게 하면 이런 세금을 제일 적게 낼 수 있을까? 절세 방법은 없는 것일까? 다행히 그런 방법이 존재한다! 실제로 부자들도 이 방법을 사용하며 나 또한 사용하고 있다. 그것은 바로 연금저축펀드를 활용하는 것으로 양도세와 배당소득세가 아닌 연금소득세를 지불하는 방식이다.

연금소득세는 연령에 따라 3.3~5.5%로 적용된다. 양도세와 배당소득세에 비하면 적어 보이지만, 한 가지 함정은 수익금이 아닌 전체 자산을 대상으로 세율을 적용한다는 것이다. 전체 자산이라는 말에 힌트가 하나 있다. 그건 바로 수익의 비중이 높을수록 세율이 낮은 연금소득세는 큰 절세효과를 누리게 된다는 것이다.

다행히 연금저축은 노후를 위한 자산으로 장기투자를 할 수밖에 없는 구조다. 연금저축에는 정말 다양한 혜택이 있는데 다음 장에서 자세히 다뤄보겠다. 참고로 공제받지 않은 원금의 경우 세금징수가 되지 않으니 참고하자.

- 배당소득세: 한국(15.4%), 미국(15%)
- 금융소득종합과세: 금융소득 2,000만 원 초과시 적용
- 건강보험료: 직장가입자 월급에서 자동 지불, 지역가입자 직접 지불

왜 우리는
연금저축에 열광하는가?

유튜브 '수페TV' 채널에서 관련 영상 함께 보기

체크리스트

● 겨울이 찾아오면 날씨가 추워지듯 노후에 혹한기를 피하려면 준비가 필요하다. 당신은 노후 준비를 잘하고 있는가? 아래 노후를 위한 준비 항목에서 몇 개를 실행하고 있는지, 얼마를 불입했는지 체크해보자.

항목	퇴직연금	국민연금	연금저축	IRP
보유/미보유				
납입금액(만 원)				
수령 잔여기간(연)				

100세 시대, 은퇴 후 40년 더!

한국은 2025년 초고령화 사회로 진입할 것으로 예상된다. 안타깝게도 현재 OECD 국가 중에 노인 빈곤율이 높은 한국은 앞으로 다가올 초고령화 사회를 맞이할 준비가 부족한 상태다. 국민연금과 정부지원금이 일부 지급되는 구조지만, 이는 모두에게 해당하지는 않으며, 개인의 소비를 전부 대체할 만큼 충분하지 못한 것이 현실이다.

공기업 정년이 60세이고, 사기업은 50세도 살아남기 어려운 상황인데, 100세 시대에 50세는 앞으로 절반을 더 살아야 한다. 노후 준비가 되어 있다면 앞으로 40~50년도 평안하겠지만, 그렇지 않다면 소득 없는 50년이란 생각만 해도 두렵다.

경제적 자유뿐만 아니라 건강한 노후를 위해서라도 배당투자는 좋은 선택이다. 그런데 쌓이는 배당금만큼 우리에게 무섭게 다가오는 그림자는 세금이다. 세금을 덜 내고 최대한 노후를 안전하게 보내기 위해 연금저축을 활용하는 것이 좋다.

연금저축과 관련해 자주 받는 질문이 있다.

"50대인데 지금 연금저축을 시작하기에는 너무 늦지 않았나요?"

"주부, 학생도 연금저축을 해야 하나요?"

"연금수령금 1,200만 원 넘으면 세금 폭탄이라는데, 맞나요?"

우리의 평균수명은 이제 84세다. 지금 50세여도 34년은 평균적으로 더 살게 된다. 10년을 투자해도 24년은 배당을 받으며 살 수 있다는 것이다. 늙어서 배당받으면 뭐하냐고 묻는 사람도 간혹 있지만, 나이와 상관없이 숨쉬고 있는한 우리는 돈이 필요하다. 어디에 사용하는지가 다를 뿐, 돈이 없으면 불편하고 몸이 피곤해진다. 그러니 연금저축은 선택이 아닌 필수다.

연금저축은 세 가지로 구분된다. 은행에서 만들면 '연금저축신탁', 보험사에서 만들면 '연금저축보험', 증권사에서 만들면 '연금저축펀드'가 된다. 우리는 앞에서 소개한 국내 상장된 ETF에 투자할 것이기 때문에 증권사를 통해연금저축펀드를 개설해야 한다. 그중에 가장 큰 고민은 '어느 증권사를 이용해야 할까?'인데, 나는 계좌 개설할 당시에 이벤트 혜택이 큰 증권사를 골랐다. 눈앞의 커피 쿠폰보다 수수료가 저렴한지 체크하자.

본질은 증권사가 어디인지, 어떤 어플을 사용할지가 아니라 내가 투자하는종목을 얼마나 꾸준히 매수하느냐가 중요하다. 삼성전자 주식을 모든 증권사에서 매수할 수 있듯이, 연금저축펀드에서 매수할 수 있는 국내상장 ETF 또한모든 증권사에서 매수할 수 있으니 걱정 말고 행동하자.

주부, 학생, 프리랜서가 연금저축펀드를 해야 하는 이유

연금저축펀드가 왜 모든 사람에게 해당되며 선택이 아닌 필수인지 엄청난혜택 세 가지를 살펴보자.

첫 번째는 소득 있는 사람들에게 주어지는 혜택으로 '세액공제'가 있다. 총급여에 따라서 세액공제율이 달라지며 5,500만 원 이하는 16.5%가 적용된다.연금저축 600만 원과 IRP 300만 원까지 세액공제 대상이며, 총 900만 원으로16.5%의 세액공제율이 적용돼 최대 148만 원까지 혜택을 받을 수 있다. 총급여가 5,500만 원 이상이라면 세액공제율 13.2%가 적용돼, 최대 119만 원까지

연금저축펀드 세액공제

148만 원
16.5%

총급여
5,500만 원
· 연금저축 600만 원
· IRP 300만 원

119만 원
13.2%

공제가 가능하다.

　연말정산을 통해 돈을 추가로 지불하는 사람이 있다면 주저 없이 연금저축으로 방어하길 바란다. 사회초년생이라면 청약저축과 함께 연금저축펀드를 가입하는 것이 좋다.

　두 번째 혜택은 연금저축펀드의 꽃이라고 할 수 있는 '과세이연'이다. 첫 번째 혜택을 보고 학생, 주부, 프리랜서 등은 연금저축펀드 가입이 필요 없다고 생각할 수 있지만 '과세이연'이야말로 연금저축펀드를 해야 하는 진짜 이유다. '과세이연'은 말 그대로 세금을 뒤로 이연한 것으로 55세 이후 연금을 수령할 때 세금을 징수한다. 이해하기 쉽게 연금저축투자와 해외직접투자를 비교해보자. 예를 들어 올해 배당금으로 500만 원을 받았다면 해외직접투자는 배당소득세 15%인 75만 원이 징수되고 425만 원이 계좌에 들어온다.

　연금저축펀드는 배당소득세가 아닌 연금소득세가 징수되는데 세금을 바로 내지 않고 나중에 수령할 때 징수된다. 즉 배당금으로 받은 500만 원이 그대로 계좌에 들어온다. 배당금을 재투자한다면 해외직접투자는 425만 원이

연금저축펀드 배당소득세 '과세이연'

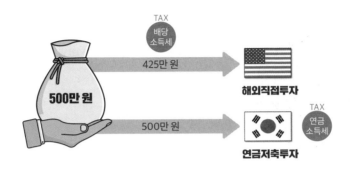

되는데, 연금저축펀드는 500만 원으로 75만 원을 더 투자할 수 있다. 1~2년은 크게 차이가 나지 않을 수 있지만 10년, 20년 복리로 쌓이면 그 격차는 어마어마하게 벌어진다. 연금저축펀드의 '과세이연' 혜택은 투자수익에 대한 복리 효과를 극대화할 수 있는 장점이 있다.

투자기간이 길어질수록 해외직접투자보다 더 많은 돈이 쌓이는 구조다. 앞에서 배당소득세를 이야기했지만, 시세차익으로 발생된 수익도 동일하게 적용된다. 체감할 수 있도록 숫자로 표현해보겠다. 월 10만 원씩 30년간 S&P500 ETF에 투자했다고 가정해보자(연간 수익률: 11.5%, 연간 배당률 1.5% 적용). 30년 뒤 원금은 3,600만 원이 되고 배당 포함 수익금은 4억 600만 원으로 총자산은 4억 4,200만 원이 된다.

동일한 S&P500 지수 추종 ETF를 해외직접투자와 연금저축펀드투자로 구분한다. 해외직접투자는 수익금 4억 600만 원에서 250만 원 비과세 혜택만큼 제외하고, 나머지 금액에 22%의 양도소득세가 적용돼 세금으로 8,877만 원을 내야 한다.

반면에 연금저축펀드투자는 전체 금액 4억 4,200만 원에서 연금소득세 5.5%로 적용돼 세금으로 2,431만 원이다. 동일한 종목에 투자하는데 해외직접

연금저축펀드 수익금 '과세이연'

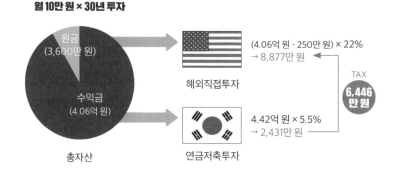

월 10만 원 × 30년 투자

원금
(3,600만 원)

수익금
(4.06억 원)

총자산

해외직접투자

(4.06억 원 - 250만 원) × 22%
→ 8,877만 원

연금저축투자

4.42억 원 × 5.5%
→ 2,431만 원

TAX
**6,446
만 원**

투자는 세금으로 6,446만 원을 더 지불한다.

다행히 이 책을 읽고 있는 당신은 이제 세금 폭탄이 아닌 절세를 할 수 있게 됐다. 그렇다고 해외직접투자가 나쁘다는 이야기는 아니다. 해외투자는 매년 시세차익 250만 원까지 비과세 혜택이 있으니 이 또한 활용하는 것이 좋다. 그러므로 장기투자 목적을 갖고 있다면 연금저축펀드가 좋고, 상대적으로 짧은 시간 동안 투자해야 하는 상황이라면 해외투자도 괜찮은 선택이 된다.

마지막 세 번째 혜택은 '분리과세'로 2023년부터 시행되는 내용이다. 그동안 1,200만 원을 초과해 연금을 수령하면 무조건 종합과세 대상이었는데, 이제는 선택지가 하나 더 생겼다. 분리과세는 16.5%가 적용되고 종합과세는 소득에 따라 6%에서 49.5%까지 구분된다. 즉 내가 소득이 높아 세율이 16.5%보다 높다면 분리과세로 신고하고 배당소득 외에 별도의 소득이 없거나 적다면 종합과세 대상으로 신고하면 된다.

현재 1년에 받을 수 있는 연금수령금액 1,200만 원이 적다고 느낄 수 있지만 수령금액은 계속 증가하고 있다(2023년 세법개정안 1,200만 원 → 1,500만 원 상향 예정). 수령금액 때문에 노후 준비를 소홀히 하거나 투자금액을 낮추는 것은 올바른 선택이 아니므로, 많이 수익 내고 세금을 덜 지불하는 방법을 취

연금저축펀드 '분리과세'

연금저축
1,200만 원

분리과세 신고
16.5%

종합과세 신고
6~49.5%

하도록 하자.

연금저축펀드의 단점은 무엇일까? 노후를 위한 준비 과정이기 때문에 중간에 포기하고 인출하게 되면 그동안 받은 혜택을 모두 돌려줘야 한다. 이때 적용되는 세금은 기타소득세로 16.5%이며 기존에 받은 혜택보다 손해 볼 수 있으니 중도인출은 하지 않기로 약속하자.

단점은 단지 그뿐이다. OECD 국가 빈곤율 1위의 치욕을 만회하기 위한 정부의 노력이 보이는가? 그렇다면 우리는 혜택을 고스란히 누리며 투자하자. 그런데 이렇게 좋은 것은 언제나 한도가 있기 마련이다. 연금저축과 IRP는 합산해 1년에 총 1,800만 원까지 입금이 가능하다. 노후 준비로 빈부격차가 생길 것을 대비한 상한선으로 보인다.

세액공제한도 금액인 900만 원(연금저축 600만 원, IRP 300만 원)보다 더 많은 돈을 투자하고 싶다면 두 가지 꿀팁을 알려주겠다.

첫 번째, 세액공제 받지 않은 돈은 중도인출해도 기타소득세가 부과되지 않는다. 공제받지 않았으니 부과될 세금이 없는 게 당연하지만 기분이 좋다.

두 번째, 연금을 수령할 때 공제받지 않은 돈은 연금소득세를 내지 않는다. 당연히 내 원금이니 세금이 붙지 않는 것이다. 65세부터 연금을 수령한다면 자연스럽게 공제받지 않은 원금부터 인출될 것이다. 혹시 연금소득세가 징

연금저축펀드 연금수령 순서

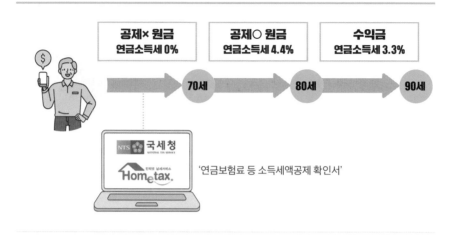

| 공제× 원금
연금소득세 0% | 공제○ 원금
연금소득세 4.4% | 수익금
연금소득세 3.3% |

70세 → 80세 → 90세

'연금보험료 등 소득세액공제 확인서'

수되면 '연금보험료 등 소득세액공제 확인서'를 국세청에 제출해야 한다. 간혹 연금계좌가 여러 개 있는 경우 누락될 수 있으니 꼭 연금수령 시 체크해야 한다.

이렇게 공제받지 않은 원금으로 연금을 수령하며 70세가 넘어가면 연금소득세는 4.4%로 줄어들게 된다. 더 낮은 세율로 세금이 징수되니 좋지 않은가? 그러니 세액공제를 받지 못하는 학생, 주부, 프리랜서도 연금저축을 하는 것이 좋다. 공제받지 않은 원금이지만 이로 인해 발생한 수익은 연금소득세 대상이니 참고하자. 세금을 고민한다는 것은 내가 부자가 되어간다는 것이니 기쁜 마음으로 고민하고 해결하자.

- 연금저축 장점: 세액공제, 과세이연, 분리과세
- 연금저축 단점: 중도 인출 어려움

인생을 바꾸는 투 트랙 전략

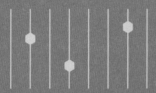

유튜브 '수페TV' 채널에서 관련 영상 함께 보기

● 지금까지 소개한 다양한 배당투자 전략을 내 투자성향에 맞게 구성해보자.

종목명	섹터	티커	비중(%)	배당률(%)	배당성장률 (%, 5년)	배당지급(월)
평균						

연금저축 투자는 이렇게

연금저축펀드를 시작하겠다면 이제 어떤 종목을 매수할지 고민해보자. 투자할 수 있는 종목은 국내 상장된 ETF로, 미국 기업과 미국 배당 ETF는 불가능하지만, 국내 상장된 해외 ETF는 가능하다. 현재까지 700개가 넘는 ETF 종목이 국내 상장됐고 연금저축을 투자하는 개인투자자가 증가하면서 월배당부터 특정 기업에 포커스를 맞춘 상품까지 다양하게 출시되고 있다.

연금저축펀드는 기본적으로 S&P500 지수를 추종하는 ETF를 담는 것이 좋다. 성장에 포커스를 맞추고 싶다면 나스닥100 지수를 추종하는 ETF를 담고, 배당에 집중하고 싶다면 SCHD를 추종하는 ETF에 투자하면 된다.

개인 투자성향에 따라 포트폴리오는 무궁무진하게 달라질 수 있으며, 먼저 나의 투자성향을 파악하는 것이 중요하다. 그래야 지치지 않고 오래 투자할 수 있다. 나의 연금저축 포트폴리오는 성장과 배당에 40%, 채권과 금에 10%를 투자하고 있다. 배당에 해당되는 40%는 SCHD ETF가 포함되어 있으며, 매년 1월에 리밸런싱을 진행해 원래 비중을 맞추는 작업을 한다.

인생 투 트랙 전략

해외 직접투자로 배당금 받는 계획을 세우고 있었는데 세금 측면에서 연금저축이 더 좋다고 이야기하니 혼란스러운가? 나도 배당투자 관련해 다양하게 공부하고 실제 세금도 지불하며 경험해보니 단순하지 않음을 알게 됐다. 각자 상황에 따라 다를 수 있지만 기준이 될 만한 전략을 소개해보겠다.

지금부터 이야기하는 내용을 기준으로 내게 맞게 변형해보길 바란다. 우선 인생을 전반전과 후반전으로 나눠보자. 전후반을 구분하는 기준은 연금을 수령하는 나이로 60세로 설정한다. 내가 지금 40세라면 전반전 20년이고, 후반전은 100세까지 건강하게 오래 산다고 가정하면 40년이 된다.

후반전의 시작 60세는 소득은 사라지고 소비만 남게 되는 시기다. 60세부터 소비로운 생활을 하려면 당연히 먼저 준비해야 한다. 밝은 미래를 위해 작지만 소중한 실천이 필요하다. 전반전은 30세라면 30년을, 40세라면 20년을, 50세라면 10년을 준비하는 것이다.

앞에서 복리효과에 대한 이야기는 반복적으로 했으니, 빨리 시작하는 것이 좋고 적은 돈으로 시작할 수 있음을 더 이상 말하지 않겠다. 전반전은 소득이 있는 시기로 근로, 사업, 투자 등으로 자산을 증식해야 한다. 이때 얼마나 튼튼한 구조를 만들어뒀는지에 따라 후반전을 맞이하는 마음의 무게가 달라진다. 그러니 꼼꼼하게 잘 준비하자.

투자 전략을 세우기 위해 설정으로 현재 나이 40세이고 매달 생활비 300만 원이 필요하다고 가정해보자. 전반전과 후반전을 투트랙으로 나눠 어떤 준비를 해야 하는지 지금부터 전략을 세워보겠다.

전반전

전반전으로 설정한 시간은 20년이지만, 내가 원하는 목표를 조기에 달성하면 더 빠르게 경제적 자유에 도달하게 된다. 빨리 이룰수록 좋은 것이니 미루지 말고 진행하자.

월 300만 원의 배당받는 구조를 만들기 위해 우리는 얼마의 돈이 필요할까? 5%의 배당률이라면 7억 2,000만 원이 있어야 한다. 여기서 빼먹으면 안 되는 것이 있다. 배당소득세가 15%니까 세금까지 포함하면 8억 4,720만 원이 있어야 실제로 내 계좌에 들어오는 월 배당금 300만 원이 된다.

8억 4720만 원이라는 돈은 매달 353만 원을 20년간 모아야 만들 수 있는 돈이다. 이렇게 보면 이루지 못할 꿈같이 보인다. 하지만 적금처럼 보으는 것이 아니라 투자를 통해 수익을 복리로 늘리고 배당금도 재투자해 더 빠르게 월 300만 원 배당받는 구조를 만들게 될 것이니 포기하지 말자.

24일 차에 소개한 고배당 포트폴리오(배당률: 5.92%, 배당성장률: 4.56%) 전략을 대입해보자. 월 100만 원씩 투자하고 중간에 지급되는 배당금도 재투자한다면 월 300만 원 이상의 배당금이 지급되는 시기는 21년 차로 1년 늦게 목표에 도달하게 된다.

너무 오래 걸린다고 생각하는가? 그럼 금액을 높이자! 월 투자금액을 150만 원으로 높이면 4년 빠른 17년 차에 월 301만 원으로 목표를 이룰 수 있게 되고, 200만 원으로 금액을 더 높이면 15년 차에 월 307만 원으로 목표에 도달한다.

같은 금액으로 조금 더 빨리 목표에 도달하고 싶다면. 현재 포트폴리오에서 배당성장률이 높은 종목의 비중을 높이거나 다른 종목으로 교체해도 좋다. 결국 내가 평생 운영할 포트폴리오니 내 입맛에 맞게 개조가 필요하다.

간혹 월 150만 원 투자로 17년 차에 퇴사하고 더 이상 추가 투자 없이 월 배당금 300만 원으로 생활한다고 생각하면, 인플레이션 때문에 돈이 부족해지는 게 아닌지 걱정하는 사람이 있다. 가보지 않은 길이기에 걱정은 당연한 것이고, 검증을 통해 리스크를 줄이는 작업을 해야 한다.

인플레이션에 대한 이야기를 해보면, 현재 고배당 포트폴리오 기준으로 연평균 배당성장률 4.56%이기 때문에 물가상승률 3%를 적용해도 1.56% 더 많이 오른다. 물가상승률보다 높은 배당성장률은 오히려 내가 소비하는 돈을 더 풍요롭게 해준다. 추가로 후반전이 더해지면 인플레이션을 훨씬 뛰어넘는 배당금을 받게 된다.

전반전 준비는 이렇게 실전투자 전략에서 배운 것처럼 운영하면 된다. 이제 후반전을 준비헤보자!

후반전

60세 이후를 준비하는 후반전은 100세 시대를 대비해 40년간 사용할 월 소비를 충당해야 한다. 전반전에 투자 원금을 사용하지 않고 배당금으로만 소비했다면 솔직히 후반전을 따로 준비하지 않아도 된다. 물가 상승률보다 배당금 인상 속도가 빠르기 때문에 오히려 소비를 늘려도 풍요로운 삶을 살게 된다.

좋은 소식이 하나 더 있다. 직장을 10년 이상 다녔다면 납입한 금액에 따라 다르겠지만 국민연금을 받게 된다. 게다가 65세 이상 되면 기초연금까지 받을 수 있는데 10명 중 7명이 받는, 범위가 넓은 혜택이라 대부분의 고령층이 받고 있다. 즉 생각보다 많은 혜택을 받을 수 있으니 놓치지 말고 챙겨야 한다.

그래도 미래는 아무도 알 수 없으니 연금저축펀드를 통해 노후를 준비하자. 만약이라도 돈이 없어 힘든 상황이 오면 안 되니 미리미리 챙겨야 부담이 없다. 전반전을 준비하는 40세부터 연금저축펀드를 통해 노후를 함께 준비해야 한다. 직장인이라면 연금저축으로 받을 수 있는 세액공제 한도금액 연 600만 원(50만 원/월)에 맞춰 투자하면 노후 준비와 연말정산이라는 두 마리 토끼를 잡을 수 있다.

예를 들어 국내 상장된 SCHD ETF에 매달 50만 원씩 20년간 투자해보자(배당률: 3.78%, 배당성장률: 13.69%). 처음에는 월 배당금이 1만 원밖에 되지 않지만 20년이 지나면 월 배당금이 206만 원이 된다. 생활비 300만 원에서 절반이 넘는 금액이 연금저축으로 충당할 수 있게 된다. 나머지 돈은 전반전에서

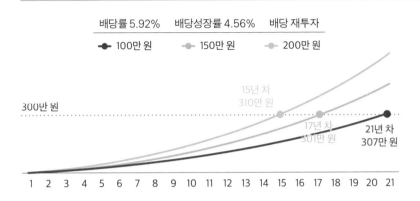

고배당 포트폴리오, 금액별 월 300만 원 배당금 도달 시간

배당률 5.92%　　배당성장률 4.56%　　배당 재투자

●— 100만 원　　●— 150만 원　　●— 200만 원

300만 원

15년 차
310만 원

17년 차
301만 원

21년 차
307만 원

1　2　3　4　5　6　7　8　9　10　11　12　13　14　15　16　17　18　19　20　21

준비한 배당금을 사용해도 좋고 국민연금과 기초연금을 사용해도 된다.

소득 없이 지출하는 노후에 무엇을 먼저 사용할지 선택하는 것이 중요하다. 굳이 세금을 내지 않아도 되는데 내거나, 절세할 수 있는데 많은 세금을 내는 경우도 있기 때문이다. 우선 국민연금과 기초연금을 먼저 사용하고 연금저축에서 세액공제 받지 않은 원금이 있다면 그것부터 사용해야 한다.

그다음 무조건 징수되는 배당소득세를 지불한 배당금을 사용하고 마지막에 연금소득세가 붙는 연금저축을 사용하자. 연금저축을 마지막에 사용하는 이유는 연령에 따라 세율이 다르기 때문이다(연금소득세, 55~69세: 5.5%, 70~79세: 4.4%, 80세 이상: 3.3%). 연금저축은 70세 이후에 수령하도록 하자.

정리하면, 전반전은 월 150만 원을 투자해 17년 차에 월 301만 원 배당이 나오는 경제적 자유에 돌입한다. 더 빠르게 퇴사하고 싶다면 시세차익으로 벌어들인 수익을 사용하는 방법도 있지만 권장하지는 않는다.

후반전은 전반전부터 함께 준비하는 것으로, 월 50만 원씩 연금저축펀드에 투자한다. 20년 뒤에 월 206만 원을 받게 되며 이때 전반전 투자로 벌어들인 월 소득 301만 원을 더하면 60세부터 507만 원의 배당금이 발생한다. 사실 전

연금저축펀드를 통한 노후 준비

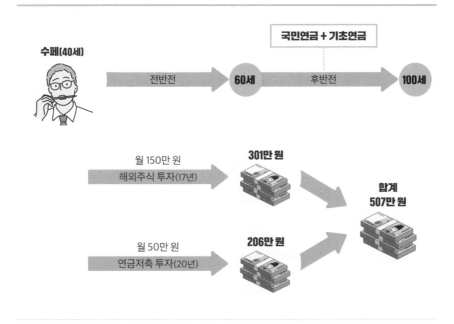

반전의 포트폴리오는 배당성장률 4.56%로 17년 차 301만 원에서 100세가 되는 43년 동안 계속 증가하며 마르지 않는 셈이 된다.

인생을 전반과 후반으로 나눠서 투 트랙 전략을 세워보자. 든든한 노후가 펼쳐질 것이다.

- 전반전: 소득이 있는 구간, 해외주식 적립식 투자, 자산과 배당을 늘림
- 후반전: 소득이 없는 구간, 연금저축 투자, 전반전 배당 + 연금저축 활용

추월차선으로
진입하고 싶은가?

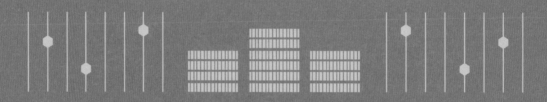

체크리스트

- 이제 건강한 투자를 위한 모든 것이 준비됐다. 실전 투자를 위해 마지막으로 정리해보자.
  내가 얼마의 ① 투자금으로 어떤 ② 종목을 매수하고 ③ 배당금으로 얼마를 받고 싶은가? ④ 투자기간을
  고려해 ⑤ 미래 배당금까지 생각하며 아래 빈칸을 채워보자.

투자 방식	① 투자금액	② 종목	③ 배당금	④ 투자기간	⑤ 미래 배당금
거치식					
적립식					

모든 것을 결정하는 단 두 가지 조건

드디어 마지막 30일 차가 됐다. 배당받는 삶을 위해 쓰여진 이 책은 누구나 읽고 실행하면 더 나은 내일을 꿈꿀 수 있도록 기초부터 실행법까지 자세히 제시했다. 내가 열심히 일해서 받는 월급이 아닌 돈에게 일을 시켜서 받는 배당금을 경험하면 세상이 다르게 보이기 시작할 것이다.

내 시간을 팔아 돈을 취하는 위험한 언덕에서 한발 물러나 나와 가족을 돌아보는 시간을 가져보자. 다양한 배당계산과 포트폴리오를 구성해보면서 관통하는 2개의 줄기를 발견했는가? 내가 받게 되는 모든 배당금은 결국 '현재 배당률'과 '미래 배당성장률'이라는 두 가지 조건으로 결정된다.

현재 배당률 × 미래 배당성장률

두 가지 조건은 해와 달처럼 서로 만나지 못하는 슬픈 연인이다. 예를 들어 현재 배당률이 높으면 미래 배당성장률이 낮거나 배당컷을 진행한 이력이 있고 과거 배당성장률이 20% 넘는 종목은 현재 배당률이 2%도 안 되는 경우가 많다.

그런데 해와 달은 함께 떠 있다는 사실을 아는가? 해가 너무 밝아서 달이 상대적으로 희미하게 보일 뿐이다. 낮에도 달은 떠 있듯이 우리는 두 가지 조건을 만족하는 환상의 종목을 찾아 투자해야 한다.

과거에 배당금을 꾸준히 지급하고 늘려온 기업은 앞으로도 그럴 가능성이 크다. 자연의 법칙처럼 기존의 성질을 유지하려는 그 힘을 믿고 투자하되 본질에서 벗어난 행동이 감지되면 감정을 배제하고 재난에 대비하자.

그래서 다양한 기업과 ETF를 소개했고 여러 가지 케이스로 시뮬레이션을 돌려 미래 배당금을 계산해봤다. 운동기구 바벨처럼 양쪽에 무게를 얼마나 밸런스 있게 맞추는지가 배당투자의 핵심이다.

현재 배당률

대부분 기업이 몸담고 있는 산업 분야에 따라 배당률이 달라진다. 기술 분야는 성장에 포커스를 맞추기 때문에 애플과 마이크로소프트처럼 1%도 안 되는 경우가 많고 코카콜라와 P&G 같은 필수소비재는 2~3%대로 꾸준한 배당 지급을 자랑한다.

금융 분야는 최근 주가가 많이 하락했지만 3~4% 정도의 배당금을 유지하며, 헬스케어 분야는 신약과 기존 약에 따라 조금 다르지만 3~5%의 다소 높은 배당을 지급한다. 그다음은 직접적인 요인으로 매수하려는 기업의 단가에 따라 최종 배당률이 결정된다. 그렇기 때문에 얼마나 싸게 매수하느냐는 같은 기업을 투자해도 누구는 웃고 누구는 씁쓸한 표정을 짓게 된다.

저렴하게 매수하는 방법은 뭘까? 기업의 현재 배당률 평균을 계산하고, 적어도 그보다 낮은 가격에 체결하는 것을 기본으로 하자. 20일 차에 이야기한 '배당주 매수 타이밍'을 생각하며 매수 버튼을 누르자.

미래 배당성장률

가보지 않은 미래는 정확하게 알 수 없지만 나무에 물을 주기적으로 주고 해가 잘 들어오고 통풍이 잘 되는 곳에 두면 그 나무는 햇볕과 바람을 맞으며 무럭무럭 건강하게 자라날 것은 예측할 수 있다. 미래 배당성장률 또한 이러한 접근이 필요하다.

과거에도 배당을 잘 줬고 앞으로도 유망한 산업에 속한 기업이라면 배당금은 계속 무럭무럭 자라나지 않겠는가? 나무를 키우는 자세로 투자하고 배당종목에 꾸준히 물을 주며 관리하자.

항해하는 배처럼

현재 배당률과 미래 배당성장률을 두 가지 중에 더 중요한 것은 무엇일까? 실제로 배당투자와 분석을 해보면 당장의 배당금과 앞으로 받을 배당금의 가치는 목숨을 건 전쟁처럼 치열하게 싸운다.

나에게 맞는 투자 방향을 설정하기 위해 우리가 확인해야 할 포인트는 인풋 능력을 체크하는 것이다. 인풋이라면 '내가 어느 정도의 기간 동안 얼마의 금액을 투자할 수 있느냐'다. 곰곰히 생각해보면, 투자금의 유입 시간은 우리가 어디에 집중해야 하는지 알려준다. 장기적인 관점의 투자를 진행한다면 현재 배당률보다 미래 배당성장률을 중시해야 하고, 단기적인 관점의 투자를 진행한다면 얼마 지나지 않아 발생될 소득의 단절을 준비해야 된다.

그런데 긴 호흡을 갖고 투자했는데 갑자기 집을 장만하거나 목돈이 필요한 순간이 올 수 있다. 그럴 때는 당연히 항해 중인 배의 방향을 바꿔야 한다. 암초가 눈앞에 보이는데 그냥 보고만 있을 순 없지 않은가?

키를 잡고 돌릴 때 우리는 꼭 '현재 배당률 × 미래 배당성장률'을 고려해 배가 안전하게 항해할 수 있도록 재설정해야 한다. 우리 삶의 항해는 평생 받을 배당금을 설계하는 것이기 때문에 넓은 대서양에서 여유롭게 항해하는 그날까지 잘 조종해 나아가자!

추월차선으로 깜빡이 켜는 방법

배당투자는 내게 얼마의 배당금이 입금될지 산술적으로 계산하는 투자다. 지금까지 3단계로 진행되는 과정을 모두 소개했다.

투자기간과 금액에 해당되는 1단계를 거쳐, 현재 배당률과 미래 배당성장률을 결정짓는 종목을 선택하는 2단계를 지나, 세금과 복리계산을 통해 시뮬레이션을 돌려보는 3단계에 도달한다.

모든 과정은 손실을 최소화하고 복리효과를 극대화하기 위해 신중한 선택이 필요하며 인내심을 장착해야 이룰 수 있는 성과다. 조금 더 빨리 좋은 성과를 보이고 싶은 마음에 레버리지, 인버스, 밈주식 같은 종목을 선택한다면 추월차선이 아닌 역주행을 하고 있는 나를 발견하게 될 수 있다.

일반적인 루틴이 아닌 조금 더 빠른 길을 원하는가? 방법이 없는 것은 아니다. 추월차선으로 깜빡이 켜고 들어가는 방법은 1단계 앞에서 0단계로 숨은 미션을 클리어하는 것이다. 지금까지 우리가 생각하는 투자의 원천이 되는 자금은 매달 들어오는 월급 혹은 가지고 있는 목돈으로, 적립식과 거치식 투자를 고민했다.

소비를 줄여 투자하는 것도 좋지만 차선을 바꿀 정도의 에너지로 사용하기에는 턱없이 부족하다. 월급이 300만 원이라면, 공격적인 투자로 70%를 활용하면 210만 원 정도가 최고 금액에 가깝다. 여기서 월급 300만 원 외에 매달 200만 원의 수익이 들어오는 구조를 만든다면 투자할 수 있는 돈은 2배로 늘어난다. 추월차선으로 진입하게 되는 것이다.

만약 어떤 특별한 계기로 목돈 1억 원이 생겼다면, 200만 원으로 10% 수익을 4년 동안 이룬 결과와 비슷한 효과를 볼 수 있다. 즉 4년은 더 빨리 달려

배당금 계산 3단계

1단계		2단계		3단계
투자기간 / **금액** • 적립식 투자 • 거치식 투자 • 단기/중기/장기 투자	→	**현재** **배당률** • 배당기업 소개 • 기업분석(재무제표) • 배당 ETF 소개	✕ **미래** **배당성장률** • 기업/ETF 전망 • 포트폴리오 구성 • 배당 시뮬레이션	→ **월** **배당금** • 세금 • 복리효과 • 인플레이션

갈 수 있다. 4년 먼저 시작한 복리효과는 뒤로 갈수록 엄청난 차이를 만들어 낸다.

0단계는 소득을 늘리는 작업으로, 추월차선으로 넘어가고 싶다면 어떤 형태로든 사업으로 확장해야 한다. 그렇다고 무조건 사업해서 소득을 늘리고 추월차선으로 넘어가 빨리 성과를 이뤄야 한다고 말하는 것은 아니다. 답답함을 느끼는 투자자에게 신호위반과 역주행하는 빠른 길이 아닌 올바른 길을 알려주고 싶었다.

굳이 빠른 길이 아니어도 정속 주행하면서 휴게소 맛집도 들리고 계절별로 산의 풍경을 즐기며 충분히 경제적 자유를 이룰 수 있다. 언제나 선택은 본인의 몫이며, 어떤 길이 있는지 알고 목적지를 설정해야 안전하게 도착할 수 있다.

배당투자는 외롭고 힘든 길처럼 보이기 때문에 지치고 힘든 시기가 찾아올 수 있다. 주변을 둘러보면 언제나 내가 반갑게 인사해줄 테니 〈수페TV〉에 방문해 힘을 얻고 연료를 충전하고 다시 달려가길 바란다. 배당부자가 되는 그날까지 파이팅!

> • 투자기간/금액 → 현재 배당률 × 미래 배당성장률 → 월 배당금
> • 나의 투자 속도를 찾아 정속주행 완주

배당 왕족주 리스트

순번	기업명	티커	섹터	시가총액 (B$)	배당률 (%)	배당금 ($)	배당 성향 (%)	배당 성장률 (5년)	배당 증가 (년)	배당지급 (월)	비고
1	월마트	WMT	경기방어	$427.31B	1.44	2.28	34.66	1.86	50	1,4,5,9	
2	존슨앤드존슨	JNJ	헬스케어	$368.42B	3.11	4.76	44.23	5.92	61	3,6,9,12	
3	프록터 & 갬블	PG	경기방어	$348.94B	2.54	3.76	60.19	5.63	67	2,5,8,11	
4	애브비	ABBV	헬스케어	$258.10B	4.05	5.92	46.32	10.52	51	2,5,8,11	
5	코카콜라	KO	경기방어	$235.98B	3.37	1.84	69.23	3.40	61	4,7,10,12	
6	펩시코	PEP	경기방어	$219.98B	3.16	5.06	64.31	6.87	51	1,3,6,9	
7	애보트 래보라토리	ABT	헬스케어	$167.95B	2.11	2.04	47.66	12.74	51	2,5,8,11	
8	SPGI	SPGI	금융	$111.38B	1.03	3.60	29.81	13.20	50	3,6,9,12	
9	로우스 컴퍼니	LOW	경기순환	$109.94B	2.31	4.40	30.84	19.97	61	2,5,8,11	
10	알트리아그룹	MO	경기방어	$75.79B	9.18	3.92	75.96	5.85	53	1,4,7,10	
11	벡톤 디킨슨 앤 코	BDX	헬스케어	$75.03B	1.41	3.64	31.17	4.47	51	3,6,9,12	
12	일리노이 툴 웍스	ITW	산업	$67.60B	2.5	5.60	55.57	9.80	58	1,4,7,10	
13	콜게이트-팜올리브	CL	경기방어	$60.57B	2.62	1.92	62.79	2.85	61	2,5,8,11	
14	에머슨 일렉트릭	EMR	산업	$52.28B	2.27	2.08	44.24	1.40	66	3,6,9,12	
15	타겟	TGT	경기방어	$50.24B	4.04	4.40	59.34	11.66	54	3,6,9,12	
16	파커-하니핀	PH	산업	$47.92B	1.59	5.92	25.43	14.63	67	3,6,9,12	
17	쓰리엠 (3M)	MMM	산업	$47.77B	6.93	6.00	65.64	2.65	65	3,6,9,12	
18	킴벌리클라크	KMB	경기방어	$41.63B	3.83	4.72	74.76	3.43	51	1,4,7,10	
19	뉴코	NUE	원자재	$35.16B	1.44	2.04	9.38	6.06	50	2,5,8,11	
20	W W 그레인저	GWW	산업	$34.58B	1.08	7.44	20.47	6.28	52	3,6,9,12	
21	시스코	SYY	경기방어	$33.04B	3.06	2.00	49.13	6.58	53	1,4,7,10	
22	PPG 인더스트리스	PPG	원자재	$29.41B	2.08	2.60	34.1	6.52	51	3,6,9,12	
23	도버	DOV	산업	$18.84B	1.51	2.04	24.02	3.45	67	3,6,9,12	
24	제뉴인 파츠	GPC	경기순환	$18.03B	2.95	3.80	41.06	5.73	67	1,4,7,10	
25	호멜 푸즈	HRL	경기방어	$17.17B	3.50	1.10	63.45	7.96	57	2,5,8,12	
26	신시내티 파이낸셜	CINF	금융	$15.47B	3.04	3.00	70.24	7.06	63	1,4,7,10	
27	노드슨	NDSN	산업	$12.28B	1.26	2.72	28.89	16.04	59	1,3,6,9	
28	스탠리 블랙 & 데커	SWK	산업	$11.94B	4.16	3.24	-	4.71	55	3,6,9,12	
29	페더럴 리얼티 인베스트먼트 트러스트	FRT	리츠	$7.17B	4.99	4.36	66.74	1.50	55	1,4,7,10	
30	MSA 세이프티	MSA	산업	$5.88B	1.26	1.88	28.73	4.96	53	3,6,9,12	
31	캐네디언 유틸리티	CDUAF	유틸리티	$5.65B	6.33	1.33	75.98	2.03	51	3,6,9,12	
32	커머스 뱅크셰어스	CBSH	금융	$5.64B	2.38	1.08	26.73	9.14	54	3,6,9,12	
33	내셔널 퓨얼 가스	NFG	에너지	$4.89B	3.72	1.98	34.41	2.92	52	1,4,7,10	
34	랭커스터 콜로니	LANC	경기방어	$4.56B	2.05	3.40	67.51	7.21	60	3,6,9,12	
35	H.B. 풀러 컴퍼니	FUL	원자재	$3.62B	1.22	0.82	22.05	11.84	54	2,5,8,11	
36	블랙 힐스	BKH	유틸리티	$3.28B	5.11	2.50	66.22	5.64	52	3,6,9,12	
37	레겟 & 플랫	LEG	경기순환	$3.19B	7.68	1.84	105.95	3.99	52	1,4,7,10	
38	아메리칸 스테이츠 워터	AWR	유틸리티	$2.86B	2.22	1.72	57.82	9.30	68	3,6,9,12	
39	캘리포니아 워터 서비스 그룹	CWT	유틸리티	$2.72B	2.21	1.04	88.7	6.76	55	2,5,8,11	
40	ABM 인더스트리즈	ABM	산업	$2.64B	2.18	0.88	25.37	4.68	55	2,5,8,11	
41	투시 롤 인더스트리스	TR	경기방어	$2.12B	1.2	0.36	32.37	2.69	56	1,3,7,10	
42	SJW 그룹	SJW	유틸리티	$1.85B	2.62	1.52	51.75	7.24	55	3,6,9,12	
43	스테판	SCL	원자재	$1.69B	1.98	1.50	59.11	10.16	55	3,6,9,12	
44	노스웨스트 내추럴 홀딩	NWN	유틸리티	$1.42B	4.95	1.95	68.22	0.52	67	2,5,8,11	
45	테넌트	TNC	산업	$1.37B	1.44	1.06	18.14	4.76	52	3,6,9,12	
46	유니버설	UVV	경기방어	$1.13B	6.95	3.20	63.3	4.11	53	2,5,8,11	
47	미들섹스 워터	MSEX	유틸리티	$1.10B	2.01	1.30	59.01	6.91	50	3,6,9,12	
48	고먼-러프	GRC	산업	$808.87M	2.27	0.70	66.86	6.96	50	3,6,9,12	
49	파머스 & 머천트 밴코프	FMCB	금융	$716.61M	1.75	16.60	15.29	3.91	58	1,7	

기준일: 2023.10.20

배당 귀족주 리스트

순번	기업명	티커	섹터	시가총액($)	배당률(%)	배당금($)	배당성향(%)	배당성장률(5년)	배당증가(년)	배당지급(월)	비고
1	엑슨 모빌	XOM	에너지	$440.20B	3.28	3.64	28.61	2.74	40	3,6,9,12	
2	월마트	WMT	경기방어	$427.31B	1.44	2.28	34.66	1.86	50	1,4,5,9	
3	존슨앤드존슨	JNJ	헬스케어	$368.42B	3.11	4.76	44.23	5.92	61	3,6,9,12	
4	프록터 & 갬블	PG	경기방어	$348.94B	2.54	3.76	60.19	5.63	67	2,5,8,11	
5	셰브론	CVX	에너지	$311.51B	3.62	6.04	36.00	6.03	36	3,6,9,12	
6	애브비	ABBV	헬스케어	$258.10B	4.05	5.92	46.32	10.52	51	2,5,8,11	
7	코카콜라	KO	경기방어	$235.98B	3.37	1.84	69.23	3.40	61	4,7,10,12	
8	펩시코	PEP	경기방어	$219.98B	3.16	5.06	64.31	6.87	51	1,3,6,9	
9	맥도날드	MCD	경기순환	$188.10B	2.59	6.68	53.66	8.52	48	3,6,9,12	
10	린데	LIN	원자재	$178.76B	1.39	5.10	36.91	4.28	30	3,6,9,12	
11	애보트 래보라토리	ABT	헬스케어	$167.95B	2.11	2.04	47.66	12.74	51	2,5,8,11	
12	캐터필러	CAT	산업	$127.13B	2.09	5.20	26.82	8.80	29	2,5,8,11	
13	인터내셔날 비지니스 머신	IBM	기술	$124.95B	4.84	6.64	73.85	2.45	29	3,6,9,12	
14	SPGI	SPGI	금융	$111.38B	1.03	3.60	29.81	13.20	50	3,6,9,12	
15	로우스 컴퍼니	LOW	경기순환	109.94B	2.31	4.40	30.84	19.97	61	2,5,8,11	
16	넥스트에라 에너지	NEE	유틸리티	$105.15B	3.60	1.87	57.95	11.13	27	3,6,9,12	
17	오토매틱 데이터 프로세싱	ADP	산업	$99.57B	2.07	5.00	58.20	13.62	48	1,4,7,10	
18	메드트로닉	MDT	헬스케어	$96.73B	3.80	2.76	50.84	7.37	46	1,4,7,10	
19	처브	CB	금융	$85.43B	1.65	3.44	20.24	3.25	31	1,4,7,10	
20	벡톤 디킨슨 앤 코	BDX	헬스케어	$75.03B	1.41	3.64	31.17	4.47	51	3,6,9,12	
21	일리노이 툴 웍스	ITW	산업	$67.60B	2.50	5.60	55.57	9.80	58	1,4,7,10	
22	제너럴 다이내믹스	GD	산업	$64.03B	2.25	5.28	42.36	7.54	32	2,5,8,11	
23	에어 프로덕츠 앤 케미컬스	APD	원자재	$61.88B	2.51	7.00	59.91	10.08	41	2,5,8,11	
24	셔윈-윌리엄즈	SHW	원자재	$61.08B	1.02	2.42	23.98	16.13	45	3,6,9,12	
25	콜게이트-팜올리브	CL	경기방어	$60.57B	2.62	1.92	62.79	2.85	61	2,5,8,11	
26	에머슨 일렉트릭	EMR	산업	$52.28B	2.27	2.08	44.24	1.40	66	3,6,9,12	
27	로퍼 테크놀로지스	ROP	산업	$51.45B	0.57	2.73	17.09	10.60	30	1,4,7,10	
28	신타스	CTAS	산업	$50.74B	1.08	5.40	36.12	24.26	40	3,6,9,12	
29	타겟	TGT	경기방어	$50.24B	4.04	4.40	59.34	11.66	54	3,6,9,12	
30	쓰리엠 (3M)	MMM	산업	$47.77B	6.93	6.00	65.64	2.65	65	3,6,9,12	
31	애플락	AFL	금융	$46.09B	2.17	1.68	29.44	10.56	41	3,6,9,12	
32	에코랩	ECL	원자재	$45.59B	1.33	2.12	44.78	5.27	31	1,4,7,10	
33	킴벌리클라크	KMB	경기방어	$41.63B	3.83	4.72	74.76	3.43	51	1,4,7,10	
34	아처 대니얼스 미들랜드	ADM	경기방어	$39.06B	2.47	1.80	21.88	5.72	48	3,6,9,12	
35	뉴코	NUE	원자재	$35.16B	1.44	2.04	9.38	6.06	50	2,5,8,11	
36	리얼티인컴	O	리츠	$35.07B	6.22	3.07	74.29	3.70	26	매달	
37	W W 그레인저	GWW	산업	$34.58B	1.08	7.44	20.47	6.28	52	3,6,9,12	
38	시스코	SYY	경기방어	$33.04B	3.06	2.00	49.13	6.58	53	1,4,7,10	
39	콘솔리데이티드 에디슨	ED	유틸리티	$30.03B	3.72	3.24	65.57	2.58	49	3,6,9,12	
40	PPG 인더스트리스	PPG	원자재	$29.41B	2.08	2.60	34.10	6.52	51	3,6,9,12	
41	웨스트 파마슈티컬 서비시즈	WST	헬스케어	$26.86B	0.21	0.76	9.51	6.30	30	2,5,8,11	
42	브라운-포맨 Class B	BF.B	경기방어	$26.69B	1.49	0.82	50.63	5.40	39	1,4,7,10	
43	카디널 헬스	CAH	헬스케어	$22.76B	2.17	2.00	34.21	1.20	36	1,4,7,10	
44	처치 & 드와이트	CHD	경기방어	$22.17B	1.21	1.09	33.81	5.09	27	3,6,9,12	
45	티 로웨 프라이스 그룹	TROW	금융	$21.61B	5.07	4.88	66.21	12.73	37	3,6,9,12	
46	브라운 & 브라운	BRO	금융	$19.05B	0.77	0.52	17.76	8.92	29	2,5,8,11	
47	도버	DOV	산업	$18.84B	1.51	2.04	24.02	3.45	67	3,6,9,12	
48	월그린스 부츠 얼라이언스	WBA	헬스케어	$18.37B	9.03	1.92	48.12	3.20	47	3,6,9,12	
49	제뉴인 파츠	GPC	경기순환	$18.03B	2.95	3.80	41.06	5.73	67	1,4,7,10	
50	호멜 푸즈	HRL	경기방어	$17.17B	3.50	1.10	63.45	7.96	57	2,5,8,12	
51	익스페디터 인터내셔널 오브 워싱턴	EXPD	산업	$17.04B	1.20	1.38	20.33	9.35	28	6,12	
52	앨버말	ALB	원자재	$16.27B	1.15	1.60	4.71	3.78	28	1,4,7,10	
53	애트모스 에너지	ATO	유틸리티	$16.15B	2.72	2.96	49.66	8.91	39	3,6,9,12	
54	맥코믹 앤 컴퍼니 무의결권주	MKC	경기방어	$16.09B	2.61	1.56	59.92	8.45	36	1,4,7,10	
55	신시내티 파이낸셜	CINF	금융	$15.47B	3.04	3.00	70.24	7.06	63	1,4,7,10	
56	크로락스	CLX	경기방어	$15.21B	3.91	4.80	93.12	5.66	45	2,5,8,11	
57	앰코	AMCR	경기순환	$14.32B	4.91	0.49	62.10	3.80	-	3,6,9,12	
58	에섹스 프로퍼티 트러스트	ESS	리츠	$14.06B	4.37	9.24	61.41	4.49	29	1,4,7,10	

59	노드슨	NDSN	산업	$12.28B	1.26	2.72	28.89	16.04	59	1,3,6,9	
60	스탠리 블랙&데커	SWK	산업	$11.94B	4.16	3.24	-	4.71	55	3,6,9,12	
61	J.M.스머커	SJM	경기방어	$11.51B	3.76	4.24	43.55	5.25	26	3,6,9,12	
62	프랭클린 리소시스	BEN	금융	$11.26B	5.32	1.20	47.04	5.46	43	1,4,7,10	
63	펜테어	PNR	산업	$10.27B	1.42	0.88	22.93	6.41	46	2,5,8,11	
64	A O 스미스	AOS	산업	$10.03B	1.92	1.28	33.71	12.03	29	2,5,8,11	
65	CH 로빈슨 월드와이드	CHRW	산업	$9.94B	2.86	2.44	50.75	5.81	25	1,4,7,10	
66	페더럴 리얼티 인베스트먼트 트러스트	FRT	리츠	$7.17B	4.99	4.36	66.74	1.50	55	1,4,7,10	
67	VF	VFC	경기순환	$7.01B	6.66	1.20	85.97	3.63	34	3,6,9,12	
68	레겟&플랫	LEG	경기순환	$3.19B	7.68	1.84	105.95	3.99	52	1,4,7,10	

기준일: 2023.10.20

배당 성장주 리스트

순번	기업명	티커	섹터	시가총액 ($)	배당률 (%)	배당금 ($)	배당 성향 (%)	배당 성장률 (5년)	배당 증가 (년)	배당지급 (월)	비고
1	마이크로소프트	MSFT	기술	$2.43T	0.92	3.00	27.73	10.12	18	3,6,9,12	
2	유나이티드헬스	UNH	헬스케어	$488.19B	1.43	7.52	29.05	16.43	13	3,6,9,12	
3	JP모건	JPM	금융	$415.42B	2.94	4.20	24.19	10.31	9	1,4,7,10	
4	브로드컴	AVGO	기술	$352.32B	2.16	18.40	44.19	21.32	12	3,6,9,12	
5	홈디포	HD	경기순환	$286.43B	2.92	8.36	51.03	15.47	13	3,6,9,12	
6	애브비	ABBV	헬스케어	$258.10B	4.05	5.92	46.32	10.52	51	2,5,8,11	
7	코스트코	COST	경기방어	$244.80B	0.74	4.08	27.06	13.15	18	2,5,9,11	
8	ASML	ASML	기술	$228.64B	1.08	6.26	22.27	29.95	2	2,5,8,11	
9	나이키	NKE	경기방어	$156.25B	1.32	1.36	41.98	11.20	10	1,4,7,10	
10	암젠	AMGN	헬스케어	$149.14B	3.06	8.52	45.81	10.27	11	3,6,9,12	
11	인튜이트	INTU	헬스케어	$142.04B	0.71	3.60	21.62	14.59	12	1,4,7,10	
12	S&P글로벌	SPGI	금융	$111.38B	1.03	3.60	29.81	13.20	50	3,6,9,12	
13	로우스	LOW	경기순환	$109.94	2.31	4.40	30.84	19.97	61	2,5,8,11	
14	스타벅스	SBUX	경기방어	$107.89B	2.42	2.28	64.24	10.97	12	2,5,8,11	
15	넥스트에라에너지	NEE	유틸리티	$105.15B	3.60	1.87	57.95	11.13	27	3,6,9,12	
16	오토메틱 데이터 프로세싱	ADP	기술	$99.57B	2.07	5.00	58.20	13.62	24	1,4,7,10	
17	블랙락	BLK	금융	$91.55B	3.25	20.00	53.66	11.78	13	3,6,9,12	
18	아메리칸타워	AMT	리츠	$74.63B	4.05	6.48	65.96	15.96	10	1,4,7,10	
19	맥케슨	MCK	헬스케어	$61.09B	0.55	2.48	7.88	9.70	15	1,4,7,10	
20	셔윈 윌리엄스	SHW	원자재	$61.08B	1.02	2.42	23.98	16.13	44	3,6,9,12	
21	무디스	MCO	금융	$56.80B	0.99	3.08	33.64	12.10	13	3,6,9,12	
22	MSCI	MSCI	금융	$38.73B	1.13	5.52	43.51	25.66	8	2,5,8,11	
23	크로거	KR	경기방어	$31.74B	2.63	1.16	24.65	15.75	16	3,6,9,12	
24	에이치피	HPQ	기술	$25.70B	4.04	1.05	31.83	13.51	12	1,4,7,10	
25	티로웨 프라이스 그룹	TROW	금융	$21.61B	5.07	4.88	66.21	12.73	36	3,6,9,12	
26	트랙터 서플라이	TSCO	경기순환	$21.25B	2.11	4.12	38.96	28.16	12	3,6,9,12	
27	타이슨푸드	TSN	경기방어	$16.46B	4.15	1.92	17.76	9.86	11	3,6,9,12	
28	베스트 바이	BBY	경기방어	$14.95B	5.36	3.68	56.60	16.59	12	1,4,7,10	
29	POOL CORP	POOL	경기순환	$12.58B	1.37	4.40	30.39	20.69	12	3,5,8,11	
30	피델리티 내셔널 파이낸셜	FNF	금융	$10.29B	4.76	1.80	48.91	9.86	11	3,6,9,12	
31	윌리엄스 소노마	WSM	경기순환	$10.08B	2.29	3.60	22.43	15.68	17	2,5,8,11	
32	AO 스미스	AOS	산업	$10.03B	1.92	1.28	33.71	12.03	29	2,5,8,11	
33	딕스 스포팅 굿즈	DKS	경기순환	$9.29B	3.66	4.00	25.32	32.78	8	3,6,9,12	
34	마켓엑세스 홀딩스	MKTX	금융	$8.87B	1.22	2.88	42.32	12.46	13	2,5,8,11	
35	토로 컴파니	TTC	산업	$8.54B	1.65	1.36	28.51	11.20	19	1,4,7,10	
36	FMC	FMC	원자재	$8.35B	3.47	2.32	38.67	32.32	5	1,4,7,10	
37	앨라이 파이낸셜	ALLY	금융	$7.25B	4.99	1.20	32.52	17.76	6	2,5,8,11	
38	리틀퓨즈	LFUS	기술	$5.66B	1.14	2.60	16.39	9.73	12	3,6,9,12	
39	실간홀딩스	SLGN	원자재	$4.49B	1.76	0.72	18.28	12.41	5	3,6,9,12	
40	메디패스트	MED	경기방어	$794.39M	8.95	6.60	48.89	27.97	6	2,5,8,11	

기준일: 2023.10.20